From Eugenio Montale to Amelia Rosselli

Italian Poetry in the Sixties and Seventies

Edited by

John Butcher
and

The right of John Butcher and Mario Moroni to be identified as authors of this work has been asserted in accordance with Section 77 of the Copyright, Designs and Patents Act 1988

From Eugenio Montale to Amelia Rosselli:
Italian Poetry in the Sixties and Seventies

First Edition, September 2004
Troubador Publishing Ltd, 9 De Montfort Mews, Leicester LE1 7FW, UK

Front Cover: © Photos.com

Butcher, John & Moroni, Mario
From Eugenio Montale to Amelia Rosselli:
Italian Poetry in the Sixties and Seventies
Series: *Transference*
Troubador Publishing Ltd, Leicester (UK), 2004

ISBN: 1-904744-51-6
1. Contemporary Italian Poetry

www.troubador.co.uk/transference

Contents

IV

Preface

This book presents a collection of essays based on papers delivered at the international conference *Italian Poetry in the 1960s and 1970s*, 12-13 October 2001 (Institute of Romance Studies, London). The conference was organised by myself and David Forgacs, with the financial assistance of the British Academy and additional help from the Centre for Italian Studies (University College London).

The first five articles in this book deal with corporeality and cruelty (Lorenzini), the modern city (McLoughlin), genre and the *neo-avanguardia* (Mussgnug), the 1970s (Moroni) and poets' use of film (Welle). The successive articles focus on a single author, ranging from Montale (Butcher), Sereni (Giovannuzzi), Caproni (Montani) and Fortini (Passannanti) to Giorgio Orelli (De Marchi), Zanzotto (Carbognin and Dedola), Pasolini (Cadel) and Amelia Rosselli (La Penna).

Two of the finest Italian poets of recent decades, Giovanni Giudici and Edoardo Sanguineti, took part in *Italian Poetry in the 1960s and 1970s*, responding to questions regarding their artistic career and reading a selection of their verse. Subsequently, I visited these two writers in Italy, interviewing them on their poetry from the 1960s and 1970s. Transcriptions of these two interviews may be found in the appendix to this book, "Two Contemporary Ligurian Poets".

John Butcher
Pavia, June 2004

Notes on Contributors

JOHN BUTCHER wrote his doctoral thesis on the later poetry of Eugenio Montale. His publications have appeared in journals such as *Allegoria*, *Annali d'Italianistica*, *Forum Italicum*, *Il lettore di provincia*, *L'immaginazione*, *Poetry Review*, *Quaderni d'italianistica*, *Resine*, *Rivista di studi italiani*, *Semicerchio*, *Studi buzzatiani*, *The Italianist* and *Yale Italian Poetry*, as well as in national Italian newspapers such as *La Repubblica* and *Il Mattino*. Since 2003 he has been carrying out research at the University of Pavia.

FRANCESCA CADEL is Assistant Professor in the Italian department at Yale University. Having received a degree in Lettere at the University of Bologna, she obtained doctorates from the Sorbonne with a thesis on Pasolini and Zanzotto and from the City University of New York with a thesis on Pasolini and Pound. She has published *La langue de la poésie: Langue et dialecte chez Pier Paolo Pasolini (1922-1975), et Andrea Zanzotto (1921)* (Villeneuve-d'Ascq, Presses Universitaires du Septentrion, 2001), as well as numerous articles.

FRANCESCO CARBOGNIN wrote his degree thesis on Andrea Zanzotto: *"Lei dal fittissimo alfabeto". Il genere femminile nella poesia di Andrea Zanzotto*. He is now working at the University of Bologna on a PhD regarding the poetry of Zanzotto and Amelia Rosselli. He has published various articles, amongst which: "Percorsi percettivi e 'finzione' tra *Dietro il paesaggio* e *Vocativo*" (*Poetiche*, 1, April 2002) and "Da *Vocativo* a *Meteo*: la forza dell'"appena-esistere"" (*L'immaginazione*, 175, 2001).

ROSSANA DEDOLA is a *ricercatrice* in modern and contemporary literature at the Scuola Normale Superiore (Pisa) and also works at the C. G. Jung Institute in Zurich. In 2000 Polistampa published her *La musica dell'uomo solo*, with articles on Luigi Pirandello, Primo Levi, Leonardo

Sciascia and Giovanni Orelli, and in 2002 Castalia published her book for children *Storie sotto il cielo e sotto il mare* (illustrated by Anna Curti).

PIETRO DE MARCHI studied Lettere at Milan and obtained a doctorate in Italian at Zurich. He teaches Italian literature at the University of Neuchâtel and has worked principally on poetry, fiction and criticism between the Eighteenth and the Twentieth century. De Marchi has published an edition of the poetry of Francesco Bellati (Milano, Scheiwiller, 1996), a collection of essays, *Dove portano le parole. Sulla poesia di Giorgio Orelli e altro Novecento* (Lecce, Manni, 2002), and a volume of articles, *Per Giorgio Orelli* (Bellinzona, Casagrande, 2001).

STEFANO GIOVANNUZZI is a *ricercatore* in contemporary Italian literature in the Dipartimento di Scienze letterarie e filologiche at the University of Turin. He has studied Betocchi, Montale, Bertolucci (*Invito alla lettura di Bertolucci*, Milano, Mursia, 1997), Sereni, and D'Annunzio. He is particularly interested in the relationship between poetry and prose and the crisis of the lyrical canon (*Tempo di raccontare*, Alessandria, Edizioni dell'Orso, 1999).

DANIELA LA PENNA teaches at the University of Reading. The title of her PhD thesis is *La promessa di un semplice linguaggio. Stile, fonti e il "libro di poesia" nell'opera trilingue di Amelia Rosselli*.

NIVA LORENZINI teaches modern and contemporary Italian literature at the University of Bologna. She has devoted much attention to late Nineteenth-century aestheticism, with numerous works on Gabriele D'Annunzio. She is also a contemporary poetry critic and has recently published *La poesia italiana del Novecento* (Bologna, il Mulino, 1999) and the two-volume anthology *Poesia del Novecento italiano* (Roma, Carocci, 2002).

LAURA MCLOUGHLIN currently teaches in the Department of Italian, National University of Ireland, Galway and is completing a PhD on lyrical perceptions of the city in Twentieth-century Italian literature. She is interested in translation studies and, in particular, in the translation of poetry. Her work has appeared in *Translation Ireland*.

ALESSANDRO MONTANI graduated from the University of Genoa and received a PhD from the University of Reading with a thesis on Jacopone da Todi. He writes regularly for *La rassegna della letteratura italiana* and has published articles on Duecento and Novecento authors. Forthcoming publications include: "Della citazione: Caproni legge Agamben" (*Studi novecenteschi*). He is currently researching for a doctorate at the University of Genoa, investigating the use of the Bible amongst Thirteenth-century Italian secular poets.

MARIO MORONI is the Paul and Marilyn Paganucci Assistant Professor of Italian at Colby College. He has published many articles in the fields of Nineteenth- and Twentieth-century Italian poetry, international modernism and the avant-garde. His books of criticism are: *Essere e fare* (Rimini, Luise, 1991) and *La presenza complessa* (Ravenna, Longo, 1998). Recently he has co-edited with Luca Somigli *Italian Modernism*.

FLORIAN MUSSGNUG studied Philosophy and Modern Languages at Balliol College, Oxford. In 1999 he obtained a Masters degree in Italian with a thesis on Giorgio Manganelli. His interests include the European experimental novel and the relationship between literary theory and the philosophy of language. He has published articles on the Gruppo 63, on Umberto Eco and on the representation of national identity in contemporary Italian literature. Since 2000 he has been a graduate student at the Scuola Normale Superiore (Pisa).

ERMINIA PASSANNANTI is a poet, translator and essayist. Her translations include: Emily, Charlotte and Anne Brontë, *Poesie* (1989); Leonard Woolf, *A caccia di intellettuali* (1990); Hubert Crackanthorpe, *Racconti contadini* (1991); *Gli uomini sono una beffa degli angeli: Poesia britannica contemporanea* (1993); R. S. Thomas, *Liriche alla svolta di un millennio* (1998). Recent collections of poetry include: *Mistici* (2003), *Ex-stasis* (2003) and *La realtà* (2004). Passannanti wrote her doctoral thesis on Franco Fortini. Currently she is working as a tutor in comparative literature at St. Catherine's College (Oxford).

JOHN P. WELLE is Professor of Romance Languages and Literatures and Concurrent Professor of Film, Television and Theatre at the University of Notre Dame, where he teaches modern Italian literature, film history and translation studies. His most recent book, Andrea Zanzotto, *Peasants Wake for Fellini's Casanova and Other Poems* (Urbana and Chicago, University of Illinois Press, 1997), which he edited and translated with Ruth Feldman, received the Raiziss-De Palchi Book Prize from the Academy of American Poets. An article on Zanzotto's latest poetry, "'Sì, ancora la neve': Notes on the Recent Poetry of Andrea Zanzotto", appeared in *Yale Italian Poetry* (II, 2, Fall 1998).

Corporalità e crudeltà nella poesia degli anni sessanta

*

Niva Lorenzini

C 'è un aspetto della poesia degli anni sessanta che richiede un approfondimento particolare, per gli esiti cui conduce e per l'estensione che lo caratterizza: mi riferisco all'incidenza, rintracciabile in numerosi testi di quel decennio e nella riflessione critica che li accompagna, dei temi della corporalità e della crudeltà. Porre in primo piano il corpo, la fisicità, in un orizzonte culturale come quello italiano segnato nei secoli dall'esperienza petrarchista e dai formalismi che le si collegano, rappresenta di per sé, va subito sottolineato, una precisa scelta di campo: quella di chi si pone fuori del primato della soggettività lirica.

Non è lirico, infatti, il "language of events" cui l'anonimo cronista del *Literary Supplement* del *Times* riconduceva, il 9 maggio 1968, in particolare la poesia dei *Rapporti* di Antonio Porta[1] (parlava semmai di "poetry stripped to the bone", scritta "in a dry but penetrating way". E un anno dopo, recensendo *Cara*[2], giungeva a parlare di "Descents into hell").

Perché non lirico, dunque, quel linguaggio? Intanto perché l'io vi compare come pura modalità di percezione, sguardo che si posa netto, tagliente su una realtà ridotta a cronaca crudele e oggettiva, appunto. Si sono cercati i possibili antecedenti di quello sguardo, che si situa tra fenomenologia – quella di Merleau-Ponty, in particolare, con gli sviluppi dell'"école du regard" – e surrealismo (Ponge, Daumal, i nomi di riferimento; ma poi anche Artaud e le tematiche della crudeltà, e Buñuel).

Trasformato l'io in occhio che osserva, decentrato, come *palpebra rovesciata* (secondo il titolo di una *plaquette* di Porta del '61[3]), una realtà priva di centro focale, l'oggetto di quell'osservare è dato da una successione di sintagmi non gerarchizzati, accostati per contiguità, nei modi di una sintassi paratattica scandita da un ritmo percussivo. Prevale una metrica accentuativa, che segue "les exigences physiologiques et psychologiques de la respiration", come sottolinea un insospettabile Umberto Eco, recensore, nel '61, dei Novissimi su una rivistina francese (*Lettre ouverte*, 3) abbastanza sconosciuta anche in Italia. E sempre Eco, in quella recensione, si applica a descrivere l'uso del materiale verbale, chiamando in causa il rapporto con la musica concreta e la musica elettronica, oltre che con le arti figurative (e qui si pensa di nuovo a Porta: "les mots sont isolés dans leur réalité brute et traités dans le même esprit que celui qui anime le peintre découvrant et reproduisant les veinures d'une porte ou d'un mur (Tapies), les éclaboussures fortuites des trottoirs (Twombly), la consistence granuleuse et perceptible d'une terre inculte ou du macadam (Dubuffet), la surface rugueuse, physiquement perçue et non filtrée d'une toile à sac (Burri)").

Per restare a Porta – ma è scelta condivisa da altri Novissimi – la sua poesia privilegia il verbo al presente, per allineare fenomeni osservati nella loro sgradevolezza (animali che si uccidono divorandosi a vicenda, forme e corpi che si metamorfosano in figurazioni abnormi, scene di terrore e sopraffazione, incubi metropolitani, il trauma dell'esplosione atomica...).

Una scansione abnorme, un iperbato violento, bastano a traumatizzare e stravolgere l'ordine sintattico e ritmico del periodo: non si scordano i versi mutilati e sintatticamente straziati di "Vegetali, animali", rassegna di lacerazioni e squarci anatomici che non ha precedenti nella tradizione poetica italiana ("Quel fiore foglie e petali distese / fino a inverosimili ampiezze [...] Sciocco ed arruffone, recidendolo, l'esploratore / ne, con violente ditate, fece scempio". O ancora : "L'uccello il folto / dei cespugli obliò, un lunghissimo verme / succhiò dalle zolle: due amici monelli / appostati gli occhi riuscirono a forargli / sulla gola inchiodandogli la preda dal becco / metà dentro e metà fuori").

Potrei continuare: ma molto è stato illustrato dai critici, in particolare da quelli che hanno accompagnato la stagione della poesia italiana che va appunto sotto il nome dei Novissimi (e del resto temi di violenza e crudeltà si rintracciano, negli stessi anni, non solo in Porta e Balestrini, o in modi diversi in Sanguineti – penso in particolare all'erotismo acuminato e "patologicamente straniato" dei suoi *Erotopaegnia*[4], scritti tra il '56 e il

'59, e retti su un *mixage* di forma e informe – ma anche in una "apolide" in accezione ampia, esterna a gruppi e tendenze, come Amelia Rosselli, o in Adriano Spatola, in Corrado Costa, in Patrizia Vicinelli, per non fare che qualche nome).

Mettiamo che sia tutto spiegabile con quell'Artaud abbastanza di moda in Italia intorno alla metà degli anni sessanta, se Parma gli dedica un convegno nel '66 (inaugurato, tra l'altro, da una relazione di Derrida su "Le théâtre de la cruauté et la clôture de la représentation" pubblicata poi come prefazione all'einaudiano volume del '68, *Il teatro e il suo doppio*[5]), e se la rivista "il verri" pubblica già nel '64, nel numero quattordici, tre suoi saggi sul teatro, prima di dedicargli, nel '67, un numero doppio monografico (25-27, *Teatro come evento*). Ma come si può trasferire, ci si chiede, in poesia la "crudeltà" di Artaud? E perché farlo?

Se fosse sufficiente citare chi cita Artaud, in forma palese o indiretta, intorno a quegli anni, il mio compito sarebbe presto esaurito. A partire proprio da Porta, di cui trascrivo, perché esemplare, una "Nota introduttiva" a Isidore Ducasse conte di Lautréamont, *Opere complete. I Canti di Maldoror, Poesie, Lettere*.[6] In quella nota, dopo aver affermato che al reale "bisogna chiedere, bisogna strappare una vita diversa", Porta chiarisce il suo pensiero citando direttamente la "Préface" di Artaud a *Le théâtre et la culture*, del '38 (poi riproposta, nel '46, come "Préambule" alle *Oeuvres complètes*[7]): "Le plus urgent ne me paraît pas tant de défendre une culture dont l'existence n'a jamais sauvé un homme du souci de mieux vivre et d'avoir faim, que d'extraire de ce que l'on appelle la culture, des idées dont la force vivante est identique à celle de la faim".

Scrive dunque Porta, quasi traducendo: "è certo che adesso la letteratura si giustifica nella misura in cui si mette al servizio di 'idee che hanno la stessa urgenza della fame'", e aggiunge che è tempo di rinunciare "alle 'forme' come apparati magici", per privilegiare, piuttosto, "povertà della forma, per usare una metafora o forme battenti come richieste pressanti di cibo, o forme che distruggano se stesse". L'intenzione è quella della demistificazione e della denuncia di una realtà, quella a lui contemporanea, che Porta avverte come violenta e castrante. Ma in quelle pagine Artaud scriveva anche che la genesi del nuovo linguaggio è un'esperienza in cui *corpo* e *testo* si fondono "intensificandosi a vicenda" e che "esporsi ai bordi della morte è ormai il destino crudele dello scrittore che ha superato i limiti di una comunicazione protetta".

Ce n'è abbastanza per lasciare da parte ulteriori citazioni da Artaud (quelle di Giuliani, quando parla, nella *Prefazione* '65 ai Novissimi[8], della necessità per la poesia di porsi "nel rigore dell'anarchia", o del caos come "problema strutturale", o quando ricorda, in *Immagini e maniere* del '65[9], che la poesia "è detta per agire"; o di Curi, tra le altre, quando, in *Ordine e disordine*[10], parla dell'arte d'avanguardia come di "un'ordinata progettazione del disordine"), per concentrarsi, oltre che sugli accenni di Porta, sul Sanguineti suo recensore, che cita in varie occasioni la prima e la seconda delle *Lettres sur la cruauté*, e utilizza direttamente, per *Laborintus*, 3[11] (là dove si dice: "impossibile parlare di due cose (di una c'est avoir le sens de lote anarchie)"), accanto all'Artaud più noto, l'*Héliogabale ou l'anarchiste couronné*[12], in cui si legge appunto: "Avoir le sens de l'unité profonde des choses, c'est avoir le sens de l'anarchie" (e c'è poi un Artaud variamente sparso tra i testi di Sanguineti. Penso tra l'altro – ma è un'annotazione quasi privata – all'Artaud della *Correspondance avec Jacques Rivière*, compresa nel settimo volume della Gallimard. Traduco: "Deve essere la consolazione di coloro che sperimentano così a piccoli sorsi la morte che essi siano i soli a sapere come è fatta la vita", da leggersi in relazione, e con qualche modifica, con la poesia 16 di *Scartabello*[13], del 1980: "bisogna averci un po' di voglia di morire, per aderirci, al vivere").

Varie, dunque, le possibilità di procedere. Tanto più che accanto ai Novissimi andrebbe approfondita, per il rapporto con Artaud, la posizione di Zanzotto, i cui interventi sul tema del corpo costituiscono un'altra eccezione – lo si accennava – nella cultura italiana, così orientata a credere nel potere demiurgico di una parola assolutizzata e asessuata, scissa da una situazione. Si legge in *Fantasie di avvicinamento*, raccolta di saggi critici pubblicata nel '91[14]: "Per Artaud la parola comunque ricade all'interno di un arco fisico. È teatro come spostamento, slogamento, lacerazione di elementi corporei, è scena del corporeo, è un fatto di crudeltà proprio nel senso che esso si tinge di sangue: ogni espressione, come tale, è sanguinolenta: secondo una modalità da chirurgia o addirittura da macelleria [...]", sino alla "ossessione della viscosità corporea". Il "polo Artaud", insomma, significa per Zanzotto "richiamo ad una matericità, ad una fisicità, ad uno psichismo ridotto alle sue fasi primordiali ma non per questo meno potenti", e insieme significa restare immersi, "diciamo pure infangati, interrati, all'interno di una lingua, che è e dà radici".[15]

Non a caso Zanzotto sarà più tardi traduttore, nell'87, de *La littérature et le mal* di Bataille (altro autore ben presente nella cultura degli anni sessanta, e ben citato nell'introduzione di Giuliani ai Novissimi oltre che in *Immagini e maniere*, ove compare un riferimento a *L'Impossible* citato dalla nuova edizione 1962 di *La haine et la poésie*, Paris, Minuit). È il Bataille che investiga l'*eros* come lacerazione violenta e sacrificale, e parla di corpo suppliziato e di spellamento dell'essere sino allo "scuoiamento".

Rileggendolo ora, quel Bataille che vede in Sade la volontà di aspirare all'"impossibile" e al "rovescio della vita", con la "ferma decisione della massaia che scuoia il coniglio con un movimento sicuro rivelando così il rovescio della verità che ne costituisce anche il cuore"[16], viene per altro immediato pensare allo "scuoiamento del poeta", esibito in ostensione da Sanguineti nella raccolta dell'81, *Cataletto*, 12[17], per mettere a nudo la verità di un io-corpo per l'appunto scuoiato – "mi rovescio le viscere, e mi sembro la scuoiatura del coniglio, / forse: e grido, su dall'ano, ma piano: / venite qui e vedete: è questo l'uomo nudo, / il vivo e il vero, se lo prendi nell'intimo dell'imo (servito al naturale):". C'è distanza, comunque, tra la lacerazione intesa alla maniera di Sanguineti e Porta come demistificazione del reale e del linguaggio, e come carnevalizzazione del ruolo stesso del poeta (pagliaccio, acrobata, saltimbanco, secondo l'ascendenza palazzeschiana da Sanguineti certo rivendicata: "a domanda rispondo: lo ammetto, ho messo in carte, da qualche parte, con arte, questa mia / storia così: faccio il pagliaccio in piazza, sopra un palco [...]", *Cataletto*, 12) e la riflessione di Zanzotto, che tocca il problema delle scaturigini profonde della parola.

Per procedere ora a una campionatura illustrativa di alcune delle considerazioni sin qui svolte, scelgo uno tra i testi più noti di Porta, "Aprire", uscito in *plaquette* nel '64 prima di essere accolto nei *Rapporti* del '66. Se crudeltà è da intendersi come urto, *choc* linguistico, sintattico, ritmico, che disarticola il testo sottraendolo, artaudianamente, a una organizzazione funzionale, e dunque sviscera, scuoia, castra, il suo darsi come organismo, puntando sull'evidenza delle strutture del linguaggio,

"Aprire" è testo crudele. Il corpo-parola, fatto a pezzi dalla società, è esibito in una resa gestuale fatta di concretezza, fisicità, matericità. "Poésie dans l'espace"? Certo: e lo spazio è quello asfittico di chi sta dietro, di chi sta dentro, bloccato in una geometria rigidamente perimetrata. Di lì preme per sottrarsi alla reclusione, facendo urtare le parole contro le virgole che sezionano e disarticolano, e introducendo la sorpresa, lo choc del dato imprevisto, abnorme, in una struttura apparentemente compatta. Viene così stravolta la percezione normalizzata.

Frammenti di evento (la scena di un assassinio, un esercizio ginnico di tensione corporea, un vetro in pezzi, una panoramica che si spinge a inquadrare per un istante l'orizzonte di un mattino su un paesaggio portuale, la porta che si apre e non si apre) vengono sottoposti a un montaggio ossessivo, costruito sulle iterazioni di avverbi ("dietro", "sopra", "sul") e di sostantivi, pure presenze oggettuali (la tenda, la porta, il muro, le calze, il sangue). L'iterazione ospita di fatto la contraddizione ("c'è, non c'è"; "si apre, non si apre"; "è notte, mattina"), mentre le virgole, spezzando la continuità del discorso, espongono in piena luce una realtà stravolta in inquadrature spezzate. Il tempo presente, infine, con la sua puntualità, isola i frammenti di evento, li inserisce nella sequenza per poi spezzarne la continuità, e dunque estraniarli con violenza, grazie anche all'appoggio di un ritmo incalzante, basato su una metrica accentuativa che si affida a quattro accenti principali per verso:

I
"Dietro la porta nulla, dietro la tenda,
l'impronta impressa sulla parete, sotto,
l'auto, la finestra, si ferma, dietro la tenda,
un vento che la scuote, sul soffitto nero
una macchia più oscura, impronta della mano,
alzandosi si è appoggiato, nulla, premendo,
un fazzoletto di seta, il lampadario oscilla,
un nodo, la luce, macchia d'inchiostro,
sul pavimento, sopra la tenda, la paglietta che raschia,
sul pavimento gocce di sudore, alzandosi,
la macchia non scompare, dietro la tenda,
la seta nera del fazzoletto, luccica sul soffitto,

la mano si appoggia, il fuoco nella mano,
sulla poltrona un nodo di seta, luccica,
ferita, ora il sangue sulla parete,
la seta del fazzoletto agita una mano"

É uno scrivere per contatto, attraverso parole-oggetto che si illuminano istantaneamente, al bagliore di un flash, e restano subito dopo immobili, frammenti discontinui che non entrano in un montaggio consequenziale. Finestra, porta, tenda, parete, muro: parole coriacee, dure, che respingono la subordinazione, resistono a un coordinamento o a un'ipotesi di sequenza descrittiva che le sottragga alla propria chiusura e clausura. "Ricerca di una forma radicata", scriverà Porta illustrando più tardi *Cara*, la sua raccolta di più netta sperimentazione formale.

C'è anche questo, sicuramente, nelle prime prove. Ma prevale la "povertà" della forma, avvertiva Porta pensando ad Artaud. È povera, infatti, e crudele, questa martellante, ossessiva replicazione di nuclei semantici, è forma battente come richiesta pressante di cibo, ed è forma che distrugge se stessa impedendo qualsiasi articolazione logica e progressione semantica. Scheletro sgusciato, vuoto masticato, recisione violenta, taglio, erano pure i semi che costituivano la *Palpebra rovesciata*: ma oltre lo squarcio anche là la materia verbale fonica, gestuale resisteva, s'impennava. "Fidati *solo* della parola", mi scriveva Porta in una lettera del dicembre '77, e aggiungeva: "Dentro il linguaggio si decide tutto: prigionia e libertà".

Dentro un linguaggio, s'intende, che ha superato i limiti di una comunicazione protetta – come scriveva ancora Artaud – e che si espone comunque, e continuamente, ai bordi della morte. Non so se Sanguineti, riferendosi a Porta nel saggio su "Il trattamento del materiale verbale nei testi della nuova avanguardia", compreso nella seconda edizione ampliata di *Ideologia e linguaggio*[18], ove si soffermava su quella materia atroce contesta di delitti, aggressioni, episodi di cannibalismo resi con montaggio impassibile e straniato, faccia rientrare nella categoria della "efferatezza" anche questa *esposizione ai bordi della morte* – sicuramente centrale per la scrittura di Porta, precocemente segnata dal proprio destino.

Una cosa è certa. Per Sanguineti sopravviveva in Porta un'ambiguità nella tendenza a ricondurre al tragico quel disordine, quella rassegna di

"orrori anatomici" trasformati in "enigmatiche istantanee", "dato bruto –
scriveva – rovesciato totalmente nel sensibile" (ma poi Curi, riferendosi al
Porta di *Cara*, parlava nel '68, in un saggio dal titolo "Il sogno, la
crudeltà, il gioco", ora in *Metodo, storia, strutture*[19], di "tragicità
dissacrata e a-patica").

Niente pathos doveva ospitare la crudeltà, per
Sanguineti, niente "trionfo della morte" o complessi edipici: perché per lui
– e lo precisava in "Per una letteratura della crudeltà", compresa
anch'essa, nel '70, in *Ideologia e linguaggio* – la categoria di "cinismo
violento" doveva riguardare piuttosto il rigore, la "determinazione
irreversibile, assoluta", introdotta nello "spazio sperimentale del testo,
dove si decide la dialettica [...] delle parole e delle cose", sino a negare lo
stesso spazio dell'arte e porre in crisi, insomma, lo stesso "orizzonte della
crisi", praticandola, la rivoluzione, nella stessa esplosione o implosione
del testo.

Occorrerebbe confrontare questa lettura con quella di Spatola, che
analizzando gli esordi poetici di Porta aveva suggerito, nel '64 su
Malebolge, in "Poesia a tutti i costi", un'ulteriore categoria su cui
riflettere, all'interno di una accettazione della poesia come "anarchia
sistematica": quella di un'"ironia del patetico" sfociante nel grottesco. E
l'applicava, quella categoria, simultaneamente al Sanguineti di
Triperuno[20] (un "grottesco ideologico", scriveva, vi si costituiva nella
stessa monotonia del ritmo, nella stessa ossessione del ripetuto) e alla
poesia di Porta, che come ogni forma di "nuova poesia" gli appariva
"violenta, aggressiva, caratterizzata da una serie di proposte 'costrittive'",
e insieme asettica.

Val la pena di citarla la sua riflessione sul pullulare "ossessivo,
continuato, spesso frenetico di immagini" in Porta, che gli pare una sorta
di "correlativo oggettivo gonfiato dall'interno fino a dimensioni
spropositate, grottesche", che sconfinano nel surreale (il corpo umano,
scriveva, "la sua fittizia solidità fisica, è l'unico mondo cui Porta rivolge la
sua attenzione, solo che si tratta [...] del corpo scomponibile, manovrabile
di un manichino, di uno di quegli assurdi, mostruosi, spesso disgustosi
manichini prodotti dalla macabra fantasia di certi surrealisti").

Chiudendo il mio breve intervento, so di lasciare aperti tanti
interrogativi sul destino e l'approdo di quel concetto di anarchia, o sul suo
smarrirsi nei decenni a venire nell'indifferenziato territorio

dell'omologazione che elide ed elude la conflittualità, l'attrito, le distinzioni di campo. Molto certo resta da indagare intorno ai motivi della "corporalità" e "crudeltà", estendendo l'indagine, ad esempio, alla poesia coeva della Rosselli. E molto rimane da dire intorno alla stagione degli anni sessanta e non solo dall'ottica della neoavanguardia, per buona parte frettolosamente liquidata, in Italia, per ragioni che poco hanno a che vedere con la verità del testo, molto coi conformismi e le posizioni pregiudiziali.

Ma basterà forse riflettere, ed è per ora l'ultimo invito che rivolgo, a me stessa per prima, su una pagina che Barthes dedicava nel '67 a Sanguineti.[21] Vi si parla di "disordine" in rapporto alla struttura del discorso, e si riconosce che il linguaggio della neoavanguardia, quello di Sanguineti nella fattispecie, "non può disordinare se stesso senza liberare qualcosa di ignoto". Per il critico l'"ignoto" si libererebbe ironizzando l'ordine e insieme disordinando l'ironia, nelle forme – crudeli, ancora – di una scrittura carnevalesca in "esplosione parodica" o anarchica, appunto. Che è poi un modo appunto – il solo, secondo Barthes – di scrivere "la letteratura rivoluzionaria di un mondo che rivoluzionario non è", sottraendosi all'arte come alienazione controllata e misurata.

Parole attualissime, ancora tutte da meditare.

Note

[1] A. PORTA, *I rapporti*, Milano, Feltrinelli, 1966.

[2] ID., *Cara*, Milano, Feltrinelli, 1969.

[3] ID., *La palpebra rovesciata*, Brescia, Nuova Cartografica ("Quaderni di Azimuth"), 1961.

[4] E. SANGUINETI, *Erotopaegnia*, in *Opus Metricum*, Milano, Rusconi e Paolazzi, 1960; ora in *Segnalibro*, Milano, Feltrinelli, 1982.

[5] A. ARTAUD, *Il teatro e il suo doppio, e altri scritti di critica e poetica teatrale*, Torino, Einaudi, 1968.

[6] I. DUCASSE conte di Lautréamont, *Opere complete. I Canti di Maldoror, Poesie, Lettere*, Milano, Feltrinelli, 1968.

[7] A. ARTAUD, *Oeuvres complètes*, Paris, Gallimard, 1964. Si cita dal "Préambule", p.9.

[8] *I Novissimi. Poesie per gli anni '60*, a cura di A. Giuliani, Torino, Einaudi, 1965.

[9] A. GIULIANI, *Immagini e maniere*, Milano, Feltrinelli, 1965.

[10] F. CURI, *Ordine e disordine*, Milano, Feltrinelli, 1965.

[11] E. SANGUINETI, *Laborintus*, Varese, Magenta, 1956; ora in *Segnalibro*, cit.

[12] A. ARTAUD, *Oeuvres complètes*, t. VII, Paris, Gallimard, 1967.

[13] E. SANGUINETI, *Scartabello,* con immagini di V. Trubbiani, Macerata, Cristoforo Colombo libraio, 1981.

[14] A. ZANZOTTO, "III. Testimonianza", in *Fantasie di avvicinamento*, Milano, Mondadori, 1991, p.88.

[15] ID., "Tra ombre di percezioni fondanti" (1990), in *Le poesie e prose scelte*, Milano, Mondadori, 1999, pp.1338 e 1340-41.

[16] G. BATAILLE, "Sade", in *La littérature et le mal*, in *Oeuvres complètes*, t. IX, Paris, Gallimard, 1962 (la traduzione è nostra).

[17] E. SANGUINETI, *Cataletto,* in *Segnalibro*, cit.

[18] ID., *Ideologia e linguaggio*, Milano, Feltrinelli, 1970.

[19] F. CURI, *Metodo, storia, strutture*, Torino, Paravia, 1971.

[20] E. SANGUINETI, *Triperuno*, Milano, Feltrinelli, 1964.

[21] La citazione di Roland Barthes è tratta da una presentazione del critico francese per il "catalogo Feltrinelli", 1967. Si intitola: "Edoardo Sanguineti visto da Roland Barthes".

La città come dinamismo nella poesia sperimentale italiana

*

Laura McLoughlin

C ome contemporanei noi siamo generalmente afflitti da una certa presbiopia per quello che riguarda la storia della nostra cultura nel suo complesso, cioè per quanto riguarda per esempio i mutamenti di vita, di costume, di civiltà, e ci vorrà probabilmente almeno un altro secolo prima che si possa guardare con uno sguardo chiaro alla civiltà e società del Novecento. È comunque possibile raggiungere un certo grado di penetrazione di ciò che è la nostra contemporaneità attraverso lo studio di quei documenti letterari che ne ritraggono l'aspetto forse più significativo: quello della vita associata, che nel Novecento ha assunto sempre più il significato di vita cittadina.

Il processo che porta alla formazione della città industriale è estremamente complesso e certo non è possibile esaminarlo in questa sede. Esso interessa l'alterazione di condizioni sociali ed economiche di migliaia, anzi milioni di persone e la formazione di nuove realtà sociali, spesso contraddittorie. Quello che mi interessa in questa sede è esaminare lo stretto rapporto che si instaura tra città e poesia nel Novecento in generale, e negli anni Sessanta in particolare. È noto infatti che il processo di urbanizzazione della società italiana raggiunse livelli altissimi tra la fine degli anni Cinquanta e la fine degli anni Sessanta, quando il periodo del miracolo economico vide verificarsi spostamenti di massa verso le grandi città soprattutto del Nord.

Mentre le città crescevano smisuratamente e rappresentavano la meta ideale e geografica di tanti italiani, esse si presentavano sempre più con un carattere intrinsecamente conflittuale.

Diversi fattori contribuivano a questa conflittualità: nelle nuove città le possibilità di lavoro e quindi di miglioramento economico si affiancavano e si contrapponevano all'aumentare della criminalità; la presa di coscienza di nuove classi sociali si confrontava con la disarticolazione del senso di individualità. Inoltre, da un punto di vista più generale, in un secolo in cui il recupero della dimensione soggettiva assume importanza centrale, forme di vita forzatamente collettiva venivano ad imporsi come dato sociale imprescindibile.

Ma la città come organismo presenta anche un aspetto dialettico interno: da una parte essa si configura come luogo da vivere per così dire in modo indiscriminato (per lavoro, per svago, per necessità) e dall'altra invece come luogo da vivere per il suo aspetto estetico, esclusivamente per il piacere della conoscenza, della cultura: in altre parole la città si divide in edifici e monumenti, come dire in zone necessariamente industriali e mercificate ed altre che hanno assunto valore di simbolo.

Inoltre, e forse soprattutto, la città è il luogo dell'incontro e dello scontro dell'io con ciò che è altro, estraneo, alieno all'io, con tutto il terrore e il fascino che un tale incontro implica, sia che esso si riferisca ad un individuo, ad un gruppo o ad un'istituzione. Nella città, cioè nella vita organizzata l'io cerca di trovare la propria identità lottando contro gli imperativi del conformismo esterno.

L'esperienza dell'io all'interno della realtà cittadina è caratterizzata dalla dinamica di due forze opposte: una forza regressiva, che ci attira dal di dentro in un tentativo di autodifesa, e una forza aggressiva, che con vitalità ed estroversione cerca di colmare la distanza tra l'io e l'altro, o che riconosce in quella distanza il fascino di una diversa essenza, caratterizzata dall'assenza dell'io.

La città è anche uno spazio turbolento, il cui sviluppo è diventato testimonianza di emancipazione da un passato in cui l'uomo era parte di un ordine gerarchico più ampio, restrittivo e immutabile certo, ma anche sicuro e significativo perché ogni cosa, essere o evento aveva una sua giustificazione in rapporto ad altre cose, altri esseri o altri eventi.

Tuttavia, a partire dal periodo dell'illuminismo e via via attraverso il Risorgimento e l'industrializzazione velocissima del ventesimo secolo, l'organizzazione gerarchica del passato ha lasciato spazio ad una filosofia di vita in cui l'uomo ha il diritto di organizzare la propria esistenza e la libertà di decidere a cosa credere. Questo diritto però spesso scade nella preoccupazione per il proprio benessere personale e deve necessariamente scontrarsi con lo stesso diritto acquisito dagli altri. Lo scontro più forte avviene naturalmente proprio nel cuore della civiltà odierna: la città. La città si configura allora come il luogo di una contestazione probabilmente senza fine che coinvolge la fisionomia della vita umana ed il suo rapporto con il cosmo.

Queste ambivalenze e conflittualità fanno della città un luogo estremamente dinamico. Direi che l'aspetto più drammatico della città moderna è proprio il dinamismo, che in Italia divenne particolarmente evidente appunto negli anni del miracolo economico con lo sviluppo inarrestabile, con il vortice delle attività lavorative, i divertimenti notturni, l'accelerazione dei tempi e la continua interazione delle macchine con l'uomo, sotto forma ad esempio di trasporti pubblici e privati o di meccanizzazione del lavoro. Tutto ciò creò una nuova sensibilità percettiva, sia sensoriale che fisica. In qualsiasi momento, in qualsiasi punto della città, l'io si trovava al centro dei più diversi stimoli ottici e fonici – suoni, movimenti, luci, insegne – che potevano essere interpretati e rappresentati poeticamente solo attraverso un rinnovamento radicale del linguaggio.

Il fatto è che lo sfondo della metropoli moderna cambia continuamente. Ora, l'io per potersi definire ha bisogno di uno sfondo preciso, di un orizzonte intelligibile contro il quale stagliarsi, cosa che il dinamismo della città purtroppo gli nega. Anche il linguaggio con cui l'io cerca di esprimersi risente di questa mancanza di uno sfondo preciso, che nel caso del linguaggio è l'insieme delle regole sintattiche e grammaticali. La frammentarietà nei versi della poesia degli anni Sessanta è dettata proprio dall'incapacità di questi versi di definirsi contro uno sfondo, una mappa di riferimento, cioè un corpus linguistico prestabilito.

Un parallelismo particolare si stabilisce tra città e poesia: il dinamismo della città trova corrispondenza in un uguale dinamismo del verso e la topografia di strade cittadine che si intersecano si riflette in poesie fatte di versi intrecciati, spesso di difficile interpretazione.

Credo che si possa riconoscere un rapporto strutturale tra città e poesia nel senso che la struttura topografica della prima si rispecchia nella struttura organizzativa della seconda. Nell'antichità e nei vari secoli fino più o meno al Settecento le città erano organizzate all'interno di mura di cinta. Le mura rappresentavano il limite, il confine ben visibile della città. Le porte mettevano in comunicazione i cittadini con l'esterno e con la campagna. In epoca moderna, tuttavia, le cinte murarie sono scomparse, perché le città sono cresciute a vista d'occhio, perché l'organizzazione politica della città stato ha lasciato il campo alla nazione e perché le esigenze di difesa militare e di scambi commerciali sono cambiate considerevolmente. Le città allora, sparite le mura, sconfinano nelle campagne, la distinzione tra campagna e periferia diventa più labile, la città insomma si apre e supera i limiti impostele dalla restrizione fisica delle mura.[1]

Analogamente, la poesia tradizionale veniva rigidamente ristretta entro schemi metrici e stilistici ben precisi: il genere di una poesia ne determinava il numero di versi e l'organizzazione delle rime. Basta fare l'esempio del sonetto, diffusissimo nella poesia italiana fino almeno all'Ottocento, che costringeva il componimento entro due quartine e due terzine di endecasillabi. Anche l'argomento, la situazione, gli oggetti stessi che apparivano nelle poesie erano organizzati in senso gerarchico: alcuni erano consoni al genere poetico "alto", altri decisamente no. Il Novecento invece vede svilupparsi con irruenza nuova sia le città sia la poesia: la poesia allora sconfina oltre i limiti delle regole metriche e i suoi versi si accostano addirittura alle righe della prosa.

In effetti muoversi nella città moderna significa muoversi all'interno di un sistema di codici, così come si fa anche quando si usa la lingua. Da una parte i codici sono rappresentati dai palazzi, dalle strade, dai semafori, dall'altra dalle regole della grammatica, della punteggiatura, della scelta del lessico. E se la razionalità ripetitiva di certe soluzioni urbanistiche del dopoguerra crea uno spazio labirintico, i versi della poesia avanguardistica degli anni Sessanta ricreano questo labirinto all'interno della poesia. E l'incremento quantitativo degli oggetti nella città moderna corrisponde ad una maggiore densità quantitativa del verso, perché sia le parole che gli spazi hanno un loro peso specifico. Inoltre nel mondo urbano la relazione tra i vari oggetti della realtà non è sempre evidente ed essi possono quindi essere considerati in isolamento, uno ad uno, come realtà a sé stanti. La poesia deve allora ricercare parole che, nei versi, possano esistere anche da sole, che abbiano valore come oggetti singoli, assoluti.

La frantumazione sintattica e tipografica del testo viene usata dalla poesia di avanguardia degli anni Sessanta per ritrarre una realtà nuova, che, se da un lato si riallaccia a quella futurista perché ancora dominata dalla velocità, dall'altro se ne distanzia perché proprio la velocità adesso è tra le cause della natura schizofrenica della società. La realtà ha ormai raggiunto un grado di caoticità che era totalmente sconosciuto all'inizio del Novecento e si è passati in modo estremamente rapido da un io ancora alla ricerca di se stesso ad un io sperduto in un mondo dominato dalla disseminazione e dalla schizomorfia.

La poesia avanguardistica degli anni Sessanta avverte questo cambiamento in atto e privilegia il linguaggio del non-senso nel tentativo di esternare il proprio rapporto con questa realtà schizofrenica. In netto e consapevole contrasto con la riaffermazione pressoché contemporanea di una letteratura di stampo intimistico, che raggiunge un enorme successo con i romanzi di Bassani e Cassola, la poesia del Sessanta ritorna allo scardinamento della struttura sintattica e semantica, fino ad arrivare al frammento fatto di collage di titoli di giornali, frasi pubblicitarie o indicazioni da manuali di dattilografia.

Tuttavia la radicalizzazione del linguaggio poetico non significa che il poeta non s'impegna più ad esplorare più profonde possibilità di comunicazione. L'opera d'arte ha infatti di per sé sempre carattere dialogico, in quanto presuppone un destinatario. Se la città è fatta di strade che collegano, l'opera d'arte, la poesia, è fatta di segmenti che comunicano. E al di là del puro sperimentalismo è possibile rinvenire nei testi migliori quel minimo di contatto tra parola poetica e lingua convenzionale che permette ancora la comunicazione: alcune ripetizioni ed assonanze indicano proprio una certa volontà di comunicare.

Analizziamo ad esempio "X. Frammento dell'anarchia", tratto da *Ma noi facciamone un'altra*, di Nanni Balestrini:

amente dichiarò ch
il paziente si ritrae nel m
scopo di questo frammento è accertare la vost
ose e in minuscoli due pezzi a cui dettano ordini e contrordini
è estremamente vivace e può persino compiere alcuni mo
ioriva con inaudita letizia la città

è   diffici

chiarò chiunque metta la ma
te si ritrae nel momento del raggiungimento d
questo frammento è accertare la vostra attuale velocità e grado
due pezzi a cui dettano ordini e contrordini mentre as
compiere alcuni movimenti con le bra
la città
riesca a comprende

iunque metta la mano su di me per governarmi
rae nel momento del raggiungimento del piacere quando si tratta
è accertare la vostra attuale velocità e grado di comp
trordini mentre aspettano con ansia
on le bra
tino e di mattone
comprenderli conviene quin

tta la mano su di me per governarmi è un usurpatore e un tirann
il raggiungimento del piacere quando si tratta di fare
tà e grado di comprensione per stabi
con ansia
uo cuore batte già
mattone sorbiva la luce com
erli conviene quindi lasciarli nel loro ambie

me per governarmi è un usurpatore e un tiranno io lo d
si tratta di fare un passo decisivo
per stabi
di essere chiamati
batte già da due settimane
sorbiva la luce come un'avida selva le fontan
iene quindi lasciarli nel loro ambiente senza cercare di volerl

un tiranno io lo dichiaro mio nemico
decisivo

ivello base su cui
chiamati al telefono instal
da due settimane ha un cervello e un sistema
a luce come un'avida selva le fontane papali si levavano in un
arli nel loro ambiente senza cercare di volerli cambia

io nemico
indiretto verso di
se su cui misurare i vostri
al telefono installato a un metro dall'acqua
ettimane ha un cervello e un sistema nervoso che mandano impuls
da selva le fontane papali si levavano in un cielo più
di volerli cambiare fosse anche nell [2]

In "Frammento dell'anarchia" si può ricostruire una frase che, usando parole e idee incompiute, tenta di spiegare al lettore lo "scopo di questo frammento": "scopo di questo frammento è accertare la vostra attuale velocità e grado di comprensione per stabi... livello base su cui misurare i vostri...".

Nel caos di questa poesia spicca la parola "città", che rima con "velocità" e poi con "già", significativo avverbio di tempo rapido.

Nella confusione di questi versi senza margini si rispecchia la confusione della vita nella città contemporanea. "La città scotta" si legge in un altro frammento di Balestrini, fatto di parole ritagliate da giornali – un interessante miscuglio di poesia e mass media – che ci costringe a ricercare un ordine nell'arbitrario accostamento delle frasi.

Nella città l'irrequietezza della realtà oggettiva si manifesta in modo particolarmente evidente, quindi nella rappresentazione della vita cittadina l'arte raggiunge essa stessa il più alto grado di irrequietezza formale.

Nel caso di "Frammento dell'anarchia" i versi che riguardano direttamente la città (in particolare vv.6, 13, 20, 27, 34) si collegano tramite giochi di rime ad altri versi ad indicare una convulsione di velocità disordinata: nel sesto verso della prima strofa è presentata la parola "città", che non ha rima. Nella seconda strofa città rima con "velocità" (v.10). Nella terza strofa "città" sparisce ma rimane la sua rima, "velocità" (v.17). Nella quarta strofa velocità si è ridotta a "tà" (v.24), che però rimanda a "già". Nelle ultime due strofe la città è ridotta alla sola immagine di mattoni che bevono la luce "come un'avida selva" e fontane che "si levavano in un cielo più". La rapidità di movimento presentata fino a questo momento viene abbandonata bruscamente e sostituita da una scena più pacata, desolata perché inanimata, non ci sono più rime ed il verso è interrotto. La città sembra morire qui. Le fontane papali non ci appaiono come elementi positivi di ristoro, perché su di esse prevale il senso di arsura del mattone arido che "sorbiva la luce" e dell'"avida selva".

Si ripropone in effetti qui la dialettica tra la città industriale e la città monumento, con la ridicolizzazione della seconda.

L'inizio improvviso e l'interruzione sgrammaticata dei versi in "Frammento dell'anarchia" inseriscono nella poesia un elemento di distruzione che ne smorza il senso ludico e ne impedisce lo sfondo consolatore: la risonanza classicistica di espressioni come "avida selva" e "fontane papali" non scadono nell'idillica celebrazione della natura o dell'angoletto paesaggistico, perché l'aura di antichità viene attutita e ridicolizzata appunto dalla troncatura del verso. Il rapporto con la realtà viene così espresso dalla mancanza di significato linguistico (i versi riguardanti la città, ricostruiti, leggono "ioriva con inaudita letizia la città [...] tino e di mattone [...] sorbiva la luce come un'avida selva le fontane papali si levavano in un cielo più") che riproduce la mancanza di significato della vita moderna, così come la fluidità del verso che non ha limiti sintattici né a destra né a sinistra emula la crescita smisurata e l'allargamento a macchia d'olio della megalopoli novecentesca.

Il linguaggio è usato in modo da scardinare le aspettative interpretative del lettore, che non vi riconosce quella linearità sintattica su cui si basano le normali strutture semiotiche. Frustrato nelle sue aspettative, il lettore è allora costretto a costruire le proprie chiavi interpretative, interrogando continuamente il verso e abbandonando l'automatismo della comunicazione quotidiana. È necessario che il linguaggio obblighi il lettore a pensare. Nella città è necessario che lo spettatore/il passante guardi oltre le facciate e le luci abbaglianti per ritrovare e capire la vita di comunità. A questo proposito è interessante ricordare come Balestrini aggiunga alla sua raccolta *Come si agisce*[3], del '63, un'appendice intitolata "Tavole di lettura" il cui intento è quello di indicarci le varie combinazioni possibili tra le poesie della raccolta stessa, un po' come la mappa di una città e la sua "legenda" ci indicano strade, incroci, ferrovie: cioè le varie combinazioni possibili all'interno di una città.

Il linguaggio della poesia sperimentale cerca insomma di ricreare quella sensibilità percettiva che è stata attutita o addirittura distrutta dal turbine di stimoli sia linguistici che visivi che ci girano intorno.

Anche gli oggetti che ci circondano, nelle città consumistiche degli anni del boom economico, diventano sempre più effimeri, perché essi vengono continuamente sostituiti dai nuovi oggetti che la tecnologia crea. Così essi diventano merci e perdono ogni valore emotivo.

Lo sviluppo commerciale e il consumismo che ne deriva sono naturalmente un altro aspetto del dinamismo della città, un dato che si rispecchia anche in altre poesie del periodo. Si rispecchia ad esempio nelle poesie di un poeta stilisticamente più vicino ad un certo realismo narrativo che non allo sperimentalismo dell'avanguardia, come Elio Pagliarani. Nella sua famosa poesia "La ragazza Carla"[4], del 1962, Pagliarani distrugge sia la sintassi che l'ordine tipografico dei versi nel ritmo accelerato della sua descrizione di Milano, in cui si mischiano "i segni colorati dei semafori", "polvere idriz elettriche", nomi di cinema e di grandi magazzini. Gli elementi commerciali che si intravedono nel suo scorcio di Milano sono simboli del continuo cambiamento e ammodernamento della città e della sua crescente mercificazione. La città quindi esiste come movimento continuo, sia in senso diacronico, con la stratificazione del passato sullo stesso luogo geografico, sia in senso sincronico, con la dinamica del lavoro, della tecnologia, del commercio, dei negozi e delle strade.

Per concludere, nei collage, nelle poesie fatte di ritagli e di ricostruzioni meccanizzate, nell'irruzione di spezzoni di quotidianità all'interno dei versi c'è il tentativo di fermare per un momento questo dinamismo caotico e di isolare gli oggetti che si muovono nel flusso continuo della realtà contemporanea. In effetti, la città non è che un panorama simbolico, una vera e propria metafora per spiegare la modernità, e la poesia diventa allora la pagina su cui aprire questa metafora. La città non è soltanto un insieme di edifici, ma un insieme di interazioni tra individui, tra io e altro: le sue strade rappresentano la ricerca di una direzione.

Negli anni sessanta lo stile poetico cambia, perché la realtà che circonda l'io è cambiata. I ritmi cadenzati della campagna sono stati sostituiti dai ritmi dissonanti della città, dove il ruolo dell'io è caratterizzato dall'indeterminatezza e la ricerca della propria identità si svolge contro uno sfondo dinamico, appunto, e sempre mobile. I versi di questo tipo di poesia dimostrano che il trauma dell'identità nella seconda metà del Novecento sarà caratterizzato non tanto dall'alienazione, quanto dalla frammentarietà della vita cittadina.

Note

[1] A proposito del rapporto tra la città e le mura si veda soprattutto C. DE SETA, *La città europea dal XV al XX secolo,* Milano, Rizzoli, 1996, pp.79-103.
[2] N. BALESTRINI, "X. Frammento dell'anarchia", in *Ma noi facciamone un'altra,* Milano, Feltrinelli, 1968.
[3] ID., *Come si agisce,* Milano, Feltrinelli, 1963.
[4] E. PAGLIARANI, "La ragazza Carla", in *La ragazza Carla e altre poesie,* Milano, Mondadori, 1962.

Between *Novissimi* and Nuovo Romanzo: Literary Genre Categories in the Works of the *Gruppo 63*

*

Florian Mussgnug

> Suppose for a moment that it were impossible not to mix genres. What if there were, lodged within the heart of the law itself, a law of impurity or a principle of contamination?
>
> Jacques Derrida

R ecent developments in literary scholarship, it seems, have finally reconciled advocates of systematic and comprehensive genre classifications and defenders of artistic freedom, ready to rise in rebellion against all forms of undue restriction. Despite obstinate and resolute calls for an immediate abolition of genre distinctions, which characterised all major avant-garde movements of the Twentieth Century, literary genres appear to have survived the century unharmed and continue to play a central role in literary theory and historiography.[1] In his influential commentary on post-structuralist criticism, *Notizie dalla crisi*, Cesare Segre laconically remarks: "Se per millenni si è continuato a usare il concetto di genere, pur formulato e applicato in modi diversissimi, bisogna riconoscere che esso deve contenere qualche elemento costitutivo cosí forte da poter attraversare poetiche, culture, epoche".[2] Undoubtedly, the resistance of literary genres to polemical attacks and struggles for radical innovation suggests a profound need for genre distinctions, which cannot be adequately explained by mere reference to passing literary fashions. At the same time, however, the development of literary genres, the mutability of genre categories and the discrepancies between different classificatory schemes clearly reveal the inadequacy of normative approaches. Formerly influential attempts to capture the relationship between literary genres in supposedly exhaustive and apparently universal classificatory schemes such as Julius Petersen's circular diagrams have little in common with the current efforts of genre theorists.[3] During the past decades literary critics and theorists have in fact shown an increasing concern with the contingent, historically determined properties of literary texts. Genre conventions have consequently come to be understood as variable discursive strategies within literary communication, appealing to what Hans Robert Jauss aptly described as the recipients' *Erwartungshorizont*.[4] This change in theoretical perspective led to a revaluation of the processes of artistic creation and specifically of the relationship between auctorial intentions and the "tools" offered by genre conventions.[5] It also brought about increasing critical interest in the complex interplay between literary forms and themes and between genres, sub-genres and literary modes.[6] Unlike the rigid, mutually exclusive genre categories of the early Twentieth Century, which invariably attracted the scorn and contempt of radical innovators, current-day genre theories can account for historical shifts within genre conventions as well as for reciprocal influences among genres and for the replacement of established genres by new ones. They also offer methodological support for the treatment of so-called "hybrid" or "borderline" genres and help with defining the interdependence of confirmed genres and their supposed opposites. According to anti-essentialist definitions of genre, even extreme expressions of cultural rebellion such as Dadaist poetry or the anti-novels of the *Neoavanguardia* ought in fact to be understood as variations on conventional genres rather than as their complete denial.

In the light of these trends, it is hardly surprising that primary genres should have continued to serve as indispensable parameters in literary historiography even where the latter is concerned with literary periods or movements which systematically attacked and denied the legitimacy of genre conventions. Renato Barilli's recent history of the *Gruppo 63*, for instance, describes the group's activities in four sections respectively dedicated to poetry, the novel, literary theory and editorial initiatives.[7] Similarly, many influential histories of contemporary Italian literature and introductions to the *Neoavanguardia* make unreserved use of genre distinctions.[8] An altogether different approach to the period has been outlined by Alfonso Berardinelli in his *La poesia verso la prosa*. According to Berardinelli, much of the innovative force of late Twentieth Century poetry lies in the re-appropriation of common discursive strategies and narrative contents, leading to a "progressivo e accelerato avvicinamento della poesia alla prosa, della lirica alla discorsività".[9] The significance of this wide-ranging trend, Berardinelli argues, was mostly ignored by the *Neoavanguardia*, who instead sought to promote the assumptions and practices of earlier avant-garde movements, including a radical, *a priori* denial of genre distinctions and semantic values: "Con una certa approssimazione provocatoria, si potrebbe dire che l'ultimo vero mito prodotto dalla letteratura europea è stato proprio l'idea di Scrittura letteraria come infaticabile e inflessibile distruzione di valori semantici".[10] While Berardinelli's position tends perhaps towards excessive partiality and oversimplification, it nevertheless prompts some important questions. How – and to what extent – did the *Neoavanguardia* seek to abolish genre distinctions? How innovative were the creative efforts of the *Gruppo 63* with regard to conventional genre boundaries? What is the relation between the group's theoretical positions on genre and its practical achievements? Finally, is it legitimate to apply conventional genre categories in the retrospective assessment of a literary movement that apparently contested their validity?

Critical accounts of the *Gruppo 63*'s theoretical positions are inevitably challenged by the complexity and heterogeneity of the terminology employed by the group's members. Addressing a wide range of questions and problems, the group's encounters and debates were profoundly shaped by the discovery and exploration of new critical methods and theories, which inspired the use of highly sophisticated but also intricate and at times contradictory theoretical jargons. Moreover, the group's self-image as a forum for informal discussion rather than a unified ideological movement further encouraged theoretical variety and versatility, thus causing great discrepancies between different fractions as well as shifts within some of the key members' theoretical positions.[11]

Retrospective efforts towards a systematic classification of the group's assertions therefore appear almost inevitably restrictive when compared to the puzzling and productive turmoil of what Edoardo Sanguineti recently described as "il laboratorio aperto della neoavanguardia".[12] Renato Barilli's lucid and coherent distinction between the "tre anime del Gruppo", for instance, fails to account adequately for the *Gruppo 63*'s concern with structuralism and for the partial anticipation of themes subsequently associated with postmodernism – an aspect of the group's activities which was in fact stressed by Barilli himself on other occasions.[13] Similar difficulties arise from attempts to classify the *Neoavanguardia*'s attitude towards genre distinctions. Among the writers and intellectuals associated with the *Gruppo 63* are radical opponents of literary genres as well as moderate innovators, advocates of alternative classificatory norms and supporters of complete stylistic and semantic anarchy. Furthermore, many of the group's discussions oscillate between a traditional, normative understanding of genre and more innovative, anti-essentialist proposals, often without being sufficiently clear about the implications of different theoretical models. The following analysis, which concentrates on some exemplary theoretical proposals and creative experiments within the *Gruppo 63*, seeks to shed some light on the discrepancies and differences within the group's positions. It also hopes to show how the *Neoavanguardia's* employment of modernist premises, taken to their most extreme and often self-contradictory consequences, helped to reveal the limits of normative systems of genre classification. Current-day definitions of literary genres as perpetually changing and interrelated modes of communication might thus be more directly indebted to the polemical attacks of the early Sixties than is usually assumed.

Before concentrating specifically on the assessment of the *Gruppo 63*'s experimentation with genre conventions, it will be useful to reflect briefly on the historical development of the *Neoavanguardia* in general, which Romano Luperini in *Il Novecento* appropriately divides into three distinct phases:

> Vanno distinte, nella storia della neovanguardia, tre fasi diverse. La prima, quella del 'Verri', va dal 1956 al 1960 e serve da incubazione del movimento. La seconda (1961-65),

che corrisponde al momento culminante, è quella
dell'eversione. La terza, che va dal 1966 al 1970 circa, è la
fase della costruzione sperimentale e della chiarificazione
politica […]. In questa terza fase (praticamente inaugurata
dal […] convegno sul romanzo sperimentale) […] le finalità
[…] sono piuttosto sperimentali-costruttive che eversive.[14]

The application of this periodic classification to the treatment of genre
categories yields an important, preliminary result: throughout the first and
most of the second period indicated by Luperini, the formal
experimentation and innovations introduced by the *Neovanguardia* do not
challenge the stability of the dominant primary genres – poetry, prose and
drama. Attacks against conventional genre boundaries are exclusively
concerned with the relationship between sub-genres, especially within
poetry. Elio Pagliarani's article "La sintassi e i generi", published in *I
Novissimi*, for instance, calls for a radical reinvention of poetry and defies
all distinctions between traditional poetic genres, but at no point touches
upon the relationship between poetry and prose.[15] Only a complete break
with literary traditions will, according to Pagliarani, allow poets to
overcome the restrictive identification of lyric poetry with poetry *tout
court*: "Non ha senso negare l'identificazione lirica = poesia senza una
reinvenzione dei generi letterari". The innovative sub-genres envisaged by
Pagliarani – "*genre* poemetto" and "poesia didascalica e narrativa" –
present themselves as a reflection of the themes, vocabulary and syntax of
everyday forms of social discourse, thereby transferring "nel discorso
poetico le contraddizioni presenti nel linguaggio di classe".[16] Despite the
force of this programmatic call for genre innovation, however, Pagliarani
does not appear to question the legitimacy of genre categories as such. The
effectiveness of his proposals is in fact all the more evident when they are
understood as descriptions of a personal, idiosyncratic experimentalism
rather than as a mere enactment of avant-garde nihilism.[17] While
Pagliarani's extreme urge to combine poetic and everyday linguistic
registers certainly makes him an exception among the *Novissimi*, his
seemingly radical but actually pragmatic and restrained critique of genre
conventions blends well with the overall tone of the publication, which
already in its title declared itself specifically and uniquely concerned with

innovating poetry. The same moderate experimentalism, more prone towards a critical examination of established genre conventions than striving for their outright denial, largely prevails also in the *Gruppo 63*'s first comprehensive anthology, *Gruppo 63. La nuova letteratura*, published in 1964.[18] Unlike *I Novissimi,* this publication, intended to promote the group's activities and to confirm its status as an organised movement, directs its innovative proposals at all fields and forms of literary expression. Consequently, the textual samples from thirty-four *scrittori nuovi* represented in the volume include selections of poetry as well as short pieces of prose and extracts from dramatic writings and are listed in strict alphabetical order, apparently disregarding genre categories. A significant degree of classificatory orthodoxy, however, is presupposed by the six theoretical essays introducing the anthology.[19] Only the first two, written by Luciano Anceschi and Angelo Guglielmi, define literary experimentalism in generally comprehensive terms while three of the remaining texts are dedicated to the novel, to poetry and to theatrical writing (Barilli, Curi, Bartolucci). Gillo Dorfles' contribution, concerned with defining the relationship between different forms of artistic expression, mostly compares the development of the aforementioned literary genres without seriously questioning their respective autonomy.

A more innovative attitude towards primary genres emerges during the *Gruppo 63*'s 1965 debate on the experimental novel, subsequently transcribed and published in the volume *Gruppo 63. Il romanzo sperimentale*.[20] More than any of the group's previous or subsequent publications, the proceedings of the 1965 meeting give a concrete idea of the wide range of theoretical positions held and the strong discrepancies within the group. The exchange of opinions between several of the group's protagonists is characterised by an exceptionally high degree of theoretical abstraction and critical interest, but also significantly complicated by the excessively intricate and vague *koiné* employed by many *neoavanguardisti*. Although the meeting's official focus lay on the experimental novel, a surprisingly large part of the discussion was in fact concerned with definitions of literary experimentalism in general and even with problems specifically relating to experimental poetry. In his history of the *Neoavanguardia* Renato Barilli recalls that throughout the early 1960s discussions about the *nuovo romanzo* were strongly influenced by the success of the *Novissimi*.[21] Considering the great amount of critical attention that the *Novissimi* received both as a declaration of poetics and as a sample of representative texts, it is hardly surprising if in 1965 experimental poetry was repeatedly called upon as a model for the *romanzo sperimentale*. Arguably, an important reason for this innovative treatment of poetry and prose, which allowed the former to feature as a direct source of inspiration for the latter, was the drastic lack of experimental novels in Italy. While the poetic production of the *Gruppo 63* had been rich and versatile, the *romanzo sperimentale* existed primarily as a purely theoretical construct and Edoardo Sanguineti's *Capriccio italiano,* published in 1963, was perhaps the only work to actually fulfil the theorists' demands.[22] As far as novels written outside Italy were concerned, there was little agreement within the group as to where to look for reliable models and how to define the boundaries of experimentalism.[23] Consequently, projects to reform the novel – such as the ones discussed in 1965 – relied on poetic principles and theoretical assumptions which had first emerged in Italy in relation to poetry, thereby disregarding genre differences and encouraging highly innovative theoretical speculation about genre boundaries.

Renato Barilli's introductory speech at the 1965 meeting, for instance, appears at least partly as an attempt to establish an ideal link between poetry and prose. Although Barilli does not explicitly refer to the *Novissimi* as a model for experimental prose, his definition of the *Nuovo Romanzo* clearly recalls some of the theoretical essays contained in the 1961 collection. In the initial section of his speech Barilli defines the new experimental novel, which he distinguishes not only from traditional narrative forms but also from the literary works of the *avanguardie storiche*, through the following keywords: *abassamento linguistico, abassamento stilistico* and *abassamento di situazione*.[24] While the third category, which explicitly refers to the level of the plot, seems intrinsically linked to the genre of the novel, the other two can be applied equally to poetry and prose writing. Barilli's call for a literary language, which systematically opens itself to all facets of discourse and especially to linguistic forms traditionally excluded from its range, his call for an *allargamento del gesto linguistico,* corresponds in fact exactly to what

Alfredo Giuliani, in his introduction to the *Novissimi,* described as the
need for an *accrescimento di vitalità.*

> Senza dubbio in ogni epoca la poesia non può essere 'vera'
> se non è 'contemporanea'; e se ci domandiamo: − a che
> cosa? − la risposta è una sola: al nostro sentimento della
> realtà, ovvero alla lingua che la realtà parla in noi con i suoi
> segni inconciliabili. [25]

Clearly, Barilli's and Giuliani's demands are prompted by the belief that
an adequate critique of the social, economic and political conditions of
contemporary capitalist societies can only be achieved through the direct,
critical analysis and innovative modification of linguistic conventions.
This conviction, which leads several of the *neoavanguardisti* to praise all
instances of extreme formal experimentation and to condemn as inherently
reactionary any text adhering to genre conventions (independently of its
content), does not spring from detailed theoretical analysis. Although
many of the theoretical and philosophical approaches adopted by members
of the *Gruppo 63* do indeed advance explanations of the linguistic and
conceptual structuring devices underlying processes of perception and
communication, none of them postulate an exclusive link between
experimental literature and social critique. Descriptions of particular
stylistic experiments as the only appropriate and effective forms of
cultural and social opposition are therefore only superficially justified by
the group's theoretical models and originate mostly from polemical
arguments and tentative, unsystematic speculation. Despite its lack of
theoretical support, however, the idea of experimental literature as an
enlightening rearrangement of the linguistic building stones of reality is
strongly present in all of the *Gruppo 63*'s early debates, where it prompts
a series of extremely influential metaphorical descriptions of the process
of artistic creation.

During the 1965 meeting, for instance, Angelo Guglielmi suggests that
the author's condition under Late Capitalism may be fruitfully compared
to that of a person trying to describe the fragments of a broken vase.[26] The
realist novelist, who seeks to portray contemporary society by traditional
literary means, resembles a man who sees each piece of the vase only with

regard to its past position within the destroyed unity. However accurate his observations, it is obvious that nothing interesting about the present situation can be learned from his description. Experimental literature's task, according to Guglielmi, consists in viewing the fragments not in the light of their past function, but in themselves and as parts of a possible new totality. Abandoning the metaphor of the vase, Guglielmi reaches the following conclusion:

> La realtà considerata dal punto di vista dei suoi valori tradizionali non è più significativa e operante: comunque se si vuole continuare ad avere un rapporto con essa bisogna escogitare nuovi valori, giacché la realtà al di fuori di un'organizzazione di valori, quale che sia, non esiste e non può esistere.[27]

The apparent elegance of Guglielmi's metaphor cannot hide some significant theoretical shortcomings. Guglielmi accurately stresses literature's role in drawing awareness to the ideological constraints on semiotic codes, but fails to differentiate between various forms and levels of codification. His allusive mention of "traditional" and "new values" may be taken to refer to basic conceptual schemes and interpretative conventions, stylistic and genre-specific norms, grammatical rules, ethical and moral values or even complex political and social systems. Consequently, the apparent radicalism of his broad generalisations amounts in fact to little more than an unspecific commitment to a rather vague notion of progress. Furthermore, Guglielmi's description of the process of artistic creation tends to associate the contingency of semantic systems with a particular crisis in cultural and social history. While Guglielmi rightly points out that the meaning of a sign or utterance is always dependent on a larger context of semantic conventions and contextual constraints, his metaphor of the broken vase betrays a hidden nostalgia for a supposedly primordial authenticity of meaning, which contradicts his anti-essentialist understanding of language. Guglielmi's metaphor in fact seems to suggest that the contingency of semiotic systems is brought about by particular historical circumstances, that it is caused by a "breaking of the vase" which has rendered traditional forms of literary representation obsolete. This depiction of the present as a period of crisis allows Guglielmi to portray literary experimentalism as a possible form of redemption, an ideal reconciliation of signifier and signified. The stylistic and linguistic experiments of the *Neoavanguardia* are in fact described as attempts to recompose the totality of the fragmented linguistic universe or, metaphorically speaking, as efforts to assemble the pieces of the vase in new, harmonious shapes. Guglielmi thus invests experimental literature with the task of creating new semiotic systems that can reflect more accurately the true nature of reality.

Guglielmi's description of literary experimentalism is no exception within the debates of the *Gruppo 63*. A similarly utopian conception is proposed, with greater theoretical coherence, in Edoardo Sanguineti's well-known claim that the experimental poet must dive into the linguistic swamp, "gettare se stess[o], subito, a testa prima, nel labirinto del formalismo e dell'irrazionalismo, nella Palus Putredinis, precisamente, dell'anarchismo e dell'alienazione, con la speranza, che mi ostino a non ritenere illusoria, di uscirne poi veramente, attraversato il tutto, con le mani sporche, ma con il fango, anche, lasciato veramente alle spalle".[28] Utopian representations of literature such as these, which prompted Walter Siti to speak of a *linea tardoromantica* within the *Gruppo 63*, play an increasingly important role in the later cultural debates of the *Neoavanguardia* and suggest that the group was in many respects more profoundly committed to modernist aspirations of overcoming the contingent constraints of the linguistic code, than retrospective accounts are normally ready to admit.[29] Predictably enough, utopian metaphors also encouraged vehement protests against the supposed constraints of genre conventions. In 1965 Roberto Di Marco called for a suspension of literary genres and insisted that experimental literature had to follow the example of scientific experimentation and reject all *a priori* conditioning.[30] In a similar vein Lamberto Pignotti declared that a true commitment to literary experimentalism meant "non lasciarci imprigionare dalle strutture prefabbricate e dagli schemi di carta".[31] Impressed by such displays of rebellious ardour, Massimo Ferretti concluded that "il romanzo nuovo non è una categoria particolare del genere romanzo".[32] A more systematic denial of genre categories comes from Eugenio Miccini, who describes the practice of experimental writing as an elaborate *pastiche* technique ("analisi sopra i linguaggi 'tecnologici' nella loro originaria organizzazione sintattica ma semanticamente rovesciati e riorganizzazione strutturale in un contesto non ancora garantito dall'uso") which can be applied equally to poetry and prose. Having thus defined a literary experimentalism without genre boundaries, Miccini adds: "Non credo molto alla distinzione tra i generi letterari e nemmeno a quella, ad esempio, tra poesia e prosa e conservo la distinzione solo per una differenza di tipo quantistico".[33]

Not all members of the *Gruppo 63*, however, were equally willing to sacrifice genre distinctions. While most participants at the 1965 meeting agreed that poetry and prose ought to break free from traditional formal constraints, opinions differed when it came to defining the exact scope of the rebellion against genres. Giving voice to the group's more moderate fractions, Giorgio Celli argued that "la confusione sistematica tra i generi letterari si verfica tramite il confluire nel romanzo di moduli saggistici e filosofici, e non più propriamente narrativi".[34] While experiments with technical and philosophical jargons may significantly enrich the novel, plans to abolish all distinctions between poetry and prose demand, according to Celli, too great a sacrifice from literature. In order to converge fully with poetry, the new novel would have to rid itself of its *fabula*, thus transforming itself into what Celli calls a mere metaphorical game. This, however, would exclude the *romanzo sperimentale* from the boundaries of its original genre category, which in Celli's opinion is defined by the fact that "il romanzo è sempre una parabola, una storia morale".[35] In order to act as an innovative force to literary genres, Celli concludes, the experimental novel has to remain committed to some form of narrative content. An analogous attempt to redefine genre categories is made by Gillo Dorfles, who invokes Saussurean categories as foundations for a systematic distinction between poetic and novelistic writing. Dorfles suggests that while poetry operates directly on the level of the *parole*, the novel needs to make use of *langue*, or, as he puts it, of a "*parole* già sufficientemente *langue*".[36] In other words, while in poetry the sign is freed from contextual constraints and can *in extremis* be contemplated directly, the novel always has to rely on specific semantic systems.

Compared to the achievements of current genre theorists, Dorfles' and Celli's quest for the necessary and defining properties of literary genres appears, despite the pertinence of some of their insights, excessively tainted by normative rigour. Unsurprisingly, it had little impact on the majority of the *Gruppo 63*, who agreed with Celli and Dorfles that it was indeed possible to entirely dissociate the level of the signifier from that of the signified, but went on to draw diametrically opposite conclusions about the future of experimental literature. To several of the group's more radical exponents the "gioco metaforico", which Celli had considered symptomatic of the death of the novel, appeared in fact as the ultimate goal of the *romanzo sperimentale*. Provocatively anti-normative proposals such as Miccini's "purely quantitative" distinction between poetry and prose or Alfredo Giuliani's pragmatic definition of poetry, which identified poetic meaning entirely with the recipients' apparently arbitrary interpretative behaviour – "l'unico vero contenuto della poesia è ciò che la poesia fa sul lettore" – suggested the imminent creation of works of art which could no longer be classified according to traditional genre conventions. Giuliani himself revealed at the 1965 meeting his intention of writing a hybrid text combining primary genres: "Trovo grande interesse a immaginare una forma di narrazione che è insieme fatta di prosa e versi".[37] A more immediate and tangible response to the urgings of radical genre sceptics was offered by Nanni Balestrini, who in 1965 distinguished himself as the most coherent and committed spokesperson of radical experimentalism as well as one of the few prone to writing an experimental novel. In his main speech at the group's meeting Balestrini clearly distanced himself from Angelo Guglielmi's utopian description of literature:

> Torno un attimo a quanto ha detto Guglielmi teorizzando un romanzo che cerca 'di rendere di nuovo possibile (attuale) il rapporto con la realtà, di riannodare i fili, ormai spezzati, della nostra comunicazione con le cose.' Proprio qui io non sono per nulla d'accordo, cioè che lo scopo del romanzo sperimentale sia [...] 'di avere un nuovo possibile rapporto con il reale.' Che disgrazia se fossimo ancora qui![38]

Balestrini opposes all speculations about new and different forms of literary representation, and defines the *romanzo sperimentale* as a purely linguistic mechanism without a referent: "I fili spezzati con la realtà non si riannodano più e basta, non ce n'è più bisogno, il romanzo è un'altra cosa, [...] è un fatto artificiale [...] preferirei dire: *un meccanismo puramente verbale*".[39] Balestrini's first novel, *Tristano*, published in 1966, presents itself as a perfect exemplification of these theoretical assumptions.[40] Using the *pastiche* technique, which he had already explored in his collection of *ex machina* poetry *Come si agisce*, Balestrini creates a text that defies narrative structures and presents semantic constraints as inherently problematic by degrading them to a level of apparent arbitrariness.[41] Given the close association of meaning mechanisms and genre categories in the debates of the *Gruppo 63*, it is evident that *Tristano* must also be considered an extreme act of rebellion against genre orthodoxy. In order to grasp Balestrini's intent, readers of *Tristano* need to reflect on what – if anything – makes the text a novel. Clearly, the genre indication "un romanzo" on the cover of the book only emphasises the complexity of the issues at stake, since paratextual features such as this fall within the scope of the author's creative strategies and may thus become a focus for metaliterary irony.[42] Consequently, a coherent genre classification of *Tristano* needs to treat such features as parts of the text's overall semantic and structural properties.

Some of the problems raised by Balestrini's text may be clarified in relation to a short essay by Umberto Eco, first published in 1982, which proposes a new distinction between poetry and prose.[43] Eco's article, composed nearly two decades after the *Gruppo 63*'s debate about the experimental novel, coolly rejects the "banalità diffuse dal romanticismo circa l'arte come creatività assoluta" stressing instead that all forms of artistic expression are to some extent reactions to prior sets of norms.[44] Poetry and prose are explained by Eco as historically determined degrees of "distortion" of the rhythms of spoken language. While prose adjusts its rhythms quite effectively to those of the spoken word (*rem tene verba sequentur*), poetry radically alters common linguistic patterns (*verba tene, res sequentur*). Having tested his criteria on some canonical examples, Eco concludes that "la misura del verso è un ostacolo scelto per provocare un effetto di straniamento semantico", thereby dismissing as only indirectly relevant a wide range of textual features previously associated with primary genre distinctions, such as narrative perspective, the occurrence of specific rhetorical figures, stylistic devices, themes, etc.[45] This allows Eco to refute the idea of necessarily exclusive genre categories and to explain processes of mutual contamination between genres. Texts like *Tristano*, written in order to challenge traditional processes of literary communication, may be considered "borderline cases" which forever defy attempts at conventional genre classification. This, however, does not mean – as Balestrini himself might have believed – that their existence proves the futility of classificatory schemes. Quite the contrary: extreme cases of formal experimentation may not only peacefully coexist with conventional literary forms and eventually themselves become established sub-genres, they may also gain their meaning through processes of interpretation, which are at least partly conventional.

The recognition of this profound link between innovation and interpretation marks the most mature phase of the *Neoavanguardia*'s theoretical debates. As early as 1965 Umberto Eco had been pointing out that the radical experiments of the old and new avant-gardes had in fact been contributing to a "diversa educazione della sensibilità" which allowed audiences to recognise without great difficulty the "codici dell'avanguardia".[46] Artistic expressions which half a century earlier had provoked scandals and radical estrangement could now be interpreted according to sophisticated cultural conventions. While Eco convincingly defined the general relationship between cultural production and reception, some specific questions arising from literary experimentalism were elegantly traced by Edoardo Sanguineti in a critical reading of Balestrini's *ex machina* poems, entitled "Come agisce Balestrini" and first published in 1963.[47] Instead of proposing a detailed analysis of texts from Balestrini's collection, Sanguineti's essay presents itself as a theoretical reflection on what it means to read a literary work which apparently denies all norms of basic semantic coherence. Because of this high level of theoretical abstraction, the text appears equally suited as a possible treatment of Balestrini's subsequent experiments with literary prose in *Tristano*. Interestingly, Sanguineti's interpretation initially adopts the point of view of a "naïve" reader, who is unacquainted with the theoretical premises implicitly evoked by Balestrini's experimental poetry: "E si voglia qui [...] indulgere per un attimo alla eventuale diffidenza dell'ingenuo lettore".[48] This reader, Sanguineti hypothesises, will be intrigued by the "sapore di scandalo" of Balestrini's works, but also captivated by the "carattere drammaticamente e ironicamente critico del testo".[49] Yet how is one to describe the meaning of *Come si agisce*? What "significato ultimo del libro" can be revealed by a naïve reading? After discussing the techniques adopted by Balestrini in his textual *collages*, Sanguineti concludes: "Abbiamo voluto precipitare le cose, sino a ricercare, prima di una vera descrizione, un significato. Ora si può anche dire che il metodo seguito qui era assolutamente indispensabile: l'opera di Balestrini tende a consumarsi, per natura, nella sua descrizione".[50] Moving beyond the poems' purely formal properties, all possible interpretations appear equally justified. Since no interpretation *a parte subjecti* is confirmed by the text, Sanguineti concludes, the poems of *Come si agisce* demand from every reader a reaction according to his or her own critical assumptions. There remains, of course, the possibility of referring to the textual genesis of Balestrini's works and to the author's motives. This, however, would put potential readers on a level with the hypothetical reader of *I promessi sposi* described by Alberto Arbasino, who assumes that "il vero plot è la storia di un bizarro signore milanese goloso di romanzi storici e di contradittori scrupoli moralisti, che soffre di un vistoso complesso d'inferiorità linguistico".[51]

By establishing the formal procedures of automatic poetry as the only evident subject matter of his works, Balestrini apparently grants total interpretative freedom to his readers and confirms the validity of all possible interpretative strategies. At the same time, however, the absence of a distinct *intentio operis* complicates and obstructs the readers' dialogue with the text. Interpretations of *Come si agisce* are only trivially valid, as they fail to establish a strong relation with the work itself. As a consequence, even sophisticated interpretative strategies do not significantly add to the comprehension of the text. Readers might well be tempted to believe that their interpretations help to reveal the text's "actual" meaning, but they cannot fail to perceive the profound threat emanating from Balestrini's attack on semantic conventions:

> Potrò anche non avvedermi, con le migliori intenzioni, del
> fatto che sono io che, in laboratorio, svolgo queste

operazioni di descrizione, interpretazione e giudizio che mi
istituiscono e autorizzano, tutto criticamente specializzato, a
discorrere di "un avvenimento puramente linguistico".
Eppure avrei il sacrosanto timore, in tale ipotesi, che il deus
ex machina di Balestrini prendesse della mia diagnosi
allegra vendetta, dilatandomi e combinandomi, dopo avermi
fatto a brani.[52]

The words of the critic, too, may be ripped out of the context of pragmatic
conventions that reassuringly guaranteed their meaning and thus become
the "materiale verbale" of arbitrary combinatory games. This most
harrowing consequence of Balestrini's experiments, however, also reveals
their actual lack of pertinence: precisely because every utterance may be
subjected to an automatic dissociation of signifier and signified,
Balestrini's experimental procedures fail to act as a meaningful critique of
semantic conventions. *Ex machina* distortions of existent forms of
discourse do not challenge wider social contexts and underlying power
relations and therefore ultimately leave everything as it is. Balestrini's
texts have indeed overcome the constraints of semantic conventions (and
the boundaries between literary genres), but only at the cost of denying the
communicative function and critical meaning of the work of art. In the
concluding paragraph of his essay, Sanguineti remarks: "Balestrini è
giunto davvero in fondo, senza esitazioni, a quel vicolo cieco che
fatalmente, lo attendeva. Ed è fortuna che del suo libro si possa dire,
comunque abbia a prolificare in qualità di duro esempio, che non apra
nuove strade".[53]   Yet, while the extreme force and fatal coherence of
Balestrini's early works seem to offer no hope for the future of radical
literary experimentalism, the same may not be said for Sanguineti's
critical reading itself. With his thoughtful reflections on the
responsibilities of the reader, but also on the author's responsibilities
towards the reader, he has already turned his back on normative
essentialism.

Notes

[1] For a recent, lucid overview of the history of literary genres, cf. P. BAGNI, *Generi*, Firenze, La Nuova Italia, 1997. Cf. also C. SEGRE, *Avviamento all'analisi del testo letterario*, Torino, Einaudi, 1985; W. VOßKAMP, "Gattungen", in *Literaturwissenschaft. Ein Grundkurs*, ed. by H. Brackert and J. Stückrath, Reinbeck, Rowohlt, 1996, pp.253-69; R. CESERANI, *Guida allo studio della letteratura*, Roma-Bari, Laterza, 1999, pp.130-35.

[2] C. SEGRE, *Notizie dalla crisi. Dove va la critica letteraria?*, Torino, Einaudi, 1993, p.105.

[3] Cf. J. PETERSEN, *Die Wissenschaft von der Dichtung. System und Methodenlehre der Literaturwissenschaft*, Berlin, Junker und Dünnhaupt, 1939. For a clear exposition and thorough critique of Petersen's scheme, cf. C. SEGRE, *Avviamento...*, cit., p.214.

[4] Jauss' term *Erwartungshorizont* ("horizon of expectation") defines the interplay between historically determined forms of literary discourse and the recipients' expectations. Cf. H. R. JAUSS, "Theorie der Gattungen und Literatur des Mittelalters", in *Grundriss der romanischen Literaturen des Mittelalters*, ed. by H. R. Jauss and E. Köhler, vol.1, Heidelberg, Winter, 1972, pp.107-38. Cf. also M. GANERI, "La Teoria dei Generi Letterari dopo gli Anni Sessanta: il superamento dell'approccio normativo", in *I tempi del rinnovamento*, ed. by F. Mussarra and S. Vanvolsem, Roma, Bulzoni, 1995, pp.25-35.

[5] Cf. especially M. CORTI, "I generi letterari in prospettiva semiologica", *Strumenti Critici*, VI, I, 1972, 1-18 and *Principi della comunicazione letteraria*, Milano, Bompiani, 1976.

[6] In Italy, Remo Ceserani has been particularly active in promoting thematic criticism and in discussing the relationship between literary genres and modes. Ceserani's definition of literary modes partly draws inspiration from N. FRYE, *Anatomy of Criticism. Four essays*, Princeton, Princeton University Press, 1957. Cf. R. CESERANI, *Raccontare la letteratura*, Torino, Bollati Boringhieri, 1990, pp.109-20.

[7] Cf. R. BARILLI, *La Neoavanguardia Italiana. Dalla nascita del "Verri" alla fine del "Quindici"*, Bologna, Il Mulino, 1995.

[8] Cf., for instance, R. LUPERINI, *Il Novecento*, Torino, Loescher, 1981, pp.752-898; N. LORENZINI, *Il presente della poesia. 1960-1990*, Bologna, Il Mulino, 1991; F. GAMBARO, *Invito a conoscere la Neoavanguardia*, Milano, Mursia, 1993; P. CUDINI, *Breve storia della letteratura italiana. Il Novecento*, Milano, Bompiani, 1999, pp.202-39; F. CURI, *La poesia italiana nel Novecento*, Roma-Bari, Laterza, 1999.

38   Florian Mussgnug

[9] A. BERARDINELLI, *La poesia verso la prosa*, Torino, Bollati Boringhieri, 1994, p.15.

[10] *Ivi*, p.14.

[11] The deliberately open constitution of the *Gruppo 63* and the informal style of its meetings has been emphasised by some of the group's most influential members. Cf., for example, U. ECO, "Il Gruppo 63, lo sperimentalismo e l'avanguardia", in *Sugli specchi e altri saggi*, Milano, Bompiani, 1985, pp.93-104: 94; F. GAMBARO, *Colloquio con Edoardo Sanguineti*, Milano, Anabasi, 1993, pp.61-79.

[12] *Ivi*, p.69.

[13] Renato Barilli distinguishes between an ideological, a phenomenological and a "destructive" group, respectively represented by Edoardo Sanguineti, Barilli himself and Angelo Guglielmi. The idea is first outlined in the introduction to *Gruppo 63. Critica e teoria*, ed. by R. Barilli and A. Guglielmi, Milano, Feltrinelli, 1976 and later confirmed in R. BARILLI, *La Neoavanguardia...*, cit., pp.206-19. For Barilli's controversial ideas on the *Neoavanguardia* and Postmodernism, cf. ID., "Il problema del romanzo nella teoria e nella pratica del Gruppo 63", in *I tempi...*, cit., pp.517–33.

[14] R. LUPERINI, *Il Novecento*, cit., p.754.

[15] E. PAGLIARANI, "La sintassi e i generi", in *I Novissimi. Poesie per gli anni Sessanta*, ed. by A. Giuliani, Milano, Rusconi e Paolazzi, 1961, pp.166-67.

[16] *Ivi*, pp.166-67.

[17] For a useful distinction between *avanguardia* and *sperimentalismo* cf. U. ECO, "Il Gruppo 63...", cit., pp.96-99.

[18] *Gruppo 63. La nuova letteratura*, ed. by N. Balestrini and A. Giuliani, Milano, Feltrinelli, 1964.

[19] Cf. L. ANCESCHI, "Metodologia del Nuovo"; A. GUGLIELMI, "Avanguardia e Sperimentalismo"; R. BARILLI, "Le strutture del romanzo"; F. CURI, "Sulla giovane poesia"; G. BARTOLUCCI, "Tradizione e rottura nel teatro italiano"; G. DORFLES, "Relazioni tra le arti", all in *Gruppo 63...*, cit., part 1.

[20] *Gruppo 63. Il romanzo sperimentale*, ed. by N. Balestrini, Milano, Feltrinelli, 1966.

[21] Cf. R. BARILLI, *La Neovanguardia...*, cit., chapter 2.

[22] Cf. E. SANGUINETI, *Capriccio italiano*, Milano, Feltrinelli, 1963. Among the works of Italian experimental novelists, Sanguineti's text was by far the most cited at the 1965 meeting. Arbasino's early fiction represented another possible Italian model for the *romanzo sperimentale*, which was not, however, equally appreciated by all the group's members.

[23] The Neoavanguardia's concern with non-Italian experimental literature has not yet received adequate critical attention. Considering only the texts discussed at the 1965 meeting one might be inclined to think that allusions to other literatures –

with the obvious exception of French literature – are mostly the result of arbitrary choices and personal interests rather than of systematic and exhaustive surveys. References to contemporary German literature, for instance, include Günter Grass' extremely successful *Die Blechtrommel* but fail to mention the works of an author in many respects closer to Italian experimentalism, Arno Schmidt.

[24] Cf. *Gruppo 63. Il romanzo sperimentale,* cit., p.18.

[25] Cf. *I Novissimi...,* cit., p.15.

[26] Cf. *Gruppo 63. Il romanzo sperimentale,* cit., pp.28-29.

[27] *Ivi,* p.29.

[28] Cf. *I Novissimi...,* cit., p.204.

[29] Cf. W. SITI, *Il realismo dell'avanguardia,* Torino, Einaudi, 1975, pp.28-29. The strong presence of utopian motives in the theoretical debates and creative works of the *Gruppo 63* seems to confirm the ideas of scholars such as Remo Ceserani and Linda Hutcheon, who have been treating the New Avant-gardes of the 1960s as a final expression of Modernism (Cf. L. HUTCHEON, *A Poetics of Postmodernism. History, Theory, Fiction,* London, Routledge, 1988, chapter 3; R. CESERANI, *Guida...,* cit., p.xv). This contradicts Alfonso Berardinelli's idea that "per lo più i testi letterari [delle nuove avanguardie] volevano essere la traduzione di teorie estetiche già formulate" (A. BERARDINELLI, *La poesia...,* cit., p.76).

[30] Cf. *Gruppo 63. Il romanzo sperimentale,* cit., pp.157-59.

[31] *Ivi,* p.68.

[32] *Ivi,* p.160.

[33] *Ivi,* pp.177-79.

[34] *Ivi,* p.130.

[35] *Ivi,* p.132.

[36] *Ivi,* p.85.

[37] *Ivi,* p.103. Giuliani kept his promise many years later and in an altogether different literary and cultural environment with works such as A. GIULIANI, *Il giovane Max,* Milano, Adelphi, 1972 and the programmatically entitled *Versi e nonversi,* Milano, Feltrinelli, 1986.

[38] *Gruppo 63. Il romanzo sperimentale,* cit., p.132.

[39] *Ivi,* p.133.

[40] Cf. N. BALESTRINI, *Tristano,* Milano, Feltrinelli, 1964.

[41] Cf. ID., *Come si agisce (poemi piani),* Milano, Feltrinelli, 1963.

[42] The ambiguous status of genre designators has been accurately described by Jacques Derrida (Cf. J. DERRIDA, "La loi du genre", in *Parages,* Paris, Galilée, 1986, pp.249-87; English translation by D. Attridge in J. DERRIDA, *Acts of Literature,* London, Routledge, 1992, pp.221-52). Among the novelists associated with the *Neoavanguardia,* Giorgio Manganelli makes the most creative and insistent use of such strategies. Cf., for instance, G. MANGANELLI, *Pinocchio. Un*

libro parallelo, Torino, Einaudi, 1977; ID., *Centuria. Cento piccoli romanzi fiume,* Milano, Rizzoli, 1979.

[43] Cf. U. ECO, "Il segno della poesia e il segno della prosa", in *Sugli specchi...,* cit., pp.242-60.

[44] *Ivi,* p.242.

[45] *Ivi,* p.250. Eco maintains exactly the same distinction in his most recent collection of theoretical essays (cf. U. ECO, *Sulla Letteratura,* Milano, Bompiani, 2002, pp.334-38).

[46] Cf. *Gruppo 63. Il romanzo sperimentale,* cit., p.82.

[47] Cf. E. SANGUINETI, "Come agisce Balestrini", in *Ideologia e linguaggio,* Milano, Feltrinelli, 1965, 2001³, pp.72-76.

[48] *Ivi,* p.72.

[49] *Ivi,* p.73.

[50] *Ivi,* p.74.

[51] *Gruppo 63. Il romanzo sperimentale,* cit., p.139.

[52] E. SANGUINETI, "Come agisce Balestrini", cit., p.75.

[53] *Ivi,* p.76.

Italian Poetry in the 1970s: An Overview

*

Mario Moroni

The literary critic Niva Lorenzini has qualified the situation of Italian poetry in the 1960s as being placed between "subject and object". In poetic writing there is no such thing as a linear, or plain, relationship between language and reality/the world, but, Lorenzini states, in the poetry of the 1960s the matter became even more complex because of the radicalization of the discrepancy between words and things.[1] It seems to me that the poetics of the 1960s and the radicalization mentioned above constitute the necessary background for an overview of what happened in Italian poetry in the 1970s.

The complexity reached by the poetic language of the 1960s was the result of the questioning of such notions as "real" and "reality". The consequence was to complicate the degrees of linguistic representation of the world and the self, as well as to open unprecedented possibilities for linguistic experimentation.

Traditionally the representation of an "object" of reality is the result of the organization of the world predisposed by linguistic codes. But if we look at the process of complication that the notion of the "object" and its representation underwent in the 1960s, we begin to understand that the radical questioning of the epistemological status of the external "object" had enormous consequences for poetic writing. In fact that very "object" had been functioning as a screen upon which the lyric "I" had been projecting its own desires, memories, and the confirmation of its own existence. Once such poetics of the 1960s as that of the "Novissimi" questioned the status of the "object", the poetic text itself stopped representing the semantic space where the poet could convey a pre-organized meaning.

More specifically, the phenomenological notion of the "riduzione dell'io" played a fundamental role in the development of the poetic experimentation of the 1960s. This notion meant primarily a suspension of subjectivity – and of the "subject" as a cognitive agency – in order to establish a more authentic approach to the world. Reaching the empirical reality is accomplished by a suspension of both the perceived object and the perceiving subject. This was the philosophical point of departure for poetic writing's new access to the world. It is in this context that the idea of an anti-solipsistic cognitive subject, open to the sphere of intersubjectivity, which Luciano Anceschi and Enzo Paci had theorized in the early 1960s, can be better understood.[2]

Why and how the idea of "riduzione" moved effectively from the realm of philosophy to that of literature also becomes clear: once the subject – understood additionally as a grammatical element – was put in a state of suspension, the possibilities for language to approach reality multiplied. Finally, as a general consideration, it may added that the state of suspension of the subject did not mean the total rejection of subjectivity, but, rather, the questioning of a pre-constituted form of subjectivity, one that exists prior to the actual experience, in order to leave room for a subject understood as "being-in-the-world".

The different poets of the Italian "Neo-avanguardia" developed the modalities of "riduzione" according to specific textual strategies. Because of the limited scope of this essay it would be impossible to textually analyze them here, but it is worth mentioning the creation of a textual "personaggio", not identifiable with the autobiographical self, theorized by Antonio Porta.[3] This was a form of subject existing only within the limits of the text, that is, a subject of the linguistic utterance in the text.

In the 1960s, the restless experimentation with language was also intended as a form of critique of the *status quo*, which was conveyed and legitimized precisely by the traditional linguistic codes, designed to organize the subjective experience of reality. This "political" aspect of the experimentation of the 1960s generated great creative vitality, and forms of utopianism, as well as, ultimately, a sense of disillusionment with poetic language as a means to convey a message of political change. It is in this condition of disillusionment that we find Italian poetry at the very beginning of the 1970s, following the political turmoil of 1968. Very few books of poetry were being published, and influential magazines of the "Neo-avanguardia" such as *Quindici* and *Malebolge* had stopped publication.

An account of the situation in Italian poetry at the beginning of the 1970s cannot avoid the basic issue of disappointment with the utopian expectation that poetry could change the world. In this respect, the experimentation of the previous decade appeared to be too limited for the articulation of demands and needs that characterized the new generation of Italians, poets and non-poets alike. Because it was felt that the experimentation of the "Neo-avanguardia" had resulted in a purely linguistic attack on the verbal codes that legitimate social and political institutions, a tendency developed in which such an attack was replaced by the articulation of much more primary needs for expression, which resulted in a considerably more unmediated and almost "physiological" space for the practice of poetic writing. Although the rejection of a traditional kind of subjectivity had been assimilated at all levels of cultural and literary discourse, that very rejection led poetic production and the function of subjectivity in a different direction: the subject was no longer present as a textual agency, but, rather, as a collective agency, in possession of an antagonistic voice, calling for political deviance, sexual transgression, and utopian re-configuration of the collective sphere.

The first document to map this new situation was the anthology entitled *Il pubblico della poesia*, edited by Alfonso Berardinelli and Franco Cordelli in 1975.[4] In their introduction, the two editors presented texts completely different from one another, adopting a criteria of non-selection. It was a sign of the times; a plurality of voices emerged from the volume. Some of them were extreme examples of purely content-oriented writing, verging on sociological documentation, as in the work of Eros Alesi. At the same time, one could find examples of the continuation of the experimentation of the 1960s in the poems of Adriano Spatola, who was pursuing the idea of the text as a score to be performed on stage. Cesare Viviani's poems still represented a form of experimentation, but without the idea that language "is" ideology, rather articulating fragments of language conveying the pulsional force sustaining a subjectivity in a state of transformation.

The editors of the volume founded most of their critical discourse on the notion of "deriva" (being adrift), understood as a social, literary, and even anthropological condition of the poets in the 1970s. It is a condition characterized by the subsiding of the maximalist and ideological discourses of the 1960s, replaced by a de-centering and fragmentation of subjectivity, understood not so much as a means to denounce the general sense of alienation – as in the 1960s – but rather to recover an immediate and physiological contact with the world. Even a canonical poet of the "Neo-avanguardia" such as Antonio Porta was effected by the new tendency, publishing *Quanto ho da dirvi*[5] and beginning the elaboration of what in the next few years would become a "poetics of the body". The effect of cultural "deriva" consisted also in the subsiding of strong cultural and political oppositional attitudes within the literary debate. Such different poetic genres as the lyric, the experimental, the journal-like, and the narrative co-existed in the poetic scenario configured by Berardinelli and Cordelli.

It is important to mention that, in the meantime, the original poetics of the "riduzione dell'io" had followed a peculiar trajectory, the outcomes of which are documented in *Il pubblico della poesia*. A poet like Giuseppe Conte had reshaped the idea of "riduzione" through a mythical reconfiguration of the poetic self, a self which communicated a highly antagonistic posture, though the antagonism was not ideological or directly political in nature. It operated, rather, via an absolute sense of "otherness", aimed at revisiting past and present with renewed linguistic power, energized by the use of metaphors.

In his first volume, *Somiglianze*[6], Milo De Angelis conveyed a minimalism of the senses and of daily events, which required a subjectivity constantly working at the very "instant" of corporeal and biological life. In the poetry of Maurizio Cucchi, the poetic self is confronted with fragments of daily existence, portrayed in their opacity and anonymity, to the point of configuring a self in miniature. When it was published, Cucchi's volume *Il disperso*[7] seemed to epitomize the attitude of the entire post-1968 generation, a generation which seemed to have chosen to leave its poetic testimony of the times through the fragments of daily life.

Along with a self "alla deriva", Italian poetry of the 1970s articulated other forms of poetic selfhood. In his *Invettive e licenze*[8] Dario Bellezza's testimony assumed the violent and provocative tone of a sensual, nostalgic, and baroque voice. In his poem "I segni"[9] Gregorio Scalise conveyed to the reader a sort of utopian and abstract poetic reasoning, in which minimal events of daily life coalesce with a series of highly metaphysical elements generating an effect of estrangement.

It is now time to talk about a poetic voice which characterized both the 1960s and the 1970s, that of Amelia Rosselli. After the experimentation of *Variazioni belliche*, Rosselli published *Documento* (1976), which already implies its value as testimony in its very title.[10] Even after more than two decades, *Documento* remains a book of linguistic and cultural resistance. It is the resistance of the female poetic identity to reality at large, to the language of the *status quo*, always out there waiting to confine the poetic language back within the parameters of easy reading and semantic predictability.

Rosselli's poetry in the 1970s can be inscribed within a much larger arena of poetic activity by female authors who tried to configure forms of subjectivity characterized by gender issues and to exercise linguistic practices of resistance against the "male language". Patrizia Cavalli's *Le mie poesie non cambieranno il mondo*, Biancamaria Frabotta's *Affeminata*, and Jolanda Insana's *Sciarra amara* certainly belong to this area.[11]

Meanwhile another form of poetic resistance was developing in the early 1970s. Its chief promoter, author and theorist was Adriano Spatola, and his project was "la poesia totale". Beginning in 1970 Spatola had created the magazine *Tam Tam* and the Geiger publishing house. Both were soon to become major means for the circulation of an idea of art and poetry according to which one ought to find within one's own linguistic means of expression the motivation to continue to write poetry. This form of autonomy seemed initially a way to isolate poetry again in an ivory tower. However, Spatola himself delineated the importance of his project through his own verse in *Majakovskij*.[12] Spatola understood the concentration of the poet on language as the ultimate challenge to the dominance of common sense as it was conveyed by both the mass media and traditional literature. Spatola's project sought, therefore, not so much to overcome the neo-avantgarde of the 1960s, as to radicalize its basis in the notion of language as opposition – and as a tool for experimentation – as a necessary stage of development for a new means of communication.

Keeping with the spirit of an overview, let us remember that the early 1970s also saw the publication of Eugenio Montale's *Satura*.[13] In this volume, the presence of a generalized sense of semantic lack of authenticity, which included that of the poetic self, and the attempt to devoid language of meaning via irony, self-irony and sarcasm, can be seen as Montale's complex response to the literary and political turmoil of the 1960s.

The 1970s saw the development of an actual "movement" in poetry, "La parola immanorata". In Milan, Milo De Angelis gathered together a group of young poets and created the magazine *Niebo*, published from 1977 to 1980. The idea of poetry among its members was the complete rejection of the 1960s ideology and neo-avantgarde poetics. In retrospect "La parola innamorata" can certainly be defined as one of the various modalities in which Italian poetry in the 1970s articulated the already mentioned "effetto di deriva". In this particular case the grounds for the "deriva" was not a sensuous-physiological approach to reality or a minimalist form of poetic realism. It was, rather, a complex approach to the phenomenology of daily living, in which the subject speaks from a condition of total estrangement and marginality, yet without attributing any specific political claim to such marginality; but attempting, rather, to catch moments of absolute, unconditional authenticity of the poetic word uttered in a "here and now" which does not want to entertain any relationship with the continuity of time. Milo De Angelis' poetry remains the most significant testimony of "La parola immanorata", which also became the title of an anthology.[14]

With respect to De Angelis' poetry, I would like to open a brief digression. The semantic obscurity of his verses has led critics to interpret his poems as a restoration of canonical notions in twentieth-century Italian poetry of "poesia pura" and "poesia ermetica". Only in recent years has there been a critical reconsideration of "La parola innamorata". Isabella Vincentini has made some essential points: Romantic and Symbolist aesthetics – with which "La parola innamorata" has been often associated – were still dominated by metaphysics, by an idea of the absolute, although a negative one.[15] It was precisely the critique of subjectivity, along with that of instrumental reason, which generated a re-positioning of the subject and therefore prevented the manifestation of forms of universalism. Such a critique in the realm of poetry resulted in an attempt to convey the complexity of contemporary reality through different textual strategies, whose common denominator was, in fact, the very critique of traditional forms of subject-centred reason. From this perspective, I would argue that the above mentioned attempt has been common among such diverse authors as the Novissimi, Milo De Angelis, and another fundamental voice of Italian poetry in the 1960s and 70s, Andrea Zanzotto.

In De Angelis' poetry, the reader does not find the search for metaphysical meanings, or for obscure and hermetic ones. Rather, as Vincentini rightly argues, one finds the production of a connotative gesture, which appropriates and affirms the value of experience in the world.[16] The term that describes this gesture is "referential isotopes". In fact the term "isotope" indicates the co-existence of various similar elements in the same place. In De Angelis' poetic language the obscurity of the text does not derive from a nominalistic complication, or from a complete dissemination of the self, as may appear at first sight, but, rather, from an extreme form of semantic concentration. His poetry suggests a constant search for hidden facts and for clues to their meaning. Furthermore, the syntagmatic succession of images, which characterizes De Angelis' poetry, brings us back to a typical linguistic device of Surrealism: the sudden and unexpected combination of images considered incompatible with one another, as theorized by Pierre Reverdy in 1918.[17]

Beginning in 1960, once the poetic self had been put in a state of suspension, a complex dynamics of different approaches of that very self – and of language – to reality was generated. If language no longer refers to a realm of stable meanings, a space for a new signification of the real opens up. In this scenario poetic writing can actually be historically connoted on an even deeper level: because of the semantic instability of language, there cannot be any mimetic representation, but by exploding the representation itself, one can see what remains behind the pretence of linear representation. What remains, in fact, may be seen as the legacy of the complex cultural and literary experience of Italian poetry in the 1970s:

physical and psychic traces, clues, as in De Angelis' poems and in the title of a poem by Andrea Zanzotto, "Indizzi di guerre civili", published in *Il Galateo in Bosco*.[18]

In retrospect, and in conclusion, the different linguistic strategies of the Novissimi, Zanzotto, De Angelis, and many other Italian poets of the 1970s, appear to be different articulations of language understood as a critique of the language of the *status quo*, as well as of the intrinsic connotations of the poetic self. The authors of these different poetic experimentations may be identified as "estranged witnesses": their texts still confront the reader today with a self at its minimal level of articulation – and yet present through its dissonant voice – and with the testimony of historical and generational wounds, or maybe just the traces of such wounds.

Notes

[1] See N. LORENZINI, *Il presente della poesia*, Bologna, Il Mulino, 1991, p.61.

[2] See L. ANCESCHI, "Orizzonte della poesia", *Il Verri*, 1, 1962, 6-21 and E. PACI, "Qualche osservazione filosofica sulla critica e sulla poesia", *Aut-Aut*, 61-62, 1961, 1-21.

[3] See A. PORTA, "Poesia e poetica", in *I Novissimi*, ed. by A. Giuliani, Torino, Einaudi, 1972, pp.193-95.

[4] *Il pubblico della poesia*, ed. by A. Berardinelli and A. Cordelli, Cosenza, Lerici, 1975.

[5] A. PORTA, *Quanto ho da dirvi*, Milano, Feltrinelli, 1975.

[6] M. DE ANGELIS, *Somiglianze*, Parma, Guanda, 1976.

[7] M. CUCCHI, *Il disperso*, Milano, Mondadori, 1976.

[8] D. BELLEZZA, *Invettive e licenze*, Milano, Garzanti, 1971.

[9] G. SCALISE, "I segni", in *Il pubblico della poesia*, cit.

[10] A. ROSSELLI, *Variazioni belliche*, Milano, Garzanti, 1964 and *Documento*, Milano, Garzanti, 1976.

[11] P. CAVALLI, *Le mie poesie non cambieranno il mondo*, Torino, Einaudi, 1976; B. FRABOTTA, *Affeminata*, Torino, Geiger, 1977; I. INSANA, *Sciarra amara*, Parma, Guanda, 1977.

[12] A. SPATOLA, *Majakovskij*, Torino, Geiger, 1971.

[13] E. MONTALE, *Satura*, Milano, Mondadori, 1971.

[14] *La parola innamorata*, ed. by G. Pontiggia and E. De Mauro, Milano, Feltrinelli, 1978. For seminal anthologies of Italian poetry in the 1970s, see also *Poesia italiana degli anni settanta*, ed. by A. Porta, Milano, Feltrinelli, 1979; *Poesia*

italiana oggi, ed. by M. Lunetta, Roma, Newton Compton, 1981. For a comprehensive critical and theoretical discussion of Italian poetry in the 1970s see *Il movimento della poesia italiana negli anni settanta*, ed. by T. Kemeny and C. Viviani, Bari, Dedalo, 1979.

[15] See I. VINCENTINI, *Varianti da un naufragio*, Milano, Mursia, 1994, p.160.

[16] *Ivi*, p.162.

[17] See P. REVERDY, *Oeuvres Complètes*, Paris, Flammarion, 1975, pp.74-75.

[18] A. ZANZOTTO, *Il Galateo in Bosco*, Milano, Mondadori, 1978.

The Cinema of History: Film in Italian Poetry of the 1960s and 1970s

*

John P. Welle

G ian Piero Brunetta, in a very imaginative, indeed, almost poetic fashion describes the Italian cinema as providing a privileged vantage point for garnering perceptions of Italy and of Italian history in the twentieth century. He writes:

> Comunque la si voglia considerare la storia del cinema italiano, nella sua struttura poliedrale, nei suoi sviluppi, nei suoi fasti e nei suoi caratteri più provinciali, nella sua improvvisazione e nel suo patrimonio ereditario, nelle sue radici e nelle sue mutazioni, è una: mantiene un profondo nucleo unitario, uno spirito che guida, in egual modo, i processi inventivi ed espressivi, li riporta a matrici, modi, forme, miti e luoghi comuni. Non solo nei momenti critici della sua storia il cinema italiano ha agito da straordinario luogo di percezione e rappresentazione di ciò che unisce il paese nella sua molteplicità dei luoghi e comportamenti, ma ha anche agito da modificatore di comportamenti, da oracolo in grado di emettere profezie più o meno catastrofiche sul futuro.[1]

Exploring the ramifications of Brunetta's remarks on the relationship of Italian cinema to history, this paper probes a little known dimension of film and literary interaction in Italian culture. Not through a reading of films, however, but by providing a panoramic view of Italian poetry from the 1960s and 70s based on cinema. If the Italian cinema in all its kaleidoscopic forms and diverse expressions, is, indeed, *one,* as Brunetta asserts, then we should pay closer attention to the literary imagination in Italy in response to cinema. When Italian poets in the 1960s and 70s write about cinema, I shall argue in what follows, they tend to combine film with history. Hence, my title, "The Cinema of History". The phrase also stems from a comment that Andrea Zanzotto made *en passant* in reference to the films of Federico Fellini.[2]

What interests me, in any case, is the literary response to the moving image. In contemporary Italian poetry the incorporation of a reference to a particular film or to the cinema in general is frequently occasioned or motivated by a broader attempt to represent an historical event or an historical moment. Frequently, the events or moments evoked in the poem are tinged with pain, loss, violence, or, indeed, catastrophe. Furthermore, in addition to providing a literary response to cinema, Italian poems with references to film illustrate the growing importance of intertextuality in poetic style in the 1960s and 70s. Niva Lorenzini's comments regarding Italian poetry of the 1960s in general shed light on this issue: "La reversibilità di un tempo non più naturale ma tecnologico, che rende tutto compresente abolendo la fine, rende oramai risibili le pronunce univoche, consigliando l'intertestualità, le contaminazioni".[3]

A number of poems by Vittorio Sereni, for example, use film and popular culture to evoke WWII and the post-war atmosphere. In the long poem "Un posto di vacanza", for example, Sereni draws on imagery familiar from Roberto Rossellini's *Paisà.* In combining personal recollection, popular culture, and history, Sereni takes as his point of departure Rossellini's unforgettable image from the film's final episode of the bodies of partisans floating down the Po.[4] Sereni connects the filmic image of the war in *Paisà* with the memory of the war that still lingers.

> Qua sopra c'era la linea, l'estrema destra della Gotica,
> si vedono ancora – ancora oggi lo ripeto
> ai nuovi arrivi con la monotonia di una guida –
> le postazioni dei tedeschi.
> Dal Forte gli americani tiravano con l'artiglieria
> e nel '51 la lagna di un raro fuoribordo su per il fiume
> era ancora sottilmente allarmante,

qualunque cosa andasse sul filo della corrente
passava per una testa mozza di trucidato.[5]

"Un posto di vacanza" does not treat the film in great detail. On the contrary, a note alerts the reader to the poem's intertextual cinematic connection. The action of the poem, Sereni explains, takes place within an arc of time clearly marked by key temporal references. The first reference, and I quote Sereni, consists of a "suggestione derivante da un episodio del rosselliniano *Paisà,* ancora attiva intorno al '50 e oltre".[6] The line in question – "qualunque cosa andasse sul filo della corrente / passava per una testa mozza di trucidato" – links the poem to the film, but it is the note which makes the connection explicit. Whereas other Italian poets have written poems that treat individual films in some detail, as we shall see shortly, Sereni merely borrows a single image to serve as a familiar point of reference that helps him convey his message more vividly.

Other poems by Sereni use film and popular culture to evoke the post-war atmosphere and the dawning of the Cold War. In "Revival", for instance, a poem set in Frankfurt during the book fair, the sight of some ruined houses stirs the poet's memories. In this instance, together with a reference to television's role in representing public figures and historical events, Sereni employs an allusion to the musical score of an important film, Carol Reed's *The Third Man* (1949, Orson Welles and Joseph Cotten), a film that captures the international drama and tension of post-war Vienna.

mi sbalzano
di venti anni all'indietro
in una piazza di Venezia
sull'aria saltellante del Terzo Uomo –
come di attimi a ritroso nel replay
scavalla lo spettro televisivo –. . .
                              ecco che torna
la pioggia
fredda sulla guerra fredda, la faccia
per pochi istanti allora amata
presto tagliata via

dietro un sipario di lagrime.[7]

Other poems by Sereni with film references that we will not have time to discuss include "Nel vero anno zero", whose title evokes Rossellini's *Germania anno zero*, and "Lavori in corso", a poem published in 1967 that conjures forth Charlie Chaplin in the context of the immigrant experience of New York.

> [...] se mare è quel grigio
> d'inesistenza attorno a Ellis Island
> isolotto già di quarantena
> sfumante in nube di memoria;
> del giovane Charlie
> Chaplin e di quanti con lui d'attesa
> bussarono alle porte degli Stati
> con tutta quell'america davanti
> presto travolti in quelle
> storie sue prime d'ombre
> velocissime
> di emigranti sguatteri vagabondi.[8]

As is well known, Pier Paolo Pasolini wrote numerous poems with film references. His poem from the late 1950s on Rossellini's *Roma città aperta* at a cinema in Trastevere constitutes one of his earliest film poems, "Sulla proiezione al 'Nuovo' di *Roma città aperta*".[9] He wrote a series of poems in the early 1960s, "Poesie mondane", during the shooting of *Il vangelo secondo Matteo*.[10] Exploiting a rich tension between film and literature, a dynamic that he explored in various formats and modes throughout his career, he describes himself in "Poesia in forma di rosa" as "Maciste magretto della letteratura".[11] In the "Tetro entusiasmo" section of *La nuova gioventù*, and indicative of his pessimistic tone and apocalyptic vision, he links the poem he is writing in that moment to the faded glory of neorealism: "Basta con questo film neorealista / abbiamo abiurato da tutto ciò che esso rappresenta".[12] In an earlier poem, however, "Una disperata vitalità" from *Poesia in forma di rosa*, Pasolini taps the still vital energy of

one of the most important films of the 1960s, Jean Luc Godard's
Breathless:

> Come in un film di Godard: solo
> in una macchina che corre per le autostrade
> del Neo-capitalismo latino – di ritorno dall'areoporto –
> [là è rimasto Moravia, puro fra le sue valigie]
>   solo, "pilotando la sua Alfa Romeo"
>   in un sole irriferibile in rime
>   non elegiache, perchè celestiale
>   – il più bel sole dell'anno –
> come in un film di Godard:
>   sotto quel sole che si svenava immobile
>   unico,
> […]
> – come in un film di Godard – riscoperta
> del romanticismo in sede
> di neocapitalistico cinismo, e crudeltà –[13]

At one point, Pasolini pictures himself as Jean Paul Belmondo. We
recognize the physical description, however, as being that of Pasolini
himself.

> – le guance cave sotto gli occhi abbattuti,
> i capelli orrendamente diradati sul cranio
> le braccia dimagrite come quelle di un bambino
> – un gatto che non crepa, Belmondo
> che "al volante della sua Alfa Romeo"
> nella logica del montaggio, narcisistico
> si stacca dal tempo, e v'inserisce
> Se stesso:
> in immagini che nulla hanno a che fare
> con la noia delle ore in fila . . .
> col lento risplendere a morte del pomeriggio . . .[14]

In the same poem, Pasolini incorporates technical language from filmmaking:

> Io volontariamente martirizzato . . . e,
> lei di fronte, sul divano:
> campo e controcampo, a rapidi flash,[15]

Pasolini's evocation of Godard points to the French filmmaker's broader importance in the 1960s. Edoardo Sanguineti, for example, has declared: "per me, e forse [...] anche per la mia generazione, Godard era stato, in qualche modo, *tout court*, il cinema".[16]

The poetry of Edoardo Sanguineti includes numerous allusions to the cinema. In *Postkarten,* for example, featuring poems from the early to mid 1970s, we find references such as the following: "ho riempito un terrificante vuoto d'ore, a Francoforte, con una sofisticata successione di bevande calde e fredde [...] (e con immagini revisionate attentamente, nel cinematografo / della mia mente, relative tutte a ieri, 23 marzo)".[17] In *Stracciafoglio,* Sanguineti writes: "io, comunque, scappo via, saltando giù, da un terrazzino all'altro: (e quanto all'io, per riprendere, mi manca lo strumento che ci vuole): (penso al più recente / Buñuel, capirai, con le due donne):".[18] In a later love poem from the same volume, we find: "ho vissuto (da spettatore, deogratias, dal vero) qualche scena di un matrimonio, ieri, / del più stereotipato sottoBergman: (raccontare è indiscreto: il resto, a voce):".[19] Well known for describing himself as a look-alike or *sosia* for Marty Feldman, Sanguineti has also likened his poetic persona to E.T.: "ero un E.T. ma in peggio, che diceva classi sociali, lotte di classe".[20] In another poem from *Postkarten*, our poet narrates the following picaresque mini-adventure: "dal megapornofilm giapponese sono scappato incazzato, con Enrico Baiardo, dopo un primo / tempo scarso: (fatto il pieno, appena, per gli occhi, di fottiture in tutte le salse, / a colori): / dalle recensioni, vagamente, sappiamo che lui muore male".[21]

In a poem from the "Fuori catologo" section of *Segnalibro*, moreover, Sanguineti draws inspiration from a landmark film of the 1960s, *La dolce vita*, by Federico Fellini. Entitled simply "La dolce vita", the poem draws on images from the film including the monstrous fish that washes up on

shore at the edge of a pine forest in the film's closing and the beautiful
young girl from Umbria who greets Marcello Mastroianni from across a
small stream also in the conclusion. Sanguineti's poem also evokes an
earlier night scene in the castle of Sutri involving aristocrats and assorted
swingers and jet setters. The poem begins as follows:

1.
impara, figlio, il mostro estremo
                    oh   tu   devi, ormai,
dimenticare (più macabro pesce) quell'ambiguo (sor)riso (ambiguo
calcolo) di ragazza (o vecchina)
                    respingere devi questi brevi
palpiti (più putridamente fanatici) di miracolo
                              oh tu sai, da sempre,
che diviso non è tra orrore e sogno, che inciso in volontà più umane,
più umano sogno, orrore più umano, è un viso di ragione:
chiede (più adulta, ormai) più adulti sentimenti, figlio,
l'età
        resiste il mostro (e il sogno); un altro cuore quell'implacato
occhio può vincere, quel canceroso fantasma;
                              può corrodere, acerbo, i dorati,
dolcissimi tormenti della vita.[22]

    In the second stanza, Sanguineti connects the image of the monstrous
fish with the historical moment:

non è nostalgia: è morte –
                    questo morto vivaio di sonnolente anguille,
e frenetiche (e ipnoticamente isteriche):
                    oh dolente stupore, come conquisti,
sfrenatamente, il sangue! come consumi! . . .
[...]
non muore un mondo: vivono gli spettri
                              e crudele è soltanto,
qui, questa educazione dei sentimenti e, a candelabri funebri, il vano
error de' venti, la favola-cadavere del cantastorie erotico, la vita.[23]

In the poem's fifth, and final section, Sanguineti writes:

Esistono gli "stati di necessità", esistono i governi
di (centro-) destra
    oh, al confine con la catastrofe, esisti, catastrofico
sguardo d'amore, sempre
                    (. . . ma resiste,
figlio, inamabile e vero, il duro tempo della nostra storia).[24]

Like Sereni's evocation of Rossellini's *Paisà*, and similar to Pasolini's poem on the screening of *Roma città aperta* that contains the line "quasi emblema ormai l'urlo della Magnani"[25], Sanguineti poeticizes images from Fellini's well known film. Similar to the responses of the other poets mentioned, Sanguineti's literary evocation of the cinema links the film to a particular historical moment. In this way, he contributes to a collective "cinema of history" in the process of construction by Italian poets.

"The cinema of history" is a particularly apt phrase for describing the presence of film in the poetry of Andrea Zanzotto. The poet himself has observed:

Il riferimento alla fotografia ed al cinema rientra spesso nelle mie poesie, perché appartiene alla nostra esperienza quotidiana; tutti gli apparecchiati della civiltà tecnologica hanno ormai condizionato la nostra quotidianità, ma possono anche fornirci delle chiavi di espressione più complete.[26]

References to film, cinema and television as Zanzotto indicates are indeed scattered throughout his poetry from the publication of *Vocativo* in 1957 until the present day. In *Sovrimpressioni*, for example, published in 2001, the poem "Fora par al Furlàn" contests a famous theoretical proposition by Pasolini comparing death and film editing: "Non c'è nulla che valga / ad esaurire questa inimmaginabile / vibratilità / né mano che entri decidendo / un senso ultimativo / – come a un fossile film – alla tua vita / o Benandante".[27]

Purely for the sake of convenience, and at the risk of being highly reductive with regard to the quality of the texts involved, we might categorize Zanzotto's use of cinema in a dualistic fashion, labeling the relevant poems with film references as "minor" and "major". In the first category, I would include texts in which the references to film, although important, demonstrate a textual strategy that relegates the discourse on film to a secondary tier. I would include in this first category of film poems such texts as "L'Impossibilità della parola" from *Vocativo* and "In una storia idiota di vampiri" from *La Beltà* (both poems, by the way, utilize as background Theodor Dreyer's classic film, *Vampyr*). Other "minor" but very interesting film poems, would include "Eatherly", "Miracolo a Milano", "Microfilm" and "Charlot e Gigetto".[28]

In the category of "major" film poems, I would include two very different but interrelated *poemetti*, "Gli sguardi i fatti e senhal" (1969) and "Filò" (1976). Both of these texts are explicitly cinematic in conception, theme and form. Moreover, these film poems are emphatically historical. "Gli sguardi" deals with the moon landing of 1969. Modeled on Leopardi's "La ginestra", "Filò", written in response to Fellini's *Casanova* (a film with Donald Sutherland from 1976), is decidedly catastrophic. It touches on the earthquakes in Friuli, the Vajont disaster, and, in a more general sense, the decline of the dialects in Italy and the passing of the peasant civilization in the aftermath of the "economic miracle".[29]

A more thorough treatment of the presence of film in Italian poetry than I have provided here would include an analysis of Antonio Porta's writing, which contains a strong cinematic element. *Passi passaggi*, for example, dating from the mid- to late 1970s, begins with the line: "ora ci sono i movimenti delle immagini sullo schermo / piccolo o grande che sia le aperture e le proporzioni siamo noi".[30] "C'è Tarzan?" Porta asks in a later poem, "No, non c'è e Cita è scomparsa".[31]

We would also want to consider some film poems by Nelo Risi. In *I fabbricanti del "bello"*, for example, we find a poem entitled "Su due immagini di *Odissea nello spazio*".[32] Giovanni Giudici's poem from the late 1980s, "Da Jalta in poi", combines history, television, film and personal memory in an exemplary fashion.

Certo egli pure fu complice dell'imbroglio

a Jalta, per chi non ricordi –
ma riandare a ritroso e riverderlo
io nell'hotel saltabeccando qua
e là con il telecomando
senza capire una parola – e a un tratto
chi è – domando – gentilmente astuto
colui che al gesto e in volto ora sorride
a un'esultante folla
nel bianco e nero del newsreel[33]

Moreover, Italian poems with references to film frequently open onto the broader theme of vision that is also important in the 1980s and 90s. Here some lines from Amelia Rosselli in homage to Pasolini come to mind: "oh lungo fratello d'una volta / chiamato Pierpaolo, un ricordo / soltanto ho delle tue vanaglorie / come se in fondo fosse l'ambizione / a gettar l'ultimo sguardo / dall'ultimo ponte".[34]

In describing the massive influence of film in the twentieth century, Raymond Williams observes: "the remarkable innovations of the cinema [...] might reasonably be described as the invention of a new mode, the *cinematic*, interacting with older kinds, types and forms but also undoubtedly creating some important new forms".[35] As I have tried to suggest in this paper, Italian poetry in the cinematic mode sheds light not only on the intertextuality governing poetic style beginning in the 1960s, but also gives witness to the fertility of the literary imagination in Italy in response to cinema. I have called this response the "cinema of history" because these poems frequently use film in an attempt to evoke an historical moment, event, or catastrophe. Italian poets, in significant numbers and in significant literary texts, manifest a desire to look *through* the cinema, it would seem, to perceive the forces of history in the "background". In this way, they form an interesting body of literary expression giving credence to Brunetta's assertion from the perspective of film history, cited at the outset, that "il cinema italiano ha agito da straordinario luogo di percezione e rappresentazione di ciò che unisce il paese nella sua molteplicità dei luoghi e comportamenti".[36]

The opening sections of Zanzotto's "Filò" represent, in my view, some of the best poetry ever written in response to film and aptly illustrate

Williams' observation on the cinematic mode as mediating between different artistic forms. By way of conclusion, therefore, I would like to end this rapid panoramic overview of Italian poetry on film with these lines by Andrea Zanzotto in English translation.

> But sometimes movies blaze burn and give light,
> as if they sprang from a graft
> of Mt. Horeb's bramble bushes,
> they show that
> they're really the flaming breath of gods, however bastard,
> they make us burst open and bloom like buds in springtime,
> they put us on strange paths,
> under skies never seen before,
> in something that's there waiting for us, a joy,
> a richness, some land, a limitless wind,
> and movies – they seem almost to be poetry,
> they capture everything in poetry – an other. [37]

Notes

[1] G. P. BRUNETTA, *Identikit del cinema italiano oggi. 453 storie*, Venezia, Marsilio, 2002, p.19.

[2] In reference to Fellini's 1983 film, *E la nave va* ("The Ship Sails On"), Zanzotto underlines the director's use of references from the history of cinema to create a kind of "cinema of history", which he asserts as one of the fundamental themes of the film: "tema fondamentale del film [. . .] costituito da una incerta parafrasi della storia del cinema (*cinema della storia*?) in un suo oscuro destino di andata e ritorno. Fellini reinventa, 'ritrova' il cinema delle origini in una serie di immagini di pellicole primitive, corrotte e smangiate come se fossero state estratte da una tombale cineteca esposta ad ogni forza distruttiva" (emphasis added). A. ZANZOTTO, "Stramba crociera per inseguire la 'Voce' del nostro mondo guazzabuglio", *Il Corriere della Sera*, 26 February 1983, 13. While retaining the poet's felicitous turn of phrase, I apply it here to poems about cinema that also have explicit references to history.

[3] N. LORENZINI, *Poesia italiana del Novecento*, Bologna, Il Mulino, 1999, p.147.

[4] For further remarks by Sereni on *Paisà*, which serve to illustrate his poetic adaptation of imagery from the film, see V. SERENI, "Il realismo italiano nel cinema e nella narrativa", *Cinema nuovo*, 2, 8, April 1953, now in *Antologia di*

Cinema nuovo, ed. by G. Aristarco, Firenze, Guaraldi, 1975, pp.269-71. For Sereni's other writings on film and on its relationship to literature, see "Quel film di Billy Wilder", "Ciechi e sordi" and "Una recita e un applauso", in ID., *Gli immediati dintorni*, Milano, Il saggiatore, 1962, pp.34-38, 78-80, and 122-27, respectively.

[5] ID., *Tutte le poesie*, ed. by M. T. Sereni, Milano, Mondadori, 1986, p.239.

[6] ID., *Un posto di vacanza*, Milano, All'insegna del pesce d'oro, 1973, p.31.

[7] ID., *Tutte le poesie*, cit., pp.224-25.

[8] *Ivi*, p.211.

[9] P. P. PASOLINI, *Le poesie*, Milano, Garzanti, 1975, pp.189-90.

[10] *Ivi*, pp.337-46.

[11] Cfr., *ivi*, p.371.

[12] P. P. PASOLINI, *La nuova gioventù*, Torino, Einaudi, 1975, p.244.

[13] ID., *Le poesie*, cit., p.448.

[14] *Ivi*, p.449.

[15] Cfr. *ivi*, p.451.

[16] E. SANGUINETI, "Riscrivere la storia del cinema?", in *Il cinema. Verso il centenario*, ed. by G. and T. Aristarco, Bari, Edizioni Dedalo, 1992, p.29.

[17] ID., *Segnalibro. Poesie 1951-1981*, Milano, Feltrinelli, 1982, p.173.

[18] *Ivi*, p.235.

[19] *Ivi*, p.256.

[20] E. SANGUINETI, *Bisbidis*, Milano, Feltrinelli, 1987, p.17.

[21] ID., *Segnalibro*, cit., p.260.

[22] *Ivi*, p.362.

[23] Cfr. *ivi*, pp.362-63.

[24] Cfr. *ivi*, p.364.

[25] P. P. PASOLINI, *Le poesie*, cit., p.189.

[26] A. ZANZOTTO in *Sulla poesia. Conversazioni nelle scuole*, ed. by G. Massini and B. Rivalta, Parma, Pratiche, 1981, p.104.

[27] ID., *Sovrimpressioni*, Milano, Mondadori, 2001, p.65.

[28] ID., *Le poesie e prose scelte*, ed. by S. Dal Bianco and G. M. Villalta, Milano, Mondadori, 1999.

[29] For a brief analysis of the presence of cinema in the poetry of Andrea Zanzotto up to the early 1980s, see J. P. WELLE, "Zanzotto: il poeta del cosmorama", *Cinema e cinema*, 14, 1987, 51-55.

[30] A. PORTA, *Passi passaggi*, Milano, Mondadori, 1980, p.13.

[31] *Ivi*, p.114.

[32] N. RISI, *I fabbricanti del "bello"*, Milano, Mondadori, 1983, p.77.

[33] G. GIUDICI, *Quanto spera di campare Giovanni*, Milano, Garzanti, 1993, p.12.

[34] A. ROSSELLI, *Le poesie*, ed. by E. Tandello, Milano, Garzanti, 1997, pp.644-45.

John P. Welle

[35] R. WILLIAMS, *The Sociology of Culture*, New York, Schocken, 1981, p.202.
[36] G.P. BRUNETTA, *Identitkit...*, cit., p.19.
[37] A. ZANZOTTO, *Peasants Wake for Fellini's "Casanova" and Other Poems*, ed. and trans. by J. P. Welle and R. Feldman, Chicago and Urbana, University of Illinois Press, 1997, p.57.

Eugenio Montale and Vittorio Sereni: From *Gli strumenti umani* to *Satura**

*

John Butcher

It is common knowledge that Montale was a firm admirer of the verse of Vittorio Sereni, that "amico" to whom he dedicated the 1948 edition of his *Quaderno di traduzioni*. We might recall here that in an interview with Achille Millo Montale defined Sereni as a "[poeta] molto important[e]" (*SMAMS* 1681) and that in the course of his 1975 trip to Stockholm the same poet expressed the desire that the latter should be awarded the Nobel Prize for Literature.[1] It is hardly surprising, then, that more than one scholar has suggested a link between the verse of Sereni and the post-*Bufera* poetry. Gilberto Lonardi, for instance, has affirmed that whilst up until towards the 1960s the creative relationship between the two northern Italian writers consisted of "una partita a scambio unico" (i.e. ideas drifted exclusively from the older poet to the younger), successively "la partita si fa doppia, con prevalente attenzione, ora, di Montale verso Sereni, sia il Sereni del *Diario d'Algeria* [...] sia quello degli *Strumenti*".[2] Still, to date just one critic, Francesca Ricci in the final chapter of her recent monograph *Il prisma di Arsenio: Montale tra Sereni e Luzi*, has offered the reading public much more than a few sentences on the question of the salience of Sereni's poetry for the post-*Bufera* production. Indeed, at the time of writing there remains much to be said regarding the flux of ideas from the younger poet to the older. There exists, above all, an exigency to address in detail the question of Montale's debt to Sereni's third collection, *Gli strumenti umani*, first published in the autumn of 1965 and reviewed by the author of *Ossi di seppia* in *Il Corriere della Sera* of 24 October 1965 (*SMP* 2748-53).[3] This article sets out to tackle just this question, focusing principally on the intertextual nexus *Gli strumenti umani-Satura* but also devoting ample space to an investigation into the significance of Sereni's volume for the genesis of the verse of the later *Diario del '71 e del '72* and *Quaderno di quattro anni*.

Montale commences his review of *Gli strumenti umani*, undoubtedly amongst the most stimulating of the numerous articles he published during the 1960s, by suggesting that whilst for many decades music took its lead from poetry, in the second half of the Nineteenth century the tables were turned. In the opinion of the reviewer, leaving aside those who expressed themselves in free verse (and 1855 saw the first edition of *Leaves of Grass*), the best writers of this age tended to introduce into conventional forms the lesson learnt from musical chromaticism, i.e. from composers such as Richard Wagner, author of *Tristan und Isolde*. Later, continues the reviewer, there surfaced poets who fell under the spell of more recent music, that music in which the dominant and thematicism are eradicated (the names of Arnold Schoenberg and Alban Berg might spring to mind here). Montale goes on to affirm that the most sophisticated experiments in contemporary poetry tend to emulate just this type of music. There exist writers who proceed in this direction "in modo pazzesco, gettando le basi di una presunta poesia *altra*, cioè di una cosciente antipoesia" (*SMP* 2749). Presumably, Montale has in mind here the exponents of the *neo-avanguardia* and, more specifically, writers such as Edoardo Sanguineti. (And it is worth noting that 1965, the year in which Montale was writing, witnessed the appearance of a new edition of the seminal anthology of experimental poetry *I Novissimi*, like *Gli strumenti umani* published by Einaudi.) Needless to state, Vittorio Sereni's particular music is hardly that of Sanguineti and company; this, in fact, is a poet who conjures up "forme complesse nelle quali i significati s'intrecciano o si sovrappongono come accade in quel dormiveglia che è la vita dell'uomo del nostro tempo, ridotto alla condizione di oggetto degli altri e di se stesso" (*SMP* 2749).

Montale proceeds to affirm – be it deliberately or not, almost duplicating a part of the blurb printed on the dust jacket of the first edition of *Gli strumenti umani* – that Sereni's third collection of verse "non è un canzoniere né un racconto verseggiato, ma una serie di soliloqui o di appelli o di constatazioni che hanno un tema unico: la prigionia dell'uomo d'oggi e gli spiragli che si aprono in questa prigione" (*SMP* 2750).[4] Sereni, then, is a poet that engages with the ills of his time, someone who in the bondage of the present-day world writes of chinks of hope. Without, however, exploiting the literary *genre* of the "canzoniere", i.e. without using on a massive scale the expedient of a second person female interlocutor, as Montale had done in *Le occasioni* and *La bufera e altro*, as the same author was doing around the time of his review of *Gli strumenti umani* with the poems of "Xenia I" and "Xenia II" (the twenty-eight short texts composed between 1964 and 1967 that form the first two major sections of the 1971 collection *Satura*). And, following on from Lonardi, in this context it ought to be stated – without wishing to insinuate the existence of any causal relationship – that "Satura I" and "Satura II" (the third and fourth of the four major sections of *Satura*, both penned almost entirely between 1968 and 1970, i.e. immediately following the composition of the "Xenia" and a short while after Montale's review of *Gli strumenti umani*), inaugurate a phase in Montale's writing which would certainly fit most uncomfortably under the heading of "canzoniere".[5]

At this point in his review Montale takes a step back in time to ponder upon Sereni's first two collections, *Frontiera* (1941) and *Diario d'Algeria* (1947). With regard to *Frontiera*, it is noteworthy that Montale should observe *inter alia* that in this collection, solidly rooted in the landscape of Lombardy, "[n]on [...] mancano reminiscenze, peraltro assorbite dalla personale gentilezza della modulazione" (*SMP* 2750). The reviewer might well have been thinking here of the influence of one writer in particular: himself. In fact, as more than one scholar has demonstrated, *Frontiera* is – like so much of the finest Italian poetry composed in the middle years of the Twentieth century – rich in so-called "montalismi".[6] Focusing his gaze on a later stretch of Sereni's poetic itinerary, Montale comments that *Diario d'Algeria*, republished by Mondadori in 1965, consists of a "[p]oesia diaristica che non si cura di adagiarsi in schemi esatti e si rifiuta di alzare la voce" (*SMP* 2750-51). Years later, in the early 1970s, when the moment arrived to formulate a title for his fifth collection (*Diario del '71 e del '72*), who knows whether the title of Sereni's 1947 volume somehow "agì" in Montale's mind – to borrow a verb from "Buffalo" (*Le occasioni*)...?

The Genoese poet goes on to quote several verses from "Il male d'Africa", a long poem, included both in the second edition of *Diario d'Algeria* and in *Gli strumenti umani*, in which Sereni solicits Giansiro [Ferrata], bound for Algeria, to bring him news of the African nation that was the site of his incarceration for a period of the Second World War. At the beginning of "Il male d'Africa" Sereni writes of a solitary motorbike passing by. An echo of this vehicle returns, the poet states, "col borbottìo della pentola familiare". A lexical comparison between this verse and the below extract from the first part of "Botta e risposta III" (*Satura*), dating back to late 1968 / early 1969, proves intriguing:

> «[…]Già la *pentola* bolliva
> e a stento bolle ancora mentre scrivo.
> Mi resta il clavicembalo arrivato
> nuovo di zecca. Ha un suono dolce e quasi
> attutisce (per poco) il *borbottìo*
> di quel bollore. Meglio non rispondermi». [my italics][7]

Montale was impressed by Sereni's versification; proof of this lies in the fact that he dedicated quite a sizeable paragraph to the subject in his review of *Gli strumenti umani*. Concerning the metre of *Frontiera* and *Diario d'Algeria* he asserts that "il verso tradizionale sopravvive, anche se la libera alternanza dei vari metri e il gusto di volute ipermetrie permette al poeta di adeguarsi a quell'immagine di una poesia nata dalla prosa che è il miraggio non sempre illusorio di tutti i poeti d'oggi" (*SMP* 2751). Needless to say, the dream of a prose-poetry is something that Montale himself aspired to from the very beginning of his artistic career, something that the same poet would pursue more assiduously than ever in *Satura*, a collection that presents – in the words of its author – "una poesia che apparentemente tende alla prosa e nello stesso tempo la rifiuta" (*SMAMS* 1699). And with regard to that "gusto di volute ipermetrie" identified by the reviewer, it is well worth remembering that according to Mara Barbierato, the critic who has analysed in most depth the metre of Montale's fourth collection, with *Satura* hypermetric (and hypometric) verses rise in number "vertiginosamente".[8] Still, in the context of this study, centred on the importance for the Genoese poet of the reading of *Gli strumenti umani*, it is the following sentence from Montale's review that must be deemed the most interesting on the subject of versification:

> Nel [...] maggior libro [di Sereni], *Gli strumenti umani*, sarebbe ingannevole credere che il verso sia andato distrutto; comunque l'avvicinamento alle forme del poema in prosa è dato dal fatto che il lettore deve indugiare a metter d'accordo l'occhio con l'orecchio, ponendo o inventando cesure nelle linee più lunghe; dopo di che il polimetro si rivela per quel che è: uno strumento che riesce a felpare e interiorizzare al massimo il suono senza peraltro portare al decorso totalmente orizzontale della prosa. (*SMP* 2751)

Frontiera had contained only a relatively small quantity of verses longer than a hendecasyllable (according to Andrea Pelosi, less than thirty); neither had there appeared an enormous number of such verses in the successive *Diario d'Algeria*.[9] It is only with *Gli strumenti umani* that verses longer than that stalwart of the Italian metrical tradition, the hendecasyllable, become extremely common. Now, one might be deceived by a very cursory glance into believing that the more lengthy lines of Sereni's third collection are substantially extraneous to any conventional form. Yet, the attentive reader, someone who makes the effort to "metter d'accordo l'occhio con l'orecchio", will frequently discover that, by inserting a caesura that is appropriate (i.e. one legitimised by syntax or rhyme), what at first sight might appear to be a "metreless" or "free" verse turns out to be a line consisting of two canonical measures. Let us briefly illustrate this widespread phenomenon. In "Il tempo provvisorio" we read "delle mura smozzicate delle case dissestate" (a double *ottonario*), in "Gli squali" "Di noi che cosa fugge sul filo della corrente" (a *settenario* and an *ottonario*), in "Una visita in fabbrica" "Lietamente nell'aria di settembre più sibilo che grido" (a hendecasyllable and a *settenario*), in "Il piatto piange" "altri persi per sempre murati in un lavoro" (a double *settenario* or *alessandrino*), in "La spiaggia" "su questo tratto di spiaggia mai prima visitato" (an *ottonario* and a *settenario*).

Ossi di seppia, *Le occasioni* and *La bufera e altro* do not abound with verses longer than the hendecasyllable. Basing ourselves on the calculations of Mara Barbierato, we might observe that respectively 9.36%, 11.55% and 8.12% of the lines in these three collections exceed this measure.[10] In *Satura*, on the other hand, one encounters a relatively large quantity of verses of a length superior to that of the hendecasyllable: 28.19%, a figure much more than double that of any previous collection by the same author. Indeed, together with the high presence of very short lines (in particular, of *trisillabi, quadrisillabi* and *quinari*), from the point of view of prosody perhaps the most immediately striking innovation of Montale's fourth collection is the great use of very long verses. But there is more to be said here. For, as with *Gli strumenti umani*, in many cases these long verses may be subdivided, inserting an appropriate caesura, to yield two traditional verse units. In fact, in the words of Barbierato, there exists in Montale's fourth collection "una presenza di unità metriche inferiori regolari, variamente combinate fra loro entro la quasi totalità dei versi lunghi".[11] Let us take, for example, the *dodecasillabo*. In *Satura*, we find a major increase in the number of such verses, from 2.94%, 4.72% and 2.40% in the first three collections to 7.29%. The *dodecasillabo* of *Satura*, as Barbierato has pointed out, "è costruito su due emistichi, un settenario e un quinario (con prevalenza dell'ordine 7+5) quasi sempre isolati dalla sintassi o da rime interne".[12] Thus, for instance, in "La morte di Dio" we encounter "tu scivolasti vertiginosamente" (*quinario* and *settenario*), whilst in "Lettera" we come across "Si viveva tra eguali, troppo diversi" (*settenario* and *quinario*). Leaving the *dodecasillabo*, it ought to be pointed out that in *Satura* the percentage of double *settenari* or *alessandrini* soars from the approximately three or four per cent of the earlier collections to a frequency of 10.49% and that there also takes place a notable increase with respect to the previous collections in verses consisting of a *settenario* and *ottonario* / *ottonario* and *settenario* – a metrical class entirely absent from *La bufera e altro* – and in double *ottonari*. And at this point, armed with all the above statistics, the critic could well venture to conjecture that those long bipartite verses of the fourth collection might owe something to Montale's reading of *Gli strumenti umani*, that work reviewed after the composition of at the very most seven poems of the future *Satura*.

According to Montale, the most original pieces in *Gli strumenti umani* are "«pezzi», monologhi o squarci di meditazioni che ricalcano dall'interno il pensiero, i ribollimenti e le angosce di un uomo d'oggi, di un poeta che, come Sereni ha detto, trova sempre più insopportabile la qualifica di poeta" (*SMP* 2752). (A reference to "Il nome di poeta", an article included in *Gli immediati dintorni* that commences: "Il nome di poeta appare sempre più una qualifica socialmente difficile da portare e da sostenere persino nel suo normale ambito letterario".)[13] Sereni's poetry, that ought by rights to incline towards silence, is nonetheless obliged to speak forth: "[l]o fa con un procedimento accumulativo, inglobando e stratificando paesaggi e fatti reali, private inquietudini e minimi eventi quotidiani, senza dimenticare che nel paesaggio dell'uomo strumentalizzato l'officina e la macchina sostituiscono il già obbligatorio fondale della natura" (*SMP* 2752). For the reader of *Satura*, the latter part of the above passage proves particularly thought-provoking. The early Montale had been a grand landscape poet, evoking first the Cinque Terre, and then the region of Tuscany and beyond. Nature, in fact, stands at or near centre stage in Montale's writing all the way up until the very end of *La bufera e altro*: the political prisoner of "Il sogno del prigioniero", the last text in the third collection, mentions the "zigzag degli storni sui battifredi" and the "volo della tarma", conjures up "iridi su orizzonti di ragnateli / e petali sui tralicci delle inferriate". From *Satura* onwards, on the other hand, (and this is unquestionably one of the most distinctive features of the later verse) the part played by the natural world decreases greatly in importance; mother Nature is largely sidelined, ostensibly no longer of any interest to an aged poet trapped in post-"boom" Italy.

Sereni's language, comments Montale, is "dimesso, colloquiale pur consentendo parole tecniche, allitterazioni interne e rapide interiezioni intese come altrimenti inesprimibili salti d'umore. A volte un semplice Mah! ha valore di clausola musicale: è suono ed è insieme una somma di significati" (*SMP* 2752-53). In fact, with *Gli strumenti umani* Sereni embraces the language of everyday living to a greater extent than ever before, integrating into his verse many colloquial lexemes and expressions, e.g. "un giorno perdoneranno / se presto ci togliamo di mezzo" ("Quei bambini che giocano"), "Fiori che in agosto nemmeno te li sogni" ("Di passaggio"), "bella roba che sei" ("Ancora sulla strada di Creva"), "un reparto in sfacelo che si sbraca, se ne fotte / della resa con dignità" ("La pietà ingiusta").[14] And here there exists a further noteworthy similarity with *Satura*. In this last volume, in fact, Montale expresses himself in a language that is considerably more colloquial than anything to be found in his previous three collections. As for that "Mah!", the reviewer is probably referring to a passage near the beginning of the aforementioned "Il male d'Africa": "Nei tunnel, lungo i tristi / cavalcavia di Milano / un'anima attardata. Mah!". For his "Mah!" Sereni might conceivably owe a debt to Gozzano, the Piedmontese poet about whom he wrote his degree thesis. The interjection "mah" immediately followed by an exclamation mark surfaces in two well-known poems from *I colloqui* – "L'amica di nonna Speranza" (one appearance) and "In casa del sopravissuto" (two appearances) – as well as in two "poesie sparse", "L'ipotesi" (three appearances) and "Il commesso farmacista" (one appearance). But we are not yet done with this "Mah!". The last line of Montale's "Ah!" (*Altri versi*) consists of just one word accompanied by a question mark: "Mah?". Doubtless the decision to conclude "Ah!" in this manner must have been due in part to the fact that the poem in question incorporates a long sequence of "Ah!". It is not to be excluded, moreover, that the author of "Ah!" might have had in mind Gozzano, a poet with whom he was intimately familiar. (And, as well as poems with a series of "Mah!", Gozzano also penned a number of pieces containing several "Ah!".) However, taking into account the fact that Montale dedicates an incisive passage to Sereni's "Mah!" in his review of *Gli strumenti umani*, one might quite legitimately ask oneself whether the reading of this last work might somehow have contributed to the genesis of the monosyllabic final verse of "Ah!".[15]

Montale affirms the following concerning *Gli strumenti umani*:

> Siamo sempre in uno spazio e in una situazione locali, in un realismo che rompe la crosta dell'elegia, prova evidente dello scrupolo di lasciar tutto aperto, del timore di evadere dal tessuto della storia in atto. Un timore che i classici hanno ignorato o hanno vinto, non senza sentirsi tagliati fuori del tempo, pensionati di se stessi. (*SMP* 2753)

A dread of fleeing the tissue of current affairs... In the opinion of Alfredo Luzi, the author of *Gli strumenti umani* manifests "[l]a volontà di partecipazione e di comprensione del proprio tempo", carrying out "un'analisi lucida e impietosa delle contraddizioni insite nel modello di sviluppo che l'Italia si è data a partire dai primi anni Cinquanta".[16] Let us back up Luzi's intelligent observations with a few textual examples. In "Una visita in fabbrica" Sereni decries the situation of workers "relegati a un filo di benessere" in the "asettici inferni" of a modern factory. Later, in "Un sogno", the poet stages a polemic against what he perceives to be an excessively politicised reality: "«Hai tu fatto – / ringhiava – la tua scelta ideologica?»". In "Dall'Olanda", "La pietà ingiusta" and "Nel vero anno zero", meanwhile, we find a discourse revolving around the importance of remembering the atrocities committed in the past by the Nazis. The Sereni of *Gli strumenti umani* is someone who – in the words of Montale – "tenta di uscire dal suo isolamento" (*SMP* 2752), someone who displays a greater willingness than ever before to enter with his verse into dialogue with the wider contemporary reality. Similar is true of the author of "Satura I" and "Satura II". Whilst acknowledging the existence of poems such as "La primavera hitleriana" (*La bufera e altro*), it must be admitted that from *Ossi di seppia* to the "Xenia" Montale had generally tended to sideline the grand events of history; like the Sereni of *Frontiera*, in his verse he had preferred to privilege the private sphere. But with the two sections of *Satura* cited above things alter somewhat. In fact, "Satura I" and "Satura II" are characterised by the relatively ample attention that they accord to the wider contemporary reality: consider in this context "Fanfara", "Piove", "Botta e risposta III", "Fine del '68" and "Nel silenzio" (to name but a few poems). The reading of *Gli strumenti umani* may well have played a significant role in this thematic development, furnishing Montale – who like Sereni was anything but enamoured with the age in which he was living – with a valuable poetic stimulus to shun the "classical" temptation of fleeing from the tissue of contemporary history and encouraging him to establish a vigorous critical dialogue with the wider world.

A final intertextual observation pertaining to the macrotextual plane, one not intimately linked to the contents of Montale's review of *Gli strumenti umani*. Possibly the most immediately striking feature of Sereni's third collection is the abundant presence in it of "other voices". Numerous poems, in fact, incorporate passages of direct speech, e.g. "Saba", "Gli amici", "La poesia è una passione?", "Ancora sulla strada di Creva", "Al distributore", "Pantomima terrestre" and "La spiaggia". Of course, *La bufera e altro* had not been without segments of direct speech: in "Vento sulla Mezzaluna", for instance, a preacher had asked the subject "«Sai dov'è Dio?»", whilst in "*Nubi color magenta...*" the "io" had exclaimed "«pedala, / angelo mio!»" and – echoing Gozzano's celebrated "Invernale" (*I colloqui*) – "«resta!»".[17] Still, in comparison to the earlier verse, the "Xenia" patently contain a greater amount of this type of discourse. "Xenia I", 10 reads as follows:

> «Pregava?». «Sì, pregava Sant'Antonio
> perché fa ritrovare
> gli ombrelli smarriti e altri oggetti
> del guardaroba di Sant'Ermete».
> «Per questo solo?». «Anche per i suoi morti
> e per me».
>   «È sufficiente» disse il prete.

Moving on, "Xenia II", 2 presents the words of Montale's wife regarding a lawyer from Klagenfurt, "Xenia II", 6 a comment by the same lady on the wine known as "Inferno", "Xenia II", 7 a tragicomic dialogue about existence, "Xenia II", 8 a dialogue concerning "Paradiso" / "paradiso" and "Xenia II", 11 the words of a conversation with the Philippine Celia, "[r]iemersa da un'infinità di tempo". Now, chronologically speaking, the first of the "Xenia" to integrate direct speech is "Xenia I", 10. This poem was composed on 8 December 1965 and therefore post-dates by approximately a month and a half Montale's review of *Gli strumenti umani*. This temporal propinquity would lend weight to any hypothesis that one of the literary experiences that spurred the author of *Satura* to include a relatively large amount of direct speech in his verse of the mid-1960s was the reading of Sereni's most recent poetry.

   It is certainly true that on a generic level there exist fundamental differences between *Gli strumenti umani* and *Satura*. Most obviously, whilst the overriding tone of the former volume is that of the so-called "grande stile", the latter presents a variety of registers, ranging from the markedly comic and satirical to the meditative and the lyrical: in particular, texts in *Satura* such as "Auf Wiedersehen" and "A pianterreno" appear far removed from the basic mood of Sereni's third collection.[18]

Nonetheless, as has been suggested above, it is likely that certain macrotextual traits of *Gli strumenti umani* – e.g. the versification, the stance with respect to the wider contemporary reality, the utilisation of direct speech – exerted a notable degree of influence on Montale when he came to pen what would eventually be *Satura*. But the salience of Sereni's collection vis-à-vis the Genoese poet was quite definitely not restricted to the macrotextual plane. Indeed, from the point of view of what might be denominated microtextual influence, i.e. where a single poem contributes to the creation of another poem, it would not perhaps be extravagant to claim that of all the collections of verse published in Italy and abroad in the 1960s *Gli strumenti umani* was the most formative for the post-*Bufera* verse as a whole. Much has already been written by critics (above all, by Francesca Ricci) on this subject: to summarise and comment on such a weighty corpus of scholarship would require a considerable amount of space and, it is felt, would not be especially useful. Rather than reiterating at length the ideas of others, the below paragraphs will concentrate on setting out some new hypotheses relating to the microtextual influence of poems present in *Gli strumenti umani*, dedicating attention to texts in *Satura* but also discussing pieces to be found in the successive *Diario del '71 e del '72* (1973) and *Quaderno di quattro anni* (1977).

Let us commence with *Satura*. Guido Mazzoni has speculated that verse eight of "L'Arno a Rovezzano" – "prima di farsi vortice e rapina" – might owe something to the twelfth verse of "La spiaggia": "pronte a farsi movimento e luce".[19] Mazzoni fails, however, to delve into the implications of this perceptive observation. Lines nine to eleven of "L'Arno a Rovezzano", those immediately following the verse "prima di farsi vortice e rapina", read: "Tanto tempo è passato, nulla è scorso / da quando ti cantavo al telefono 'tu / che fai l'addormentata' col triplice cachinno". The song referred to here is Mephistopheles' serenade for Marguerite in Act Four of Gounod's *Faust*.[20] But what was it that induced Montale to mention at this point a telephone call? If it is indeed the case that the poet drew on "La spiaggia" for his "prima di farsi vortice e rapina", then the most logical answer to this interrogative would be that Montale recollected the memorable first strophe of the same "La spiaggia": "Sono andati via tutti – / blaterava la voce dentro il ricevitore. / E poi, saputa: – Non torneranno più –".

In his review Montale states that the poetry of *Gli strumenti umani* "resta sempre attaccata al concreto e profondamente lombarda anche quando si spinge fino alle bocche del Magra" (*SMP* 2753). The reviewer might have had in mind "Un sogno" which begins: "Ero a passare il ponte / su un fiume che poteva essere il Magra / dove vado d'estate". Yet he might just as well have been thinking of "Gli amici", a poem that regards "la bocca del Magra". It is worth pointing out that "Gli amici" probably incorporates elements from "Il ritorno" (*Le occasioni*), a vigorous description of the same Bocca di Magra.[21] In "Il ritorno" we encounter "il barcaiolo Duilio che traversa / in lotta sui suoi remi", whilst in "Gli amici" we come across the sentence: "Ma ecco da dietro uno scoglio / sempre forte sui remi / spuntare in soccorso il Giancarlo".[22] One might adjoin to the above comment a further intertextual observation. Sereni once affirmed in the course of a "lettura montaliana" that in "Il ritorno" (constructed around an anaphora of "ecco"): "I segnali, le percussioni, i trasalimenti di quegli *ecco* [...] preparano lo schermo sul quale s'accamperà quello che una volta [Montale (?)] avrebbe chiamato "il miracolo"".[23] Interestingly, the lexemes "ecco" and "miracolo" appear close together in the concluding verses of "Gli amici": "Ma ecco da dietro uno scoglio [...] spuntare in soccorso il Giancarlo. // E ti sembra un miracolo".

Still, what interests us here is not so much the flux of ideas from Montale to "Gli amici" as that from "Gli amici" to Montale. In order to be in a position to discuss the latter topic, let us scrutinise more closely "Gli amici". At the beginning of this poem Sereni states that a "tu" recalls Giancarlo De Carlo and his wife Giuliana, "ballerini e acrobati", in distant 1951. The author's thoughts turn to the present and to a torpid morning in 1960; he wonders if Giuliana, Giancarlo and their children are present at Bocca di Magra. "Gli amici" proceeds with a segment of direct speech:

> Che tempi – mormori – sempre più confusi
> che trambusto di scafi e di motori
> che assortita fauna sul mare.
> Non lasciatemi qui solo
>   – stai
> per gridare – ritornate…

Ma ecco da dietro uno scoglio
sempre forte sui remi
spuntare in soccorso il Giancarlo.

E ti sembra un miracolo.

Now compare these verses with part I of "Botta e risposta II" (*Satura*), supposedly the transcription of a letter from Ascona:

«Il solipsismo non è il tuo forte, come si dice.
Se fosse vero saresti qui, insabbiato
in questa Capri nordica dove il rombo
dei motoscafi impedisce il sonno
fino dalla primalba. Sono passati i tempi
di Monte Verità, dei suoi nudisti,
dei kulturali jerofanti alquanto
ambivalenti o peggio. Eppure, inorridisci,
non so che sia, ma qui qualcosa regge».

The affinities between "Gli amici" and part I of "Botta e risposta II" are certainly quite impressive. In both a person remarks on the noise of motorboats: "Che tempi – mormori – sempre più confusi / che trambusto di scafi e di motori" | "il rombo / dei motoscafi impedisce il sonno". (Montale merges Sereni's "scafi e [...] motori" into "motoscafi" – a hapax within *L'opera in versi*.) Both texts found their discourse on a tension between past and present: in Sereni's poem there is evident nostalgia for the early 1950s when Giuliana and Giancarlo were at Bocca di Magra, in Montale's "botta" the "io" states that the "tempi / di Monte Verità", with its naturists and its "kulturali jerofanti", are no more. Finally, both pieces end on a rather unexpected note of optimism. Hence, in "Gli amici" the materialisation of Giancarlo appears to the "tu", that person who was on the point of yelling "[n]on lasciatemi qui solo", to be a "miracolo", whilst the first part of "Botta e risposta II" terminates: "Eppure, inorridisci, / non so che sia, ma qui qualcosa regge". To assert that Montale somehow "modelled" part I of "Botta e risposta II" on "Gli amici" would be to overstate the intensity of the intertextual relationship between the two poems. What one can claim with a relatively high degree of certitude is that the Genoese poet's memory of "Gli amici" enacted no small role in the compositional process behind the first part of the poem from *Satura*.

As for the motive for Montale's presumed utilisation of Sereni's text, quite probably the memory of "Gli amici" was spurred to the forefront of the poet's mind as a result of the fact that the nascent "botta" centred geographically on Ascona: Montale, it would seem, mentally associated this Swiss town on the banks of Lake Maggiore with the seaside resort of Bocca di Magra. A comparison between part II of "Botta e risposta II", where the author narrates the story of a visit to the Ascona area, and "Il ritorno" (a text that, we might note, bears the sub-heading "*Bocca di Magra*") supplies concrete textual evidence of the existence of such a mnemonic association. The former, in fact, incorporates more than one "quotation" from the latter. In the long "risposta" of "Botta e risposta II" Montale mentions "policromi / estivanti", before concluding: "Sto attento a tutto. Se occorre, / spire di zampironi tentano di salvarmi / dalle zanzare che pinzano, tanto più sveglie di me". Similarly, in the much earlier "Il ritorno" the poet had written of "un gelo policromo d'ogive", before ending: "ecco il tuo morso / oscuro di tarantola: son pronto".

For his *Diario del '71 e del '72* Montale undoubtedly owes more than a negligible debt to the poetry of Sereni. Lonardi has brought to light the fact that the ending to "*Non sa più nulla, è alto sulle ali*", the best known of all the texts in *Diario d'Algeria*, is echoed in the final verses of "La mia Musa".[24] Elsewhere, Pier Vincenzo Mengaldo has remarked on the affinities between "Corso Lodi" (*Gli strumenti umani*) and "Lettera a Malvolio".[25] To the scholarship published to date on the relationship between Sereni and the Montale of *Diario del '71 e del '72* we might append two further intertextual notes. Firstly, let us contemplate side by side "Il tempo provvisorio" (*Gli strumenti umani*) and Montale's "I primi di luglio":

Qui il tarlo nei legni,	Siamo ai primi di luglio e già il pensiero
una sete che oscena si rinnova	è entrato in moratoria.
e dove fu amore la lebbra	Drammi non se ne vedono,
delle mura smozzicate delle case	se mai disfunzioni.
[dissestate:	Che il ritmo della mente si dislenti,
un dirotto orizzonte di città.	questo inspiegabilmente crea serie preoccupazioni.
Perché non vengono i saldatori	Meglio si affronta il tempo quando è folto,

perché ritardano gli aggiustatori?
Ma non è disservizio cittadino,
è morto tempo da spalare al più
[presto.
E tu, quanti anni per capirlo:
troppi per esserne certo.

mezza giornata basta a sbaraccarlo.
Ma ora ai primi di luglio ogni secondo sgoccia
e l'idraulico è in ferie.

Sereni writes of the absence of repairmen in a disintegrating city and the pressing need to shovel "dead time"; not dissimilarly, Montale observes that currently time is passing at a snail's pace – "ogni secondo sgoccia" – and that the plumber is off on holiday. The "disfunzioni" of "I primi di luglio" might represent a distant reverberation of Sereni's "disservizio" and the notion of time as something to "sbaraccare" might derive from the "tempo da spalare" of "Il tempo provvisorio".

Montale comments in his review of *Gli strumenti umani* that in "Una visita in fabbrica", a long poem divided into five parts belonging to Sereni's third collection, "si coglie sapientemente intarsiata anche una citazione leopardiana" (*SMP* 2752). An allusion, this, to the last sentence of part IV of "Una visita in fabbrica", where the poet has a factory worker jump up and, to the amusement and annoyance of his colleagues, quote from "A Silvia": *"E di me si spendea la miglior parte"* [author's italics].[26] At the very beginning of part V of the same poem Sereni muses over the words of the writer from Recanati, affirming: "La parte migliore? Non esiste". In all likelihood the sequence that links parts IV and V of "Una visita in fabbrica" – quotation from a classic Italian author, question about a segment of this quotation, affirmation – functioned as a sort of template for the opening to Montale's "La danzatrice stanca". In fact, the latter poem, a playful ode to the beauty of Carla Fracci, commences: "Torna a fiorir la rosa / che pur dianzi languia… // Dianzi? Vuol dir dapprima, poco fa". A quotation (the first two lines of Parini's "La educazione (*Per la guarigione di Carlo Imbonati*)"), a query about one of the words in this quotation, and then a statement… As regards the motivation behind the aged poet's decision to quote from the author of *Il Giorno*, a glance at part II of "Una visita in fabbrica" proves stimulating: there, in fact, we come across the verse "e persino fiorirvi, cuore estivo, può superba la rosa".

To conclude, let us compare "Nella neve", a poem dated "Mendrisio, '48" pertaining to the opening section of *Gli strumenti umani,* and "Dopopioggia" (*Quaderno di quattro anni*):

Edere? stelle imperfette? cuori obliqui?   Sulla rena bagnata appaiono ideogrammi
Dove portavano, quali messaggi   a zampa di gallina. Guardo addietro
accennavano, lievi?   ma non vedo rifugi o asili di volatili.
Non tanto banali quei segni.   Sarà passata un'anatra stanca, forse azzoppata.
E fosse pure uno zampettìo di galline –   Non saprei decrittare quel linguaggio
se chiaro cantava l'invito   se anche fossi cinese. Basterà un soffio
di una bava celeste nel giorno fioco.   di vento a scancellarlo. Non è vero
Ma già pioveva sulla neve,   che la Natura sia muta. Parla a vanvera
duro si rifaceva il caro enigma.   e la sola speranza è che non si occupi
Per una traccia certa e confortevole   troppo di noi.
sbandavo, tradivo ancora una volta.

"Nella neve" describes a situation in which the natural world is in the act of disclosing a meaningful message: a scenario that calls to mind certain texts belonging to the first phase of Montale's verse production, e.g. "Quasi una fantasia" (*Ossi di seppia*). Sereni's "zampettìo" may, as Luca Lenzini has implied, take its origin from "Nella serra" (*La bufera e altro*): "S'empì d'uno zampettìo / di talpe la limonaia" (and notice the close correspondence between the titles of the two poems).[27] Yet, if "Nella neve", like so much of Sereni's verse, proves to be reminiscent of Montale's writing, then it also seems probable that this poem represented an intertext for the above-quoted lines from *Quaderno di quattro anni*. In "Nella neve" "uno zampettìo di galline", i.e. footprints left in the snow by hens, might hold a significant message for the "io". Not dissimilarly, in "Dopopioggia" there appear on the moist sand "ideogrammi / a zampa di gallina" (note the choice of words!), a code made up of marks resulting in all likelihood from the passage of an "anatra stanca, forse azzoppata". The subject of "Nella neve" does not attempt, it would seem, to discover the sense of the hen prints, preferring to take the easy way out and pursue a "traccia certa e confortevole". Montale, in his turn, admits to being wholly incapable of unravelling the mystery of the duck-induced signs he views on the sand: "Non saprei decrittare quel linguaggio / se anche fossi cinese". Lastly, in both poems the fate of the bird marks is to be eradicated as a result of meteorological conditions, be it rain ("Ma già pioveva sulla neve, / duro si rifaceva il caro enigma") or wind ("Basterà un soffio / di vento a scancellarlo [quel linguaggio]"). It is almost as if the Genoese writer assembled the skeleton of his "Dopopioggia" out of the bones of "Nella neve", constructing not a pale imitation of Sereni's poem but a quite different work, a piece not in the "grande stile" but, instead, in that distinctive tragicomic vein that predominates in the later collections.

But what about that "anatra stanca, forse azzoppata"? An examination of Giovanni Giudici's second major collection of verse, *Autobiologia* (1969), turns out to be enlightening. In this volume – present in Montale's private library, like almost all of Giudici's large-scale verse collections up until *Il ristorante dei morti* (1981) – we find, just a page or two before a piece regarding "cireneo Montale" ("Il cattivo lettore"), the poem "Il civettino".[28] Certainly, it is not difficult to imagine that Montale, a passionate bird lover, might have been much impressed by this finely wrought text about a hapless owlet. In the last few lines of "Il civettino" the author contrasts the departure of his bird of prey with the exit of other household animals of his, including that setter immortalised in "Quindici stanze per un setter" (*La vita in versi*):

> Partì [la piccola civetta...]
> impermalita voltandosi a differenza di altri
> miei animali di casa: *un'anatrella azzoppata*,
> una cagnetta bastarda, un passero che volò via,
> un gatto nero – e il setter, naturalmente
> – tutto sommato fregati con belle maniere,
> spariti più docilmente. [my italics][29]

And at this juncture, with our discourse relating to Sereni terminated, there arises the temptation to progress to a comparative study of another northern Italian poet linked to Montale by a bond of friendship, the temptation to confront the question of the significance of Giudici's versicoloured writing for the post-*Bufera* collections. One might well wonder, for example, whether there might exist an intertextual relationship between "Dal suo punto di vista" (*La vita in versi*) and "Gli uccelli parlanti" (*Quaderno di quattro anni*). Yet, perhaps it would be wise to

80   John Butcher

defer a foray into this virtually uncharted critical territory until a later
date...

Notes

In this article, *SMP* = E. MONTALE, *Il secondo mestiere: Prose 1920-1979*, ed.
by G. Zampa, 2 vols, Milano, Mondadori, 1996 and *SMAMS* = ID., *Il secondo
mestiere: Arte, musica, società*, ed. by G. Zampa, Milano, Mondadori, 1996. All
quotations from Montale's poetry are taken from ID., *L'opera in versi*, ed. by R.
Bettarini and G. Contini, Torino, Einaudi, 1980. Unless otherwise indicated, all
quotations from Sereni's poetry are taken from V. SERENI, *Poesie*, ed. by D. Isella,
Milano, Mondadori, 1995.
[1] D. PORZIO, *Con Montale a Stoccolma: Diario di Svezia, con un prologo a Milano
e sedici fotografie dell'autore*, Milano, Ferro, 1976, p.70.
[2] G. LONARDI, "Di certe assenze in Sereni", in *La poesia di Vittorio Sereni: Atti del
Convegno*, Milano, Librex, 1985, pp.106-18: 111. On Sereni and the later poetry of
Montale, see also F. FORTINI, "«Satura» nel 1971", in *Nuovi Saggi italiani*,
Milano, Garzanti, 1987, pp.103-24: 117; D. ISELLA, "La lingua poetica di Sereni",
in *La poesia di Vittorio Sereni...*, cit., pp.21-32: 31; G. LONARDI, "L'altra Madre",
in *La poesia di Eugenio Montale: Atti del Convegno Internazionale: Milano – 12 /
13 / 14 settembre: Genova – 15 settembre: 1982*, Milano, Librex, 1983, pp.263-79:
272-73; R. LUPERINI, *Storia di Montale*, Roma-Bari, Laterza, 1986, p.201; O.
MACRÍ, "L'«improprietas» tra sublimità e satira nella poesia di Montale (con
un'appendice sul questionario Guarnieri)", in *La vita della parola: Studi
montaliani*, Firenze, Le Lettere, 1996, pp.339-85: 362; G. MAZZONI, "*Satura* e la
poesia del secondo Novecento", *Rivista di Letteratura Italiana*, XI, 1-2, 1993, 161-
214: 188-89; F. RICCI, *Il prisma di Arsenio: Montale tra Sereni e Luzi*, Bologna,
Gedit, 2002, pp.151-67.
[3] V. SERENI, *Gli strumenti umani*, Torino, Einaudi, 1965.
[4] The back page of the jacket to the 1965 edition of *Gli strumenti umani* carries the
following sentence: "Non una raccolta di versi ma, tra il '45 e il '65, *un libro
articolato e compatto, chiuso e aperto: non un «canzoniere» e tanto meno un
«discorso in versi», ma una progressione di riepiloghi parziali, di proposte in
divenire".
[5] See G. LONARDI, "Di certe assenze in Sereni", cit., p.111.
[6] See, for example, D. ISELLA, "La lingua poetica di Sereni", cit., pp.27-28 and
numerous passages in F. RICCI, *Il prisma di Arsenio...*, cit.
[7] *Ivi*, p.158. On Montale and "Il male d'Africa", see also footnote 17 on the same
page and, in the same volume, p.161.

[8] M. BARBIERATO, "Tradizione e rinnovamento nella versificazione di «Satura»", in *Quaderno montaliano*, ed. by P. V. Mengaldo, Padova, Liviana, 1988, pp.67-99: 92.

[9] A. PELOSI, "La metrica scalare del primo Sereni", *Studi novecenteschi*, XV, 35, June 1988, 143-53: 145.

[10] For these and the other statistics presented here relating to the frequency of types of verse from *Ossi di seppia* to *Satura*, see the table in M. BARBIERATO, "Tradizione e rinnovamento nella versificazione di «Satura»", cit., pp.69-70.

[11] *Ivi*, p.69.

[12] *Ivi*, p.79.

[13] See V. SERENI, *Gli immediati dintorni*, Milano, Il Saggiatore, 1962, pp.86-89: 86.

[14] On the language of Sereni, see D. ISELLA, "La lingua poetica di Sereni", cit., and A. GIRARDI, "Sereni, il parlato, la «terza generazione»", *Studi novecenteschi*, XIV, 33, June 1987, 127-39.

[15] On Montale's review of *Gli strumenti umani* and "Ah!", see R. LUPERINI, *Storia di Montale*, cit., p.201.

[16] A. LUZI, *Introduzione a Sereni*, Roma-Bari, Laterza, 1990, p.105.

[17] In "Gozzano, dopo trent'anni" (*SMP* 1270-80), an article which first appeared the year after the composition of "*Nubi color magenta...*", Montale quotes the first half of the second strophe of "Invernale": "«Resta!» Ella chiuse il mio braccio conserto, / le sue dita intrecciò, vivi legami, / alle mie dita. «Resta, se tu m'ami!»".

[18] Regarding the "grande stile", see P. V. MENGALDO, "Grande stile e lirica moderna. Appunti tipologici", in *La tradizione del Novecento: nuova serie*, Firenze, Vallecchi, 1987, pp.7-24. On the difference between *Gli strumenti umani* and *Satura*, see A. GIRARDI, "Sereni, il parlato, la «terza generazione»", cit., pp.134-35 and G. MAZZONI, "Verifica dei valori. Saggio su *Gli strumenti umani*", *Allegoria*, VI, 18, 1994, 45-81: 79-80.

[19] ID., "*Satura* e la poesia del secondo Novecento", cit., p.188. For a reading of Montale's poem, see C. VARESE, "L'Arno a Rovezzano", in *Letture Montaliane in occasione dell'80° compleanno del Poeta*, Genova, Bozzi, 1977, pp.323-31.

[20] See Laura Barile's notes to "L'Arno a Rovezzano" in *Antologia della poesia italiana: III: Ottocento-Novecento*, ed. by C. Segre and C. Ossola, Torino, Einaudi, 1999, pp.1111-12: 1112.

[21] "Il ritorno" does not describe exclusively Bocca di Magra. In "La Riviera di Ciceri (e la mia)" (1970) Montale wrote of Monterosso: "Sono ancora in piedi [...] villette di tipo coloniale, di colore appena caramellato e spesso vi si notano *bow-windows* e inutili torrette. Una di queste torrette, con vetri policromi e scala a chiocciola interna, si alzava dalla nostra villa e l'ho trasferita pari pari, in una mia poesia ["Il ritorno"], a Bocca di Magra" (*SMAMS* 1457). On "Il ritorno", see the

comments by Simona Morando in *La casa sul Magra e altri passaggi montaliani*, Bocca di Magra, Edizioni Capannina, 1996, pp.36 and 38.

[22] See the notes by Luca Lenzini to "Gli amici" in V. SERENI, *Il grande amico: Poesie 1935-1981*, Milano, Rizzoli, 1990, pp.225-26: 226.

[23] V. SERENI, "Il ritorno", in *Letture Montaliane...*, cit., pp.191-95: 194.

[24] G. LONARDI, "L'altra Madre", cit., pp.272-73. Incidentally, it is not inconceivable that for the title of this poem Montale might have been influenced by Angiolo Silvio Novaro's *Il cuore nascosto*, Milano, Fratelli Treves, 1920. This volume, mentioned by Montale in an article from 1927 (*SMP* 3101), includes a poem entitled "La musa mia". On "La musa mia" and Montale's early verse, see S. VERDINO, "Angiolo Silvio Novaro, Il poeta perduto", *Poesia*, XV, 164, September 2002, 21 (this article does not contain any reference to "La mia Musa").

[25] P. V. MENGALDO, "La "Lettera a Malvolio"", in *Profilo di un autore: Eugenio Montale*, ed. by A. Cima and C. Segre, Milano, Rizzoli, 1977, pp.134-67: 164. On Sereni and "Lettera a Malvolio", see also F. RICCI, *Il prisma di Arsenio...*, cit., pp.162-63.

[26] I quote here from the original 1965 edition of *Gli strumenti umani*. In Dante Isella's 1995 edition of Sereni's poetry one finds: "*E di me splendea la miglior parte*".

[27] See V. SERENI, *Il grande amico...*, cit., p.215.

[28] See *Catalogo del fondo Montale*, ed. by V. Pritoni, Milano, Biblioteca comunale di Milano, 1996.

[29] Quoted from G. GIUDICI, *I versi della vita*, ed. by R. Zucco, Milano, Mondadori, 2000. It is not to be excluded that "Il civettino" may have inspired parts of "Il rondone" (*Diario del '71 e del '72*), like Giudici's text the story of the short-lived residency of a bird in the poet's abode. Consider, for instance, the following passages: Giudici – "batuffolo grigiobiondo" (a description of the owlet) | Montale – "Gina che lo curò [il rondone] sciolse quei grumi / con batuffoli d'olio e di profumi"; Giudici – "Ma non nostra la colpa, fu lei [la civetta] che non seppe gradire / la dieta familiare, voleva carne soltanto" | Montale – "Poi [il rondone] gradì mezza foglia di lattuga / e due chicchi di riso"; Giudici – "Con proditorio rimpianto / altrove fu collocata [la civetta]: da uno di quegli strani / uomini, veramente la chiese per la caccia, / ma che mangiano gatti" | Montale – "E dire / che l'abbiamo salvato [il rondone] dai gatti". (And it ought to be noted that in the whole of *L'opera in versi* the substantive "batuffolo" and the verb "gradire" may be found solely in "Il rondone".)

La condizione postuma della poesia: Sereni fra *Gli strumenti umani* e *Stella variabile*

*

Stefano Giovannuzzi

C on più evidenza che nelle raccolte iniziali, dove però l'atteggiamento di fondo non è dissimile, negli *Strumenti umani* e quindi in *Stella variabile* la scrittura di Sereni intesse una compatta trama intertestuale, configurandosi come un bacino collettore della memoria letteraria.

La citazione/allusione può affiorare episodica: "nel mezzo sonno" de "Gli squali" serba un'esile impronta ungarettiana ("Guardo le teste / dei brumisti / nel mezzo sonno tentennare", "Noia", *L'allegria*)[1], che rimane abbastanza isolata. Di frequente, invece, i testi sono catturati in un gioco intrigante coi modelli più canonici della lingua poetica, a cui reagiscono con larghissima disponibilità, assorbendone lacerti di diversa consistenza, in ogni caso in una dialettica significativa. In certi pezzi Sereni sdipana il suo discorso nello spessore della tradizione, trivellandola e riportandola alla luce per strati. È quanto accade in "Ancora sulla strada di Creva" (*Gli strumenti umani*):

> Poteva essere lei la nonna morta
> non so da quanti anni.
> Uscita a tardo vespro
> dalla sua cattolica penombra,
> al tempo che detto è dell'estate
> di San Martino o dei Morti.
> Una vecchia vermiglia del suo riso.
> Cantavano gli uccelli dalle rogge
> e quante ancora intatte foglie
> recava in grembo l'autunno.

Insieme con l'"estate di San Martino o dei morti" la "nonna morta" sorregge una larga campata, in cui Carducci (oltre "Davanti San Guido", "San Martino", entrambe dalle *Rime nuove*) si embrica con Pascoli: oltre a "È l'estate, / fredda, dei morti", ("Novembre", in *Myricae*), spicca la consonanza tra "rogge" e "roggie", sebbene in diversa accezione grammaticale e semantica.[2] La "vecchia" evoca la "vecchierella" di "Il sabato del villaggio" ("recava" sta lì a confermarcelo). Alle spalle, a rendere più inquietante la scena, una risorgenza dantesca: l'incrocio fra "un vecchio, bianco per antico pelo", Caronte (*If.* III 83), e "Li occhi ha vermigli" di Cerbero (*If.* VI 16) conferisce coloriture ambigue e demoniche all'apparizione della "nonna". Uno stratificarsi intertestuale così complesso[3] indica che nella poesia di Sereni interviene una memoria multipla e che il testo propende a costituirsi come crocevia in cui si riallocano e trovano un nuovo senso – ma è vero anche il viceversa – i frammenti di plurimi mondi poetici. In modo tutt'altro che arbitrario, o peggio decostruzionista. Persino in un groviglio così serrato il colloquio con la morta dichiara che il solido baricentro in grado di sostenere l'operazione con la sua autorità è nelle "Silvae" montaliane: "Proda di Versilia" o "Voce giunta con le folaghe» sono fra i testi imputabili.[4]

Montale si rivela un potente attrattore – lo è, a dire il vero, dalla stagione di *Frontiera* –, un solido punto di aggancio con l'asse Dante-Eliot intorno a cui si organizza il "classicismo" delle *Occasioni* e soprattutto della *Bufera*. E se "Ash Wednesday" è il sottotesto palese di "Le ceneri"[5], probabilmente mediato dalle traduzioni montaliane, per Dante la convergenza con Montale risulta esplicita in "Le sei del mattino":

> Tutto, si sa, la morte dissigilla.
> E infatti, tornavo,
> malchiusa era la porta
> appena accostato il battente.
> E spento infatti ero da poco,
> disfatto in poche ore.

"Malchiusa era la porta" inscrive la presenza di "D'alti Eldoradi / malchiuse porte" ("I limoni", in *Ossi di seppia*) e la incastona fra "Così la neve al sol si disigilla" (*Pd.* XXXIII 54) e "tu fosti, prima ch'io disfatto, fatto" (*If.* VI 42).[6] L'immersione di Sereni nel linguaggio di Montale è così congeniale e simpatetica che finisce per anticipare – o forse suggerire – ipotesi di sviluppo coerenti nella prospettiva degli "Xenia": "Comunicazione interrotta", ad esempio.[7]

Un legame altrettanto stretto, osmotico, si stabilisce su un fronte notevolmente diverso, con Bertolucci.[8] Persino uno psuedo-*xenion* come "Comunicazione interrotta" ripete movenze grammaticalizzate di "Lettera da casa" (*La capanna indiana*): "Lascialo dunque per sempre tacere" rammenta "lasciate che fermi / la stagione che indugia"("A Giuseppe, in ottobre") o ancora "Lasciate che m'incammini" di "Verso Casarola", comparsa in rivista nel '57.[9] Ma a misurare il peso assunto da Bertolucci concorre la prima lassa di un testo lungo, laborioso e impegnativo, quale "Una visita in fabbrica":

Lietamente nell'aria di settembre più sibilo che grido
lontanissima una sirena di fabbrica.
Non dunque tutte spente erano le sirene?
Volevano i padroni un tempo tutto muto
sui quartieri di pena:
ne hanno ora vanto dalla pubblica quiete.
Col silenzio che in breve va chiudendosi questa calma mattina
prorompe in te tumultuando
quel fuoco di un dovere sul gioco interrotto,
la sirena che udivi da ragazzo
tra due ore di scuola.

Nonostante le coordinate fornite dall'autore, "1952-1958", il poemetto raggiunge una forma stabile solo all'inizio degli anni Sessanta, e verosimilmente a catalizzarla è proprio la molla dei capitoli iniziali della *Camera da letto*, comparsi in rivista nel 1958.[10] L'attacco di "Una visita in fabbrica" si riconnette però anche al poemetto "La capanna indiana" e in prima battuta alle liriche di "Lettera da casa". La tessitura ossimorica di "Ma il tumulto pacifico che noi / nella sera moviamo, la tua amara / ombra conforti ed il tuo nome muto" ("Prova di sonetto", in "Lettera da casa") passa solo lievemente allentata in "Col silenzio che in breve va chiudendo questa calma mattina / prorompe in te tumultuando / quel fuoco di un dovere sul gioco interrotto". Una delle procedure stilistiche più formalizzate della poesia di Bertolucci, a partire dagli anni Quaranta, è assunta da "Una visita in fabbrica" in una sorta di compendio con la cifra stilistico-ideologica della *Camera da letto*, che invece la elimina in modo risoluto dalle maglie di un discorso poetico in controtendenza rispetto allo statuto della lingua fissato nella "Capanna indiana" (soprattutto nella cruciale "Lettera da casa"). "Una visita in fabbrica" – e non è il solo esempio – reinventa un'immagine fuori dal tempo di Bertolucci. *Gli strumenti umani* propendono a canonizzarlo come un sistema chiuso e sincronico, un *continuum* petrarchescamente inarticolato a cui attingere in piena libertà. Ma lo scenario si frastaglia ulteriormente, dal momento che Bertolucci è una funzione del linguaggio poetico che viene forzata a coincidere con la funzione Montale, come dimostra "Ancora sulla strada di Zenna":

Sotto i miei occhi portata dalla corsa
la costa va formandosi immutata
da sempre e non la muta il mio rumore
né, più fondo, quel repentino vento che la turba
e alla prossima svolta, forse, finirà.
E io potrò per ciò che muta disperarmi
portare attorno al capo bruciante di dolore...
ma l'opaca trafila delle cose
che là dietro indovino: la carrucola nel pozzo,
la spola della teleferica nei boschi,
i minimi atti, i poveri
strumenti umani avvinti alla catena
della necessità, la lenza
buttata a vuoto nei secoli,
le scarse vite che all'occhio di chi torna
e trova che nulla nulla è veramente mutato
si ripetono identiche,
quelle agitate braccia che presto ricadranno,
quelle inutilmente fresche mani
che si tendono a me e il privilegio

del moto mi rinfacciano...

La citazione di "Cigola la carrucola nel pozzo", uno dei "Mottetti", e della "Teleferica", una prova di *Viaggio d'inverno* apparsa in rivista nel 1959[11], si intersecano proprio nella zona da cui Sereni estrae il titolo del libro, "i poveri / strumenti umani": la raccolta del 1965 aspira dunque a proporsi come poesia all'ombra di Montale e Bertolucci[12], aggrappandosi a due modelli – e tentando di tenerli uniti – che però nel frattempo stanno vistosamente divergendo. L'ironia e il disincanto di Montale, il terreno su cui cresca *Satura*, non hanno niente a che spartire con il disegno ordinatore della *Camera da letto*. *Gli strumenti umani* fissano Bertolucci e Montale in un cortocircuito immobile, numi tutelari del "libro unico", meta ricorsiva di Sereni. La spinta non muove al recupero di un settore della tradizione novecentesca per ricavarne nuova vitalità; compendia e irrigidisce in una ideale enciclopedia, svincolate dalla loro concretezza storica, forme poetiche che rischiano di dissolversi in materia inerte, più che consolidare un vero codice petrarchesco.

In *Stella variabile* a fare la parte del leone sono ancora Montale e Bertolucci[13], con un'interferenza a somma zero che produce una cifra stilistica nullificante.[14] In testi cruciali quali "Autostrada della Cisa" è l'intonazione solenne delle "Silvae" – nodali per il Sereni delle ultime due raccolte – a rifarsi decisamente strada, ma rispecchiando una strategia dai contorni molto instabili:

> Oggi a un chilometro dal passo
> una capelluta scarmigliata erinni
> agita un cencio dal ciglio di un dirupo,
> spegne un giorno già spento, e addio.
>
> Sappi – disse ieri lasciandomi qualcuno –
> sappilo che non finisce qui,
> di momento in momento credici a quell'altra vita,
> di costa in costa aspettala e verrà
> come di là dal valico un ritorno d'estate.

Non è inverosimile che l'antefatto di "Autostrada della Cisa" sia "Autostrada del sole" dell'odiosamato Fortini[15], ma riorchestrata con i colori ricchi di "Voce giunta con le folaghe": Montale catalizza nel testo la memoria di Dante ma anche di Virgilio e Petronio.[16] E tuttavia, malgrado la tensione emotiva e intellettuale che sorregge il "piccolo testamento" sereniano, di un ambizioso classicismo funerario, il Montale a cui guarda assomiglia davvero sempre di più a Fortini.[17] Sulla *Bufera* si rifrangono i riverberi grotteschi e surreali di *Farfalla di Dinard* e di *Satura*: l'angelo si è tramutato in una "capelluta scarmigliata erinni". Nei confronti di *Satura* Sereni reagisce con insofferenza, e forse irritazione, se guardiamo a "Niccolò"[18] in chiave metaletteraria. Il "Il tu", il pezzo che inaugura *Satura*, viene corretto senza esitazioni: "Adesso / che di te si svuota il mondo e il *tu* / falsovero dei poeti si ricolma di te / adesso so chi mancava nell'alone amaranto". La rivisitazione del Montale che infrange la sua stessa canonicità e la riduce ad una maschera vuota, suona polemica: "Niccolò" lo controverte con il tu del dialogo bertolucciano coi morti, ovvero opponendogli lo stesso tu degli "Xenia". La partita si sviluppa sempre in rapporto ai due maestri, per contrastare le deviazioni dell'uno col soccorso dell'altro[19]: deviazioni dalla norma in cui Sereni stesso tenta di stabilizzarli. Un po' come con Cavalcanti e Guinizzelli nella *Vita nuova*, ma senza l'annuncio di una poetica nuova.

Del resto, se la funzione Bertolucci si appesantisce, non è con esiti meno aleatori. Obbedendo alla coazione all'identico, il volume dell'81 riproduce un'architettura analoga a quella degli *Strumenti umani*: al centro del libro il poemetto "Un posto di vacanza" corrisponde ad "Una visita in fabbrica" nella raccolta del '65, semmai acquista un ruolo ancora più strutturante.[20] Non è perciò marginale se anche il prototipo che Sereni torna a tener d'occhio è la *Camera da letto*. Taluni attacchi sono esplicitamente bertolucciani: "Tornerà il caldo", ad esempio, ripetuto due volte nella terza sezione, adotta un'espressione fortemente ritualizzata da Bertolucci.[21] Bertolucciana è la notazione scrupolosa del tempo, alla maniera di una cronaca: "Anno: il '51. Tempo del mondo: la Corea". Ma le affinità con *La camera da letto* risultano vieppiù cogenti. La voce narrante di "Un posto di vacanza" parla di sé alternando prima e terza persona, e nella quarta sezione si declassa da poeta attribuendosi la mansione di "scriba": entrambe le pratiche pertengono al "romanzo in versi", nel quale il narratore è "annalista" (V, 129) o "cronista" (XLVI, 8), o ancora "umile copista" (XVII, 68), con una formula che esalta la fedeltà e la veridicità documentaria della registrazione, più che la creatività artistica. Non stupisce perciò – malgrado l'impossibilità di accertare filologicamente la dipendenza[22] – la concomitanza dei modi di autorappresentazione prescelti da Sereni: "uno che sforna copie di ore lungo il fiume, / di stasi e turbolenze del mare".[23] L'epistolario lo mostra sempre coinvolto, attivamente, nei progetti di Bertolucci. In una lettera del 24 maggio 1971 – il poemetto "Un posto di vacanza", non meno della *Camera da letto*, è ancora incompleto – scrive:

> Io stesso pubblicherò una cosa in quattro parti intitolata *Un posto di vacanza* (ne ho pubblicata a suo tempo in «Paragone» la prima parte). Ci sarà anche un capitolo dell'Eugenio O. di Puskin, tradotto da Giudici, che ci sta lavorando. Una scelta di poesie di Tomlinson, un'altra di Olson, uno dei Cantos inediti di Pound. [...]
> Ora, te la sentiresti di darci un brano, lungo o breve non importa, del tuo famoso «romanzo in versi»?[24]

La volontà di associare nell'"Almanacco dello Specchio" le due opere sembra sottintendere un asse privilegiato nella poesia italiana del secondo Novecento. Guardare al "romanzo in versi" di Bertolucci significa aver individuato un contenitore formale conveniente e moderno – la complicità di Pound è sotto questo profilo essenziale –; ma risponde anche ad una vera emergenza della poesia di Sereni. È "Un posto di vacanza" a ricordarlo:

> Pensavo, niente di peggio di una cosa
> scritta che abbia lo scrivente per eroe, dico lo scrivente come tale,
> e i fatti suoi le cose sue di scrivente come azione.
> Non c'è indizio più chiaro di prossima vergogna:
> uno osservante sé mentre si scrive
> e poi scrivente di questo suo osservarsi.

Alla maniera della *Camera da letto*, "Un posto di vacanza" mette in
opera uno stratagemma per non rimanere prigioniero delle secche in cui si
dibatte la lirica; e tuttavia il racconto in versi, per quanto lo affascini, non
cancella le esitazioni di Sereni: Bertolucci rimane un modello che
sommuove conflittualità irrisolte. Nella quinta sezione di *Stella variabile*,
"A Parma con A. B." ripropone una divergenza che riesce difficile sanare
tra la voce dei due poeti. L'identificazione non si è mai compiuta:

> Che altro?
> Vorrei essere altro. Vorrei essere te.
> Per tanto tempo tanto tempo fa
> avrei voluto essere come te
> il poeta di questa città.
> Con infuocate allora ragioni.
> Allora incorrisposte (tu
> che senza vedermi passi).
> Non altro dire oggi sapendo
> quel tuffo di verde
> dolore fisso si fa.

L'atteggiamento è a dir poco contraddittorio. "Essere come te / il poeta
di questa città" prospetta un'opzione impraticabile, che l'autore stesso si
premura di dichiarare già conclusa senza effetto, relegata in una storia di
possibilità – fortunosamente – abortite: "Vorrei essere te" viene archiviato
celermente come "avrei voluto essere come te", in un immemorabile
passato remoto. Ancor più che *Gli strumenti umani*, *Stella variabile* indica
Sereni pervicacemente ad un punto morto, deciso a vanificare le icone
della poesia nello stesso momento in cui le evoca. È un contrasto che si
snoda in un perfetto parallelismo: "A Parma con A. B." prende corpo
contemporaneamente ad "Autostrada della Cisa"[25], dove il Montale della
Bufera viene riconvertito – contro le sue stesse intenzioni – a disegnare
una poesia della fine.

Stella variabile ha imboccato un vicolo cieco, diffidente verso Montale
che apre ad un confronto / scontro con i contemporanei rinunciando ad
ogni illusione poetica; e non meno dubbiosa di Bertolucci che punta a
recuperare, attraverso forme poematiche e ampie campiture, la dicibilità

del proprio passato e una qualche autorialità del poeta: mete agognate e
però respinte, perché comportano il sacrificio, o il tradimento, della lirica.
Sereni resta intrappolato nella dinamica fra la coscienza del tramonto della
lirica e il suo doloroso rimpianto: con una fissità che è quella descritta in
alcune prose degli *Immediati dintorni*. Non c'è dubbio che sia così, ma lo
scenario interpretativo è tutt'altro che completo.

In un epigramma confluito nell'*Ospite ingrato*, "1954"[26], Fortini invita
l'amico ad abbandonare il "giuoco stanco / e sanguinoso, di modestia e
orgoglio": "Rischia l'anima. Strappalo quel foglio / bianco che tieni in
mano" è quasi l'emblema della paralisi in cui affonda Sereni. Per il quale
non "c'è un seguito alla [...] perplessa musica", o meglio non c'è via
d'uscita dai "versi esatti" di cui Fortini parla in un altro epigramma.[27] Lo
sguardo rivolto nostalgicamente ad un passato per statuto irrecuperabile
riflette lo stallo, ma, d'altra parte, nasconde e compensa spinte più gravi
che minacciano di disgregare i legami con la tradizione e demolire le
risorse del linguaggio poetico. È un Sereni molto diverso quello che
trapela in prove non ancora formalizzate alla maniera in cui – sempre
secondo Sereni – deve essere la poesia. Il testo da cui in un secondo tempo
prende origine la serie di "Traducevo Char"[28] lascia intravedere un fastidio
per i modelli che, senza mezzi termini, si scatena in parodia nichilista:

> Non sovrumani spazi qui
> né interminati silenzi
> ma una siepe più siepi all'intorno
> vento e siepi, siepi e polvere, vento
> e tra le mura
> rimpalli d'echi gibigianne cucù.

La rilettura dell'"Infinito" provoca un piccolo terremoto, che, oltre a
Leopardi, coinvolge il laboratorio di *Stella variabile*: l'abbozzo – e la
metafora, nel caso di Sereni, è assai imprecisa non trattandosi di varianti
ma di testi autonomi – risale all'inizio del 1981, a ridosso ormai del *ne
varietur* sancito dalla pubblicazione del volume. Appunto perciò sembra
essere il segno esplicito di una difficoltà a contenere le sollecitazioni più
eversive. Nella redazione definitiva, "Villaggio verticale", non si

percepisce quasi traccia della situazione precedente, camuffata con cura
meticolosa nei "versi esatti": il disorientamento che produrrebbe
l'immagine di questo anti-Sereni non approda mai, o quasi mai, in
pubblico. Ma il cartone preparatorio era ben più oltranzista. L'inattualità
dell'"Infinito" si completava, nella chiusa, con la citazione dilavata e
ironica, ridotta ad un grumo dissonante – neoavanguardistica –, del "Canto
notturno di un pastore errante dell'Asia":

> seguì il passaggio dei quadrupedanti
>
> il pastore che passa via col suo branco
> irrelato
> e altra polvere.

Sereni è irresoluto al bivio fra il desiderio di consolidare la sua
immagine poetica nell'alveo inaridito del "grande stile", facendo appello a
un suo canone privilegiato, e l'avvertimento dei limiti e dell'insufficienza
delle consuete risorse liriche. Chiudere l'edizione di *Stella variabile*, come
già degli *Strumenti umani*, significa mediare e tenere a freno, se non
cancellare, tensioni tanto più radicali quanto più compresse e private di
voce. Sereni si annoda in una rete di paradossi e di contraddizioni che non
accennano a nessuna via di sfogo. Prendere atto che il magistero di
Leopardi è esausto non favorisce la sperimentazione di una lingua che
arrischi una lettura del mondo sganciata da ogni pretesa di canonicità. In
realtà il tentativo c'è, ma non esce mai dalla sfera della negazione. A
impedirlo incombono dichiarazioni ("non lo amo il mio tempo, non lo
amo", "Nel sonno", V, *Gli strumenti umani*) che risospingono la scrittura,
in un'altalena incessante e insoddisfatta, verso l'identificazione coi
modelli e con la tradizione[29], peraltro svuotati di senso al riparo da sguardi
indiscreti. Ne risulta un esercizio della poesia che "I versi" (*Gli strumenti
umani*) descrivono come una condizione intollerabile:

> Se ne scrivono solo in negativo
> dentro un nero di anni
> come pagando un fastidioso debito
> che era vecchio di anni.

No, non è più felice l'esercizio.
Ridono alcuni: tu scrivevi per l'Arte.
Nemmeno io volevo questo che volevo ben altro.

Sereni oscilla fra nostalgia ("non è più felice l'esercizio") e senso di colpa per la poesia lirica e gli esordi ermetici ("tu scrivevi per l'Arte"): c'è di che dar ragione a Fortini. L'autodifesa genera un verso ambiguo e di scansione incerta, come la giustificazione a denti stretti che racchiude: "Nemmeno io volevo questo che volevo ben altro". Ancora una volta l'esito pubblico è effetto di una nascosta mediazione, ovvero di autocensura (ma insomma, Sereni voleva o non voleva la tanto deprecata "Arte"?), molto diverso dalla stesura che nel 1961 aveva visto la luce nel volume collettivo *Scrittori su nastro*[30]:

Populisti e Poundiani
hanno guastato l'arte,
i parolieri hanno fatto il resto,
i superanapestici i primi
della classe i vitalisti, tu
stesso che volta a volta non sai farti
paroliere poundiano populista
esser l'orazio di tanti curiazi.

Senza nessuna elusione metaforica, neorealismo ("Populisti") e neoavanguardia ("Poundiani") sono accomunati in un *j'accuse* sferzante ("hanno guastato l'arte"), che ribalta orgogliosamente il senso di colpa e finalmente spiega quello che non dice il testo divulgato da *Stella variabile*, perché si possano scrivere versi "solo in negativo". L'impossibilità di condividere le scelte dei contemporanei, nella migliore delle ipotesi dei "parolieri", si traduceva in una contrapposizione sarcastica, offuscata, come di consueto, nella versione "ufficiale". Del resto, l'influenza esercitata dalle posizioni predominanti, l'invasività di ideologia e politica, non sono così agevolmente esorcizzabili. In "Un sogno" il prevaricare del programma e della poetica rispetto all'atto concreto della poesia si traduce con un'allegoria infernale:

«Fuori le carte» ribadì lui ferreo
vedendomi interdetto. Feci per rabbonirlo:
«Ho speranze, un paese che mi aspetta,
certi ricordi, amici ancora vivi,
qualche morto sepolto con onore».
«Sono favole, – disse – non si passa
senza un programma». E soppesò ghignando
i pochi fogli che erano i miei beni.
Volli tentare ancora. «Pagherò
al mio ritorno se mi lasci
passare, se mi lasci lavorare». Non ci fu
modo d'intendersi: «Hai tu fatto
– ringhiava – la tua scelta ideologica?».

L'"esile mito" ("speranze", "un paese che mi aspetta", "ricordi", "amici", morti) è ben poca cosa, vaga, rispetto all'imperativo categorico della "scelta ideologica". L'epilogo di "Un sogno" è la "rissa", solitaria a riprova della marginalità della poesia. E tuttavia la condizione di estraneità non è vissuta nell'opera di Sereni con baldanzoso agonismo, come si ricava anche da "Un sogno". Un'offa di "pochi fogli" non è sufficiente a narcotizzare il Caronte / Cerbero della storia che sbarra la strada: Sereni sciorina una litania di benemerenze tra cui non si riesce a trovare l'oggetto magico – in senso montaliano – in grado di saldare il debito. Non per niente "pagherò" proroga indefinitamente nel futuro il "pagando un fastidioso debito" di "I versi". Il debito verso la storia è l'ostacolo e l'*alibi* che impedisce di scrivere poesia, ma è anche un debito oggettivamente da saldare: la posizione di Sereni è quantomai debole, perché non contesta le ragioni – per quanto distorte – degli avversari.[31] Rimorso per una poesia nata all'insegna del disimpegno civile e necessità di riscattarsi cercano un possibile compromesso nel culto ossessivo della memoria, in una sorta di fissazione sulla ferita collettiva della guerra: tragedia epocale di cui la poesia è obbligata a farsi carico ma che a sua volta consente di sorvolare sul rifiuto del confronto con il presente.[32] Le ultime due raccolte appaiono sigillate nella coazione a ripetere[33]: scrivere versi equivale volontaristicamente a preservare l'"inflessibile memoria" ("Dall'Olanda", *Gli strumenti umani*). Sereni guarda con sgomento alla deriva della storia, all'indifferenza che cresce verso le violenze e i crimini della guerra ("Nel vero anno zero", *Gli strumenti umani*):

> E gli altri allora – mi legge nel pensiero –
> quegli altri carponi fuori da Stalingrado
> mummie di già soldati
> dentro quel sole di sciagura fermo
> sui loro anni aquilonari... dopo tanti anni
> non è la stessa cosa?

> Tutto ingoiano le nuove belve, tutto –
> si mangiano cuore e memoria queste belve onnivore.
> A balzi in un chiaro di luna si infilano in un night.

Se il presente, cinico e preoccupato materialisticamente degli affari, si assolve facendo *tabula rasa* del passato, ripartendo da zero come se nulla fosse accaduto, la poesia diventa il baluardo che resiste al dilavarsi della memoria: "dopo tanti anni / non è la stessa cosa?".[34] In *Stella variabile* il moralismo si fa ancora più intransigente: il presente non può che essere definito come "male" ("In una casa vuota")[35]: la distanza non attenua affatto la tragedia e dimenticare per tornare a vivere appare eticamente impossibile, oltre che inaccettabile. "Domenica dopo la guerra" è un testo scritto nei mesi iniziali del 1978[36], ma ripropone inalterato il dilemma che attanaglia gli *Strumenti umani*:

> Per due che si ritrovano in una
> domenica dopo la guerra
> allora può
> rifiorire il deserto del mare?

Il luogo che per i due personaggi è teatro di un ammiccamento d'affari, per Sereni rimane traumaticamente il "braccio di mare divenuto attonito / di tempo pietrificato in spazio / di mutismo...": la storia ha subito una frattura irreparabile e da quel momento il tempo non può scorrere più. Una dinamica così tesa e sempre sull'orlo del paradosso, bloccata dai divieti e dalle interdizioni, nasconde altro, lo si intuisce agevolmente.

Nell'insistenza di Sereni si avverte un dato anomalo, un gioco sottile di *transfert*, che in ultimo costituisce l'enorme equivoco, il fantasma dietro cui si ripiega la volontà di non abbandonare il "giuoco stanco / e sanguinoso", di non "rischiare l'anima", e dunque una inconfessabile fedeltà alla lirica, a mala pena coperta dal senso di colpa verso la storia. Sul trauma collettivo si disloca un dramma che è in primo luogo individuale, come rammentano le prose degli *Immediati dintorni*[37]: le due fratture – quella pubblica e civile, l'altra privata ed esistenziale – non riescono a individuare un punto di convergenza e di equilibrio, perché chiedono risposte contraddittorie e divergenti. La poesia per Sereni non è poesia civile. *Gli strumenti umani* e *Stella variabile* tengono artificialmente alta la posta di un debito che però, di fatto, non può essere saldato, perché non c'è più nessuno a cui interessi esigerlo, dal momento che la storia si è rimessa a scorrere. La poesia non conquista un territorio dove rifondarsi, neanche diventando altro da quello che vorrebbe essere, "fastidioso debito": l'*alibi* della storia faticosamente costruito si rivela anch'esso inutile.

Sereni non può staccarsi, storicizzandola, da una stagione – gli anni Trenta, quella dei suoi esordi poetici – che una storia crudele e ingiusta ha spinto a reinterpretare come fiducia nelle risorse dell'Arte e della lirica, e pertanto colpevole disimpegno. *Gli strumenti umani* e poi *Stella variabile* trasportano nel cuore degli anni Settanta una rottura che risale agli eventi degli anni Quaranta, generando due libri anomali. Sospesa in una sorta di limbo, fra il progetto di riattivare il circuito della propria esperienza poetica interrotto dalla guerra e dalla prigionia, e la fissazione proprio sull'evento che rende impossibile riannodare le fila, la poesia – anche quella pubblica – diventa luogo di conflitti attutiti solo dall'accettazione delle posizioni altrui, di negazioni coatte. "La poesia è una passione?" (*Gli strumenti umani*) ripropone nel "Novilunio" di *Alcyone* l'emblema malinconico e nello stesso tempo consapevolmente anacronistico di quello che è stato il "grande stile":

> Sì li ho amati anch'io questi versi...
> anche troppo per i miei gusti. Ma era
> il solo libro uscito dal bagaglio

d'uno di noi. Vollero che li leggessi.
Per tre per quattro
pomeriggi di seguito scendendo
dal verde bottiglia della Drina a Larissa accecante
la tradotta balcanica. Quei versi
li sentivo lontani
molto lontani da noi: ma era quanto restava,
un modo di parlare tra noi –
sorridenti o presaghi fiduciosi o allarmati
credendo nella guerra o non credendoci –
in quell'estate di ferro.
Forse nessuno l'ha colto così bene
questo momento dell'anno. Ma
– e si guardava attorno tra i tetti che abbuiavano
e le prime serpeggianti luci cittadine –
sono andati anche loro *di là dei fiumi sereni,*
è altra roba altro agosto,
non tocca quegli alberi o quei tetti,
vive e muore e sé piange
ma altrove, ma molto molto lontano da qui.

D'Annunzio, al pari di Leopardi, è il relitto condannato nell'"altrove" della poesia, "molto molto lontano da qui": lo iato fra l'universo lirico e il mondo si divarica incolmabile. La poesia non fornisce più una rappresentazione accettabile e il mondo rifugge nell'indicibilità. La nostalgia ("Quei versi / li sentivo lontani da noi: ma era quanto restava, / un modo di parlare tra noi") non impedisce di percepire uno scenario dai connotati definitivi, in cui il contrasto con la storia e il presente è risolto in sconfitta. L'atto di scrivere si tramuta inesorabilmente in registrazione del negativo, dei limiti epistemologici della scrittura. Il precario compromesso fra le aspirazioni ideali – in ultimo inconfessabili – e la loro negazione – del pari inaccettabile –, tra la soggezione a poetiche sopraffatte dal predominio delle ideologie e il loro rifiuto, finisce per far coincidere il luogo della poesia di Sereni con uno stato di permanente frustrazione. Obbligata a ripercorrere – coattivamente – il passato la stessa figura autoriale, incapace di una pronuncia forte di sé[38], si presenta negli

Strumenti umani e in *Stella variabile* nei panni di un *revenant*. In "Di passaggio" (*Gli strumenti umani*) la morte dell'autore è espressa in forma interrogativa:

> Sono già morto e qui torno?
> O sono il solo vivo nella vivida e ferma
> nullità di un ricordo?

Fra "Sono già morto" e "nullità di un ricordo", "sono il solo vivo" appare poco più che una residua e astratta petizione. Il discorso poetico affonda nel paradosso dell'ossimoro: "nella vivida e ferma / nullità di un ricordo" si chiude nelle maglie di quelle intrecciate strutture a chiasmo di memoria bertolucciana dove le forze contrapposte si annullano in un raggelato grado zero della scrittura. Al massimo di organizzazione formale corrisponde il minimo di senso: l'entropia delle risorse espressive – disponibili ma inutili – trascrive la fine della poesia e, intercambiabile con essa, la morte. La morte dell'autore, in primo luogo, come abbiamo visto. In "Autostrada della Cisa" il transito è solo lievemente differito dall'immediato presente in un futuro plausibile, "Tempo dieci anni, nemmeno / prima che rimuoia in me mio padre", ma presuppone lo stesso nichilismo di "Di passaggio", sacralizzato dalla voce della Sibilla di Petronio:

> non lo sospetti ancora
> che di tutti i colori il più forte
> il più indelebile
> è il colore del vuoto?

Il fascino del vuoto e della morte diventa l'unico teatro, mentale e linguistico, dove ancora la poesia può aggirarsi negli *Strumenti umani* e in *Stella variabile*. La presa su una realtà giudicata inaccettabile si indebolisce e perde di interesse, mentre il nulla e il vuoto, le metafore della morte, un universo famigliare e accogliente di ombre, sono il fondale su cui si proietta l'icona svilita del poeta nell'ultima stagione di Sereni.[39] Se il reale e il vivente sono irrappresentabili nel discorso poetico, la morte garantisce l'unica via d'accesso al poetabile.[40] In "La speranza" le figure a "due passi dalla morte" sono in attesa di essere nominabili nella poesia; allo stesso modo in "Niccolò" l'amico defunto sembra mantenere il privilegio di una qualche forma di persistenza nella pagina scritta e nelle convenzioni grammaticali della scrittura:

Non servirà cercarti sulle spiagge ulteriori
lungo tutta la costiera spingendoci a quella
detta dei Morti per sapere che non verrai.

                                           Adesso
che di te si svuota il mondo e il *tu*
falsovero dei poeti si ricolma di te
adesso chi mancava nell'alone amaranto
che cosa e chi disertava le acque
di un dieci giorni fa
già in sospetto di settembre.

Non è certo "Il tu" di Montale, come si diceva. Nondimeno anche questo "*tu*" non ha energia sufficiente per superare la condizione ambigua di "falsovero"; la poesia in quanto tale rimane un linguaggio depotenziato, che non sa garantire nessuna ragionevole risorsa di verità oltre il proprio limitato orizzonte. Abbandonato il mondo e rifugiatasi nel circuito frammentario e inconcluso della propria enunciazione è una voce priva di autorità – l'orizzonte di Bertolucci è quantomai lontano –, evocazione di fantasmi e morti appunto, di "toppe d'inesistenza" sfuggite al non senso del reale, ma non per questo capaci di affermare un nuovo senso. Dal nulla si aprono il varco apparizioni in cui la certezza dei confini fra realtà e visione si attenua fino a svanire, come in "La speranza" (*Gli strumenti umani*):

Vi dico che non era un sogno.
C'erano tutti, o quasi, i volti della mia vita
compresi quelli degli andati via
e altri che già erano in vista
lì, a due passi dal confine
non ancora nei paraggi della morte.

Si direbbe che, a tratti, Sereni giochi tutte le carte su una surrealtà allucinatoria, in cui si sfoca il limite fra sogno e veglia, realtà e visione. È una posizione tutt'altro che pacificata e incoraggiante, difensiva: insinua il dubbio e cerca di smaterializzare la consistenza di un universo incontrollabile, ma senza confidare fino in fondo nelle risorse della poesia per forzare le preclusioni, ideologiche ma forse anche metafisiche, che ostacolano la rappresentazione del mondo. Per Sereni il reale rimane pur sempre una dimensione imperscrutabile e tenace, che resiste e da cui la poesia è sopraffatta e cacciata. Il suo atteggiamento non accetta di ripiegarsi e divenire consolatorio. Nella quinta sezione di "Un posto di vacanza" per un attimo ricompare l'ombra di Vittorini:

> Viene uno, con modi e accenti di truppa da sbarco
> mi si fa davanti avvolto nell'improbabile di chi,
> stato a lungo in un luogo in un diverso tempo
> e ripudiatolo, si riaffaccia per caso, per un'ora:
> «Che ci fai ancora qui in questa bagnarola?».
> «Elio!» riavvampo «Elio. Ma l'hai amato
> anche tu questo posto […]
> […]
> «Ma tu» insiste «tu che ci fai in questa bagnarola?».
> «Ho un lungo conto aperto» gli rispondo.
> «Un conto aperto? di parole?». «Spero non di sole parole.»
> Oracolare ironico gentile sento che sta per sparire.
> Salta fossi fora siepi scavalca muri
> e dai belvederi ventosi
> non mi risparmia, già lontano, l'irrisione
> di paesi gridati come in sogno, irraggiungibili.
> Ne echeggia in profondo, nel grigiore,
> l'ora del tempo la non più dolce stagione.

Vittorini – non Montale questa volta – trasporta sulla scena del poemetto la memoria dell'incontro fra Dante e Virgilio nel primo canto dell'*Inferno*: "avvolto nell'improbabile di chi, / stato a lungo in un luogo in un diverso tempo" è la parafrasi demetafisicizzata ("improbabile") di "dinanzi a li occhi mi si fu offerto / chi per lungo silenzio parea fioco" (*If.* I 63-64). Il cammino salvifico della *Commedia* è però vanificato[41] e un Vittorini tramutato in anti-Virgilio non "risparmia [...] l'irrisione / di paesi gridati come in sogno, irraggiungibili": l'universo del poetico è evocato con forza, ma nello stesso tempo configura un'oltranza derisoria e inaccessibile. Né la pienezza di Dante né, a suo modo, quella di Vittorini, possono darsi di nuovo nella letteratura. E in ogni caso, neppure lo stazionare sul confine privilegiato fra la vita e la morte riattiva miracolosamente la macchina della poesia, che rimane un aggirarsi fra ombre, postuma, appunto, e priva di qualunque solidità.

Note

[1] Forse un po' meno esile, se guardiamo all'imperfetta rimalmezzo *eguale* : *mare*, dove pare moltiplicarsi l'eco di "tentennare".

[2] In Pascoli "roggie" ha esclusiva funzione aggettivale, mai di sostantivo; e tuttavia la posizione in chiusa di verso – documentata due volte in *Myricae* – sembra essere oggetto di allusione/elusione nella criptocitazione di Sereni.

[3] "Una visita in fabbrica" allinea nelle sue maglie depositi danteschi (sequenza IV), leopardiani, (sequenza IV, con citazione esplicita), da Montale (sequenza III) e Bertolucci (sequenze I e I V); "Ancora sulla strada di Creva" accoglie echi di Leopardi, Carducci, Montale.

[4] Accanto alle grandi canzoni anche "Nella serra" lascia traccia: lo "zampettìo" di "Nella neve" ricorda "S'empì d'uno zampettìo". Ma cfr. anche "Quando di colpo San Martino smotta / le sue braci" ("Iride"), per la possibile interferenza dissimulata dietro Carducci.

[5] Oltre al titolo, di per sé eloquente (ma in origine era "Mercoledì delle ceneri"), cfr. "Che spero io più smarrito tra le cose". Il frammento di traduzione montaliana ("Perch'io non spero di tornare ancora") era apparso in facsimile nell'edizione di *Finisterre*, Firenze, Barbera, 1945.

[6] Ma cfr. anche "Siena mi fé, disfecemi Maremma" (*Pg.* V 84).

[7] "Comunicazione ininterrotta" nella sua forma definitiva, estremamente rasciugata rispetto a quella originaria, vede la luce nel 1958: "Il telefono / tace da giorni e giorni. / Ma l'altro del quartiere più lontano / ha chiamato a perdifiato, a vuoto / per intere settimane. / Lascialo dunque per sempre tacere / ridicola conchiglia appesa al muro / e altrove scafi sussultino fuggiaschi, / sovrani rompano esuli il flutto amaro: / e via si tolgano almeno loro". Gli "Xenia" sono senz'altro posteriori al testo di Sereni, che sembra cadere strategicamente a metà strada fra il Montale

della *Bufera* e quello di *Satura*, prefigurando lo stile allo stesso tempo colloquiale ed epigrammatico delle prime sezioni.

[8] Anche l'epistolario documenta rapporti intensi, all'insegna di una notevolissima complicità intellettuale (cfr. A. BERTOLUCCI – V. SERENI, *Una lunga amicizia. Lettere 1938-1982*, a cura di G. Palli Baroni, Milano, Garzanti, 1994).

[9] In *Officina*, 9-11, giugno 1957, col titolo "Primi versi d'un racconto" (ma in epigrafe: "Verso Casarola"). Ma cfr. anche "Lascia", "Da 'Laodamia'" ("Lettera da casa").

[10] Il primo, "Fantasticando sulla migrazione dei maremmani", in *Paragone*, 100, marzo 1958 (l'intero capitolo); il II, "Giovanni Rossetti", in *L'approdo letterario*, n.s., IV, 4, ottobre-dicembre 1958 (le prime 5 sequenze, vv.1-126; col titolo "Da un romanzo in versi"). La pressione esercitata dalla *Camera da letto* è evidente. L'avvio memorabile del "romanzo in versi" si riverbera nella lassa di apertura di "Una visita in fabbrica": "Riecheggia nell'ora di oggi / quel rigoglio ruggente dei pionieri: / sul secolo giovane, / ingordo di futuro".

[11] In *Palatina*, 9, gennaio-marzo 1959.

[12] La tela di bertoluccismi e montalismi è del resto cospicua. "Immutata / da sempre e non la muta" ricorda "Iride" ("Ma se ritorni non sei tu, è mutata / la tua storia terrena") e "Voce giunta con le folaghe" ("Ora ritorni al cielo libero / che ti tramuta"), mentre non sembra difficile riconoscere "I limoni" e "Arsenio" in "catena / della necessità". Ma in l'"occhio di chi torna / e trova che nulla è veramente mutato" si sovrappone anche il Bertolucci di "Lettera da casa".

[13] Il gioco intertestuale comporta ben più numerose presenze (le traduzioni, per esempio, da Char, W. C. Williams, Frénaud, per indicare solo le più cospicue), ma in nessun caso, almeno nella logica che presiede a questa indagine, possono compararsi con la coppia Bertolucci/Montale. Altra riflessione richiederebbe invece la pubblicazione nel 1981 della scelta di traduzione *Il musicante di Saint-Merry*, dove la selezione dei testi sembra attratta dalla coeva *Stella variabile*.

[14] A volte, come nel caso di "Di taglio e cucito", si tratta di semplici *tic*, che però sono la spia precisa di dove prende le mosse, quasi automaticamente, la poesia di Sereni: "Il giocattolo, / pecora o agnello che rappezzi / per ingiunzione della piccola, / di testa forte più di quanto non dica / il suo genere ovino / è in famiglia con te". L'attacco nominale seguito dalla doppia apposizione è indubitabilmente montaliano: rammenta *Le occasioni*, intrecciandole con la stagione della *Bufera* ("Piccolo testamento": "Questo che a notte balugina / nella calotta del mio pensiero, / traccia madreperlacea di lumaca / o smeriglio di vetro calpestato, / non è lume di chiesa o d'officina"), ma viene controdeterminato dal registro domestico, bertolucciano per antonomasia, di "per ingiunzione della piccola". Ma cfr. anche l'esempio "mirabile" riportato da Mengaldo in "Tempo e memoria in Sereni", in

La tradizione del Novecento. Quarta serie, Milano, Bollati Boringhieri, 2000, pp.228-29.
[15] La poesia era apparsa nella prima edizione dell'*Ospite ingrato* (ora col numero 52 in *L'ospite ingrato. Primo e secondo*, Casale Monferrato, Marietti, 1985, p.71). In una lettera a Bertolucci Sereni gratifica Fortini come «il nostro naturale oppositore» (A. BERTOLUCCI – V. SERENI, *Una lunga amicizia*, cit., p.217).
[16] "Di tunnel in tunnel di abbagliamento in cecità / tendo una mano. Mi ritorna vuota. / Allungo un braccio. Stringo una spalla d'aria": nitido il ricordo dell'incontro di Enea con la figura paterna, Anchise, nel sesto libro dell'*Eneide*. La Sibilla rinvia invece al *Satyricon* di Petronio: sospesa dentro una bottiglia di vetro viene interrogata. Alla domanda: "Sibilla, che cosa?", risponde "Voglio morire".
[17] Difficile stabilire con precisi flussi intertestuali quanto il Montale di *Satura* debba al Fortini epigrammatico dell'*Ospite ingrato*. E tuttavia anche ad uno sguardo sommario "È ridicolo credere" parrebbe in debito nei confronti di "A notte alta. 1963": "È perfino ridicolo" (ora col n. 72 nella prima sezione di *L'ospite ingrato. Primo e secondo*, cit., I, 72, p.99).
[18] Un'analoga insofferenza tradisce anche "In salita": "'Insomma l'esistenza non esiste' / (l'altro 'leggi certi poeti, / ti diranno / che inesistendo esiste')". Non c'è dubbio che si tratti di una reazione irritata ai bisticci e ai *calembours* di *Satura*: cfr. almeno "se esista un'altra Esistenza" ("Un mese tra i bambini"), di cui "In salita" accentua parodicamente il gioco paronomasico.
[19] Cfr. "La malattia dell'olmo": "il giorno fonde le rive in miele e oro / le rifonde in un buio oleoso / fino al pullulare delle luci" sembra, in effetti, giocare ancora una volta Bertolucci – basti pensare a espressioni come "miele e oro" – contro il Montale infernalizzato delle ultime raccolte. Cfr. anche "Progresso": "bronco di fiamma ora / smottante giù nella sua cenere" riutilizza "Iride" (per scenari analoghi cfr. nota 12), ma tutta la seconda strofe è un testo scritto alla maniera affabile e colloquiale di Bertolucci.
[20] Il poemetto viene collocato in posizione mediana rispetto all'architettura della raccolta, nella terza delle cinque sezioni, seguita da "Niccolò".
[21] Cfr. "Le mattine dei nostri anni perduti, / i tavolini nell'ombra soleggiata dell'autunno, / i compagni che andavano e tornavano, i compagni // che non tornarono più, ho pensato ad essi lietamente" ("At home", in "Lettera da casa"); "Altri giorni verranno e tornerà / nel turno delle stagioni un tempo / simile a quello che ci fa sentire / il primo freddo" ("Versi scritti in autunno", sempre in "Lettera da casa"). Naturalmente, si tratta di un Bertolucci in cui, alla maniera di Sereni, si compendiano senza difficoltà stagioni diverse e il poema si affianca alle soluzioni espressive di "Lettera da casa".
[22] Dalle apparizioni in rivista di capitoli o parti di capitolo della *Camera da letto* non ricaviamo infatti nessun sostegno: sono piuttosto le lettere a rivelare che il

poema è sempre al centro della riflessione sulla poesia che si svolge fra Bertolucci e Sereni.

[23] Cfr. "Pensieri di casa": "Forse a noi ultimi figli dell'età / impressionista non è dato altro / che copiare dal vero" (nella sezione "In un tempo incerto" della *Capanna indiana*).

[24] A. BERTOLUCCI – V. SERENI, *Una lunga amicizia*, cit., pp.232-33. È interessante osservare che nel volume compaiono i *Cantos* 90 e 116 di Pound e il cap. XII della *Camera da letto*. Oltre a ventidue poesie lunghe di Tomlinson, che sarà anche il traduttore di Bertolucci.

[25] Sereni lavora ad "A Parma con A. B." dalla metà del 1978: il testo viene letto in pubblico, a Parma, il 21 settembre 1979; "Autostrada della Cisa" ha un avvio ancora più remoto, 1977, ma approda ad una stesura definitiva sempre nel settembre del 1979. Cfr. l'"Apparato critico" di Isella in V. SERENI, *Poesie*, a cura di D. Isella, Milano, Mondadori, 1995, pp.830-39.

[26] Ora col numero 5 in *L'ospite ingrato. Primo e secondo*, cit., p.16.

[27] Cfr. "Epigrammi per Vittorio", ora col n. 136 nella seconda sezione di *L'ospite ingrato. Primo e secondo*, cit., p.178.

[28] Lo si ritrova, nelle sue diverse fasi redazionali, nell'"Apparato critico" di Isella, in V. SERENI, *Poesie*, cit., pp.800 sgg.

[29] "Poeti in via Brera: due età" inscrive in *Stella variabile* l'allegoria di due generazioni poetiche in aperto conflitto fra di loro. Nella prima strofe emerge la figura capitale di Ungaretti ("Ci vuole un secolo o quasi […] per farne uno", di poeti), nella seconda, in parentesi come in un "Mottetto", i più giovani: "(Frattanto / sul marciapiede di fronte / a due a due sottobraccio tenendosi / a due a due odiandosi in gorgheggi / di reciproco amore / sei ne sfilavano. Sei.)". Malgrado la sua posizione mediana, all'anagrafe, Sereni rifiuta di assumersi il ruolo di tramite fra i gruppi che si affacciano sulla scena della poesia: col suo silenzio si schiaccia sulla posizione di Ungaretti, ovvero di una generazione scomparsa o sulla via di scomparire. Sul senso più generale assunto dal rapporto passato/presente, come "continuità nutriente" e "ripetizione senza mutamento" cfr. P. V. MENGALDO, "Tempo e memoria in Sereni", cit., in particolare pp.225-26 e 234 sgg.

[30] La poesia era stata letta all'Università di Milano il 12 aprile 1960 (cfr. l'"Apparato critico" di Isella, cit., p.583).

[31] In una lettera a Fortini del 25 ottobre 1962 si legge: "Parliamo invece del crescente sospetto circa la capacità della poesia di comunicare e di interessare. Supponiamo che sia anche questo un sospetto puramente fisiologico e persino balordo. Resta quell'altro: che uno sforzo come il mio rimanga sterile, privo di vera forza comunicativa, schiacciato com'è tra una poesia di argomenti e una poesia nata dal paradosso dell'informale come unica forma possibile. Bisogna disporre, per farla, di un vigore che, non dico annulli, ma in qualche modo assimili

e trasformi, comprendendole e vivendole a fondo, l'una e l'altra istanza. La
questione così posta è astratta e io non me la sono mai posta nel mio 'lavoro'.
Se la pongo ora è per tentare di definire la sfiducia – e l'incredulità di fronte alle tue
parole [...] – con cui ieri quasi mi difendevo da te. Volevo dire che perché sia
davvero come tu dicevi bisognerebbe essere almeno alla pari con entrambi gli
'avversari' (lo dico in senso sportivo), saperli fronteggiare sul loro terreno [...]"
(riportata nell'"Apparato critico" di Isella, cit., pp.594-95). Serrato fra poetiche
dell'impegno ("una poesia di argomenti") e sperimentalismo informale della
neovanguardia ("l'informale come unica forma possibile"), Sereni avverte di
disporre di strumenti inadeguati, di non sentirsi "alla pari", difendendo una
nozione di poesia che a lui stesso, prima che ai suoi avversari, appare indifendibile.
Sono tesi che circolano a più riprese nella produzione di Sereni, a partire dagli anni
Cinquanta, e che costituiscono il rumore di fondo ineliminabile che accompagna le
ultime due raccolte.

[32] Sereni rifiuta di sottostare al limite indicato da Montale in "Voce giunta con le
folaghe": "Memoria / non è peccato fin che giova. Dopo / è letargo di talpe,
abiezione // che funghisce su sé...". La percezione della minaccia rappresentata
dalla memoria ("letargo di talpe", l'"abiezione // che funghisce su sé" hanno una
connotazione fortemente negativa) consente a Montale di liberarsi dal passato e
riaprire proprio quel confronto con il presente che Sereni non intende accettare.

[33] Sul piano della lingua, oltre che tematico, Mengaldo ha messo a fuoco come
proprio a partire dagli *Strumenti umani* le poesie di Sereni "si generano per lo più
da combinazioni variabili di poche invarianti" ("Iterazione e specularità in Sereni",
in *La tradizione del Novecento*, Milano, Feltrinelli, 1975, p.382).

[34] Mengaldo mette in luce come negli *Strumenti umani* per la prima volta si
tematizzi la costellazione semantica dell'oblio (cfr. "Tempo e memoria in Sereni",
cit., pp.233 sgg).

[35] "Purché si avesse una storia comunque / – e intanto Monaco di prima mattina sui
giornali / ah meno male: c'era stato un accordo – / purché si avesse una storia
squisita tra le svastiche / sotto la pioggia di settembre. // Oggi *si è* – si è comunque
male, / parte del male tu stesso tornino o no sole e prato coperti". Il ricordo del
1938 finisce per rovesciarsi in una condanna inesorabile sulla stessa eventualità di
continuare a vivere: l'iterazione ribattuta di "male" interdice ogni attenuazione.

[36] Cfr. l'"Apparato critico" di Isella, cit., p.716.

[37] "Cominciavi a renderti conto in concreto di tante cose – le donne, i viaggi, i
libri, la città, la poesia; cominciavi a vivere con pienezza, uscito una buona volta
dallo sbalordimento giovanile. Venne la guerra e rovinò ogni cosa" ("Cominciavi",
datata 1960, in V. SERENI, *La tentazione della prosa*, Milano, Mondadori, 1998,
p.59). È ben vero che nel seguito la prosa accenna agli eventi collettivi, ma il fatto
di "esserti sentito escluso dalla Liberazione, privato della sua lotta come di

un'esperienza" sembra intervenire a guisa di correzione per l'altra affermazione. Per una verifica del medismo stato d'animo cfr. anche "Rappresaglie", II, e "Il silenzio creativo".

[38] Sulla condizione dell'autore e più in generale del soggetto nella poesia italiana del secondo Novecento cfr. M. A. GRIGNANI, "Derive dell'identità" e "Posizione del soggetto nella poesia del secondo Novecento", in *La costanza della ragione. Soggetto, oggetto e testualità nella poesia italiana del Novecento*, Novara, Interlinea, 2002, pp.89-132.

[39] Anche un sommario regesto, persino nei soli titoli, è indicativo: "Intervista a un suicida", "Sopra un'immagine sepolcrale", "A un compagno d'infanzia", "La speranza", "Il muro", "La spiaggia" (*Gli strumenti umani*); "Ogni volta che quasi", "Un posto di vacanza", "Niccolò", "Requiem" (*Stella variabile*).

[40] In una lettura molto stimolante di "La spiaggia", Mengaldo legge questa opposizione anche come opposizione metafisica fra "inautentico" e "autentico" (cfr. "'La spiaggia' di Vittorio Sereni", in *La tradizione del Novecento. Quarta serie*, cit., in particolare pp.247 sgg.).

[41] "L'ora del tempo la non più dolce stagione" ironizza sul dantesco "l'ora del tempo e la dolce stagione" (*If.* I 42).

Storia ed eternità: *Il muro della terra* di Giorgio Caproni

*

Alessandro Montani

I l titolo che avevo comunicato agli organizzatori del convegno e che qui conservo rendeva conto solamente in maniera approssimativa e con eccessiva retorica di quel che avrei scritto. Per di più, quando formulai il titolo alludevo ad un lavoro da farsi e non tenevo in dovuta considerazione il fatto che una trattazione troppo generica non avrebbe aggiunto molto di nuovo a quanto già scritto da altri studiosi molto più meritevoli, su tutti Luigi Surdich, che ha messo in luce come la concreta esperienza biografica della guerra partigiana, pur mantenendo interamente il suo significato storico, acquisti pure un senso metastorico, diventi una speculazione sugli interrogativi metafisici più urgenti.[1] Potrei rimandare a numerosi altri saggi a proposito di questi componimenti caproniani che mi è già capitato di definire altamente "figurali" nel senso medievale del termine.[2] Tuttavia, mi sembra che valga piuttosto la pena di ricordare un saggio di Franco Croce, che in un libro dall'impianto molto più "allegorico" come *Il franco cacciatore* suggerisce di non tralasciare il piano letterale a favore dei significati teologici, metafisici, esistenziali e di ricordare come la metafora dell'uccisione sia ossessivamente presente in testi composti durante gli anni di piombo.[3]

Abbandoniamo i preamboli e affrontiamo direttamente il testo caproniano, partendo dal titolo del volume. *Il muro della terra* fu pubblicato nel 1975, dieci anni dopo il *Congedo del viaggiatore cerimonioso & altre prosopopee*. Nell'intervallo intercorso tra la pubblicazione delle due raccolte, Caproni non è inattivo e, oltre ad alcune *plaquette*, pubblica numerose traduzioni, soprattutto, ma non solo, dal francese.[4] Come noto, il titolo del libro è tratto da un passo del decimo canto dell'*Inferno*:

> Ora sen va per un secreto calle,
> tra 'l muro della terra e li martìri,
> lo mio maestro, e io dopo le spalle.[5]

Su quanto la citazione dantesca sia importante non mi dilungo, sia perché la trattazione del dantismo di Caproni rischierebbe di occupare troppo spazio, sia perché altri, penso in particolare a Silvia Longhi, lo hanno già fatto giungendo a conclusioni che mi sembrano condivisibili, specialmente laddove, constatando che il decimo canto è quello del girone degli epicurei, si dice che "pare legittimo dedurne che Caproni percepisce nel luogo della sua storia i contrassegni sotterranei dell'inferno dei miscredenti; conseguenza e remunerazione, della tematica dell'*inesistenza* di Dio profusa in tutto il libro".[6] Ma, appunto, è questo un tema complesso, anche perché la citazione dantesca in Caproni normalmente prevede la conoscenza del contesto originario della citazione. Solamente in questo modo, infatti, si colgono gli scarti semantici verso il poeta probabilmente più amato (non sarà solamente una curiosità aneddotica ricordare che sul comodino di Caproni, il 22 gennaio 1990, data della sua morte, fu trovato il *Purgatorio* aperto sul primo canto)[7], il poeta più amato – dicevo –, ad un tempo modello espressivo ed obiettivo polemico di una poesia che si muove nell'orizzonte della perdita di Dio e del senso delle parole.

Per meglio capire l'importanza della metafora del muro della terra e per cercare di coglierne quante più sfumature possibile è necessario partire da una poesia del *Congedo* e più precisamente dalla penultima strofa di "Il fischio (parla il guardacaccia)" dove leggiamo:

> Il guardacaccia, caccia
> od è cacciato. Questa
> è una norma sicura.
> Al diavolo perciò la paura,
> giacché non serve. Tanto,
> in tutti noi non resta

> – sola – che la certezza
> già da tempo in me sorta:
> chi fabbrica una fortezza
> intorno a sé s'illude
> quanto, ogni notte, chi chiude
> a doppia mandata la porta.[8]

È uno dei testi migliori della raccolta ed in questa strofa s'annunciano molti dei motivi che caratterizzeranno i libri successivi del poeta: la reversibilità tra cacciatore e cacciato de *Il franco cacciatore* (1982) e de *Il Conte di Kevenhüller* (1986), le relative cacce metafisiche, il motivo della porta, poi ripreso con autocitazione in un testo assai importante, "Oh cari", che, prima di essere incluso nel *Conte* era stato posto in conclusione alla raccolta *Tutte le poesie* nel 1983[9] e del quale ricordiamo i versi finali:

> Chiusi la finestra.
>
> Il cuore.
>
> La porta.
>
> A doppia mandata.[10]

Infine, sempre nel "Fischio", il motivo della fortezza, metonimicamente prossimo a quello del muro e qui declinato con toni che sembrano risentire della fortezza de *Il deserto dei Tartari* di Buzzati, romanzo che in più di un luogo mi sembra aver lasciato tracce nell'opera di Caproni, a meno che non si tratti di una poligenesi di motivi kafkiani talmente radicati nella cultura novecentesca da rendere inutile la ricerca di precisi riscontri testuali.[11] C'è però un altro testo del *Congedo* che ancor di più prelude a futuri sviluppi ed è il "Lamento (o boria) del preticello deriso", composto, come "Il fischio", nel 1961. In questa prosopopea parla un petulante prete che racconta la storia, invero meschina, della sua conversione da una vita di affanni mondani ad una "miseria senza teologia":

> So anche che voi non credete

a Dio. Nemmeno io.
Per questo mi sono fatto prete.

   Ma, amici, non mi fraintendete.
Per tutti, c'è una parete
in cui dobbiamo cozzare.
Da giovane amavo arraffare
anch'io, con la vostra sete.
Che traffici e che mercanzie
(che lucri, e che profezie
stupende per il futuro)
senza conoscere muro
di sorta, a potermi frenare![12]

A parte la forma della prosopopea, che, in fondo, Caproni non
abbandonerà del tutto se si considera la polifonia dei libri successivi[13],
strutturati, in particolare *Il Conte di Kevenhüller*, come un libretto d'opera,
ma che non darà comunque più vita ai personaggi prolissi della raccolta
del 1965, nei libri successivi si attenuerà notevolmente anche il tono più
esplicitamente sociologico. Ad ogni modo, sebbene Caproni non sia un
poeta la cui fama sia legata alla riflessione sull'ansia di arricchimento
della società, non si dovrà sorvolare sulla costruzione rigorosa della strofa
appena letta, con la rima *mercanzie : profezie* che porta il significato
economico del primo termine ad inglobare quello teologico del secondo, a
sua volta in relazione con *futuro*, in rima con *muro*, come accadrà in un
breve testo posteriore intitolato "Futuro", incluso nei *Versicoli del
Controcaproni*:

   Batte profondo un tamburo.
Sono arrivato al muro
che vien detto futuro?[14]

   La parete contro la quale cozza il preticello; la muraglia che non si
vuole erigere intorno il guardacaccia: è già formulata *in nuce* la grande
metafora del libro successivo, che ne esplorerà le molte possibilità con una
ricca serie di variazioni. Nel periodo che intercorre tra i due libri non

avvengono però solamente mutazioni stilistiche – il che non sarebbe una novità per un poeta che dalle *Stanze della funicolare* era già passato alla limpidezza, quasi degna di Sandro Penna, de *Il seme del piangere* (1959, altro titolo dantesco, questa volta da *Purg.* XXXI, 46) e poi, appunto, alla verbosità dei personaggi del *Congedo* –, ma avviene un approfondimento della ricerca teologica, o, come da questo momento sarà più opportuno dire, ateologica. Il termine va mantenuto rigorosamente nella doppia accezione di "teologia dell'ateo" e di "teologia negativa" e a confermarcelo, se non bastassero – e a mio parere bastano – le poesie di Caproni, può anche intervenire un dettaglio biografico a nostra disposizione da poco tempo. In un appunto di diario del 1965, pubblicato recentemente si legge di un Caproni che, nel 1965 si reca da solo a messa[15]: questo quattro anni dopo aver composto un testo come il "Lamento (o boria) del preticello deriso", poesia non autobiografica, ma in epigrafe dedicata *a Mézigue* cioè, traducendo *l'argot* del quale in quegli anni Caproni diventerà esperto grazie alla traduzione di *Mort à crédit* di Céline[16], "a me stesso". Sono probabilmente questi gli anni in cui prendono le prime forme i fantasmi delle chiese deserte che torneranno nei libri successivi, magari nella forma desacralizzata delle osterie, dove si serve un vino che, come aveva osservato acutamente Bàrberi Squarotti, reca tracce di sangue, cioè di un'impossibile Eucarestia.[17] Ma questo è di nuovo un tema che meriterebbe una trattazione a sé, e sul quale mi sono in parte soffermato in altra sede.[18]

Torniamo invece al muro ed alla citazione dantesca. La terzina che prima ho citato è riportata per intero anche da Caproni nelle poche note che acclude al suo libro. Colpirà la presenza del maestro, cioè di Enea, in un poeta che anni prima scrisse "Il passaggio di Enea", avendo in mente, tra l'altro, un monumento genovese scampato ai bombardamenti che nella seconda guerra mondiale avevano colpito i palazzi circostanti. In questo monumento, dall'iconografia insolita, Enea regge sulle spalle Anchise e per la mano tiene il figlioletto Ascanio. Ecco i versi de "Il passaggio di Enea":

> [...] Enea che in spalla
> un passato che crolla tenta invano
> di porre in salvo, e al rullo d'un tamburo

ch'è uno schianto di mura, per la mano
ha ancora così gracile un futuro
da non reggersi ritto.[19]

Le mura di Troia che crollano diventano le mura invalicabili e inscalfibili
della città di Dite nella quale si trova, senza alcun Virgilio, Caproni,
smarrito Dante. Sarà allora il caso di leggere la poesia de *Il muro della
terra* nella quale – non sono naturalmente il primo a rilevarlo – si
ascoltano gli echi de "Il passaggio di Enea", cioè "A mio figlio Attilio
Mauro che ha il nome di mio padre":

> Portami con te lontano
>   ...lontano...
> nel tuo futuro.

> Diventa mio padre, portami
>   per la mano
> dov'è diretto sicuro
> il tuo passo d'Irlanda
> – l'arpa del tuo profilo
> biondo, alto
> già più di me che inclino
> già verso l'erba.

>   Serba
> di me questo ricordo vano
> che scrivo mentre la mano
> mi trema.

>   Rema
> con me negli occhi al largo
> del tuo futuro, mentre odo
> (non *odio*) abbrunato il sordo
> battito del tamburo
> che rulla – come il mio cuore: in nome
> di nulla – la Dedizione.[20]

La poesia occupa una posizione centrale ne *Il muro della terra*, nel quale è inserito come "Poesia (o tavola) fuori testo" e precede una sezione dal titolo "Bisogno di guida". Evidentemente, il componimento non è così fuori testo come il poeta vuol far credere, anzi, il legame con il macrotesto[21] è ulteriormente rafforzato se si considera che del "bisogno di guida" s'avverte la necessità dopo che la precedente sezione "Acciaio" si era conclusa con la drammatica affermazione della morte di Dio della poesia "I coltelli", nella quale un ricordo di vita partigiana realmente vissuta si trasfigura assumendo un significato teologico più generale:

> «Be'?» mi fece.
> Aveva paura. Rideva.
> D'un tratto, il vento si alzò.
> L'albero, tutto intero, tremò.
> Schiacciai il grilletto. Crollò.
> Lo vidi, la faccia spaccata
> sui coltelli: gli scisti.
> Ah, mio dio. *Mio Dio.*
> perché non esisti?[22]

Ma dicevamo della poesia dedicata al padre, sulla cui struttura andrà spesa qualche parola, poiché finora ad essa non è stata dedicata sufficiente attenzione. Il primo verso, spezzato, è un endecasillabo, la cui ripetizione finale di parola ha una giacitura tipografica anomala rispetto al comune uso caproniano, poiché il frammento di verso non comincia in corrispondenza della fine del precedente[23]; lo stesso dicasi per il terzo verso, nel quale la partitura tipografica può far pensare tanto ad un unico verso spezzato, quanto a due versi. Luca Zuliani, ha numerato i due versi considerandoli separati, direi a ragione, dato che altrimenti si raggiungerebbe un'improbabile misura superiore all'endecasillabo. Quel che è sicuro è che in questo modo risulta ancora più evidente l'allitterazione del fonema /p/. Notevole è anche la struttura della terza strofa: il "Serba" del primo verso completa il settenario cominciato nella prima parte del verso, appartenente alla strofa precedente. In questo caso la giacitura tipografica del verso spezzato è quella tradizionale in Caproni (ma ricordiamo che il verso a scalino, presente nelle primissime raccolte caproniane, ritorna abbondantemente e con ben altro effetto proprio a partire da *Il muro della terra*), ma rimane l'effetto di eco creato dalla rima ricca e inclusiva. Il verso finale della strofa, *Mi trema*, è invece la prima parte di un quinario che prosegue nella strofa seguente, con rima ricca inclusa nella parola precedente. I quattro versi della stessa strofa sono in realtà due endecasillabi spezzati per creare un distico rimato centrale, composto da un novenario e da un ottonario. La destrutturazione dell'endecasillabo è particolarmente forte nella seconda parte della strofa, nella quale l'inversione soggetto-predicato verbale costringe ad una decisa pausa alla conclusione del verso, così che si perde la cognizione dell'endecasillabo. La perizia, anzi, malizia tecnica cela e rivela allo stesso tempo che, senza l'inversione sintattica appena individuata – inversione che non risulterebbe marcata se non riguardasse la frase fatta "mi trema la mano" –, ci troveremmo di fronte a due regolarissimi endecasillabi *a minore*, il primo con accento secondario d'ottava, il secondo con accento di settima, e, per di più, perfettamente rimanti. Dal punto di vista sintattico è anche notevole il "che" relativo, il cui antecedente, a rigor di grammatica, dovrebbe essere "ricordo vano", ma che si riferisce anche a "me". Infine, il battito del tamburo, che abbiamo visto essere autocitazione e contenere un implicito riferimento al crollo di Troia (tra l'altro "dedizione" è da intendersi, per esplicita indicazione dell'autore, come "resa") e suggerire una rima *in absentia*, vale a dire "muro", il cui rapporto con il "futuro" e il "tamburo", qui in rima interna, rimane suggerito e ritornerà esplicitamente, come abbiamo visto, nei versi prima ricordati della poesia "Futuro".

Sposto ora l'attenzione su un ultimo muro i cui echi letterarî sono stati fino ad oggi trascurati, forse perché ritenuti troppo evidenti. Si legga la poesia "Espérance", una delle ultime de *Il muro della terra*:

> Sotto la frasca, l'insegna
> era di sapore onesto – alzava
> il cuore, e l'ocra
> della facciata, rotto
> dal nero della vite
> del Canadà, già l'ocra

(*Al Buon Asilo*, recava
sul salnitro) nel gelo
il tannino evocava
e il gaio fuoco – «il bicchiere
che all'ospite nessuno nega
da queste parti.»

                    A una lega
(ma nemmeno, forse)
di distanza, incerta
e sfatta batteva l'ora
morta – un'ovatta
bassa era il cielo come
la fanghiglia: come
la mia mente scomparsa.

        Alzai il battente. Un colpo.
Due. Niente.

Remota passò, ma senza
fermarsi, la diligenza.

        Guardai la finestra. Murata.
La porta. Condannata.

        Ah, «Quale *folle danza*»
(mi misi a canticchiare,
così, per non disperare
nel buio) «è la Speranza.»[24]

La presenza del quarto "Spleen" delle *Fleurs du mal*[25] di Baudelaire è
evidente. Il cielo fangoso riprende l'*incipit* del poeta francese e compendia
tutta l'atmosfera di umidità dello "Spleen": "Quand le ciel bas et lourd
pèse comme un couvercle / Sur l'esprit gémissant en proie aux longs
ennuis". La lontana campana è quella del tredicesimo verso dello
"Spleen": "Des cloches tout à coup sautent avec furie". E la lontana

diligenza, che in Caproni, il quale scrive più di cent'anni dopo Baudelaire, aggiunge un tocco di anacronismo che sottolinea la distruzione del tempo che qui avviene, è citazione del corteo funebre dell'ultima strofa della poesia di Baudelaire: "Et de longs corbillards, sans tambour ni musique, / Défilent lentement dans mon âme", nel quale, ed a questo punto sarà difficile parlare di un caso, si odono, anzi *non* si odono i silenziosi tamburi. Infine il muro, da Caproni richiamato nella finestra e nella porta murate (questo il significato, in edilizia, di "condannata")[26]:

> Quand la terre est changée en un cachot humide,
> Où l'Espérance, comme une chauve-souris,
> S'en va battant les murs de son aile timide
> Et se cognant la tête à des plafonds pourris

L'"espérance", echeggiata in un perfetto circolo dalla sua traduzione italiana nel verso estremo della poesia di Caproni, scontra senza rimedio contro i muri della mente del malinconico, annullando il futuro ed anche il passato, come si legge nella poesia successiva, dall'allitterante titolo "Esperienza":

> Tutti i luoghi che ho visto,
> che ho visitato,
> ora so – ne sono certo:
> non ci sono mai stato.[27]

Ma, nella poesia ancora successiva, "I campi", Caproni è già pronto a ribaltare la situazione, facendo coincidere la più angusta prigionia, con la più sterminata apertura:

> «Avanti! Ancòra avanti!»
> urlai.
>   Il vetturale
> si voltò.
>   «Signore,»
> mi fece. «Più avanti
> non ci sono che i campi.»[28]

Lo smarrito Dante ha trovato il suo nuovo Virgilio, un cocchiere che, con un certo sgomento, lo guida in nessun luogo.

Note

[1] L. SURDICH, "Oltre il lutto: "Acciaio"", in *Per Giorgio Caproni*, a cura di G. Devoto e S. Verdino, Genova, San Marco dei Giustiniani, 1997, pp.281-98 (ora, con alcune modifiche e col titolo "Oltre il lutto. Caproni e la guerra", in ID., *Le idee e la poesia*, Genova, il melangolo ("opuscula"), 1998, pp.149-79). Sempre sulla guerra come tema leggibile su più di un piano, si veda U. DOTTI, ""L'ultimo borgo" di Giorgio Caproni", in *Genova a Giorgio Caproni*, a cura di G. Devoto e S. Verdino, Genova, San Marco dei Giustiniani, 1982, pp.169-76.
[2] Cfr. E. AUERBACH, "Figura", in *Studi su Dante*, tr. it. M. L. De Pieri Bonino e D. Della Terza, rist. Milano, Feltrinelli ("Campi del sapere"), 1993, pp.176-226; ID., *Mimesis. Il realismo nella letteratura occidentale*, tr. it. A. Romagnoli e H. Hinterhäuser, Torino, Einaudi ("Piccola Biblioteca Einaudi"), 1994[17], pp.189-221; F. OHLY, *Geometria e memoria. Lettera e allegoria nel Medioevo*, a cura di L. Ritter Santini, Bologna, il Mulino, 1985.
[3] "L'incubo dell'uccidere [...] colloca questi libri, e in particolare *Il franco cacciatore*, al centro degli anni di piombo. Negli anni in cui una violenza cieca percorre la società, non si assiste soltanto, nella poesia di Caproni, ad allusivi accenni al *Freischütz* weberiano, ad esempio, o alla *mise en relief* di passate esperienze partigiane, ma tali motivi, ed altri ancora, si connettono indissolubilmente con quegli anni tragici, nell'immaginario poetico di un autore che sarà poi capace di scatenarsi in accenni di forte indignazione civile" (F. CROCE, "Lettura di "Il fischio (parla il guardacaccia)"", in *«Queste nostre zone montane» (Atti del convegno di studi su Giorgio Caproni, Montebruno, 19-20 giugno 1993)*, a cura di F. Macciò, Genova, La Quercia, 1995, pp.51-58: 55). Un'ipotesi analoga era stata formulata in maniera meno esplicita da S. VERDINO, "Il grande Caproni", in *Omaggio a Giorgio Caproni, Resine*, n.s., 47, 1991, 53-70.
[4] Per la bibliografia caproniana, si veda quella, con tanto di cronologia degli scritti, approntata da A. DEI, *Giorgio Caproni*, Milano, Mursia ("Civiltà letteraria del Novecento. Profili"), 1992, pp.273-334; aggiornamenti della stessa studiosa in *Per Giorgio Caproni*, cit., pp.481-88; selettiva è invece la bibliografia in calce a G. CAPRONI, *L'opera in versi*, a cura di L. Zuliani, Milano, Mondadori ("I Meridiani"), 1998, pp.1843-67. Per la bibliografia dal 1997 al 2001 si veda quella allestita dal sottoscritto e da E. CONTU, in *Giorgio Caproni. Quaderno bibliografico. Anno 2001*, a cura di G. Devoto, Genova, San Marco dei Giustiniani, 2002, pp.55-83 in seconde bozze nel momento in cui scrivo.

Alessandro Montani

[5] *Inf.* X, 1-3.

[6] S. LONGHI, "Il dire e il disdire di Giorgio Caproni", *Omaggio a Gianfranco Folena*, vol. I, Padova, Editoriale Programma, 1993, pp.2177-92: 2178.

[7] Cfr. A. DEI, "Cronologia", in G. CAPRONI, *L'opera in versi*, cit., pp.XLV-LXXVII: LXXVII

[8] G. CAPRONI, *L'opera in versi*, cit., pp.252-53.

[9] ID., *Tutte le poesie*, Milano, Garzanti, 1983.

[10] ID., *L'opera in versi*, cit., p.602.

[11] Alcuni accostamenti tra il romanzo di Buzzati e l'opera di Caproni sono stati proposti in una suggestiva tesi di laurea di S. UBERTI, *L'assurdo ne "Il franco cacciatore di Giorgio Caproni*, Tesi di laurea in "Semantica e lessicologia" discussa nella facoltà di lettere di Genova, a.a. 1991-1992. Come curiosità posso aggiungere che nel romanzo di Buzzati colpisce l'uso ripetuto (ho contato sei attestazioni) del sostantivo "orgasmo" nell'accezione non strettamente sessuale assai frequente nei primi libri di Caproni e poi nuovamente presente anche in testi più tardi.

[12] G. CAPRONI, *L'opera in versi*, cit., pp.254-55.

[13] Cfr. E. TESTA, "«Per interposta persona». Una nota sulla poetica di Caproni", in *Omaggio a Giorgio Caproni*, cit., pp.71-78 e ID., "Personaggi caproniani", in *Per Giorgio Caproni*, cit., pp.161-71 (ora, con alcune modifiche, in ID., *Per interposta persona. Lingua e poesia nel secondo Novecento*, Roma, Bulzoni ("Biblioteca di cultura"), 1999, pp.99-109. Non tragga in inganno il titolo del volume: nonostante l'autocitazione, nonché citazione caproniana, in questo libro non viene riprodotto il primo saggio indicato in questa nota).

[14] G. CAPRONI, *L'opera in versi*, cit., p.713. Pubblicati per la prima volta in calce alla silloge di *Tutte le poesie*, cit., i *Versicoli* apparsi in vita del poeta furono composti a partire dal 1969. Quello appena citato è del 1981.

[15] "Nell'opera di Giorgio Caproni", *Istmi*, 5-6, 1999, 20.

[16] Su questa vera e propria impresa disponiamo ora dell'approfondita analisi di P. BENZONI, *Da Céline a Caproni: la versione italiana di Mort à crédit*, Venezia, Istituto veneto di scienze, lettere ed arti, 2000.

[17] Cfr. G. BÀRBERI SQUAROTTI, "Poesia e teologia: l'ultimo Caproni", in *Genova a Giorgio Caproni*, cit., pp.131-46.

[18] Cfr. A. MONTANI, "Caproni, le bugie, Pascal", *The Italianist*, XVIII, 1998, 154-69: 166.

[19] G. CAPRONI, *L'opera in versi*, cit., p.155.

[20] *Ivi*, p.317.

[21] Tra i contributi sulla forte strutturazione degli ultimi libri caproniani va sicuramente segnalato E. TESTA, *Il libro di poesia. Tipologie e analisi macrotestuali*, Genova, il melangolo, 1983.

[22] G. CAPRONI, *L'opera in versi*, cit., p.313.

[23] L'attenzione quasi maniacale con la quale Caproni curava la partitura tipografica dei suoi testi fa escludere totalmente la possibilità che si tratti di un errore di stampa, tanto più che il testo fu ristampato in maniera identica nelle raccolte complessive *Tutte le poesie*, cit. e *Poesie. 1932-1986*, Milano, Garzanti ("Gli elefanti. Poesia"), 1989, seguite dall'autore e che nessuna modifica è stata apportata da Luca Zuliani, che ha scrupolosamente indagato per anni le carte caproniane.

[24] G. CAPRONI, *L'opera in versi*, cit., pp.380-81.

[25] Caproni, tra l'altro, tradusse il grande libro del poeta francese (Roma, Curcio, 1964), ma ripudiò la versione per i pesanti interventi editoriali che la stravolsero. Alcuni *Fiori* si possono però ora leggere nel prezioso *Quaderno di traduzioni*, a cura di E. Testa, Torino, Einaudi ("Collezione di poesia"), 1998.

[26] Così lo stesso Caproni in una delle poche note che chiudono il volume: "*Porta condannata*: si dice, in edilizia, di una porta murata o sbarrata" (G. CAPRONI, *L'opera in versi*, cit., p.390). Come già scritto prima, la porta è un motivo che Caproni sfrutterà ripetutamente nei suoi ultimi libri: una brevissima strofa della poesia "La porta", inclusa ne *Il Conte di Kevenhüller*, recita proprio "La porta / condannata…" (*Ivi*, p.609).

[27] *Ivi*, p.382.

[28] *Ivi*, p.383.

Franco Fortini traduttore di Bertold Brecht

*

Erminia Passannanti

La risposta traduttologica che Franco Fortini (1917-1994) ha offerto ai testi poetici di Bertold Brecht, nella raccolta *Poesie*, portata a termine nel 1976[1], indica non solo la compatibilità ideologica e teorica dei due autori, ma l'adesione del primo al carattere interpellativo dell'opera del secondo. L'empatia stilistica ed estetica, che consentì a Fortini la trasposizione degli stilemi brechtiani all'interno della propria poetica, è rintracciabile a partire dall'esplicita metapoesia "Traducendo Brecht", inclusa nella raccolta *Una volta per sempre*, del 1963.[2] Questo sodalizio artistico va considerato, dunque, un evento centrale della maturazione poetica di Fortini, soprattutto in relazione al ricorso al motto sapienziale e all'uso dell'allegorismo di poesie quali "L'erba e l'animale", "L'animale", "Il merlo", "Il falso vecchio", e tutte le poesie aventi a tema gli alberi, che risentono della prospettiva allegorico-didascalica di Brecht. "Traducendo Brecht" porta, in particolare, allo scoperto le dinamiche in atto non solo tra due testi, ma tra due identità liriche interagenti, essendo un metadiscorso dell'agire traduttivo e della problematica dell'Altro da sè. Infatti, quando il traduttore è egli stesso poeta, l'esperienza linguistica dell'Altro si compie nella polifonia intertestuale del processo creativo, come recitano i versi di "Traducendo Brecht":

> Un grande temporale
> per tutto il pomeriggio si è attorcigliato
> sui tetti prima di rompere in lampi, acqua.
> Fissavo versi di cemento e di vetro

dov'erano grida e piaghe murate e membra
anche di me, cui sopravvivo. Con cautela, guardando
ora i tegoli battagliati ora la pagina secca,
ascoltavo morire
la parola d'un poeta o mutarsi
in altra, non per noi più, voce. Gli oppressi
sono oppressi e tranquilli, gli oppressori tranquilli
parlano nei telefoni, l'odio è cortese, io stesso
credo di non sapere più di chi è la colpa.

Scrivi mi dico, odia
chi con dolcezza guida al niente
gli uomini e le donne che con te si accompagnano
e credono di non sapere. Fra quelli dei nemici
scrivi anche il tuo nome. Il temporale
è sparito con enfasi. La natura
per imitare le battaglie è troppo debole. La poesia
non muta nulla. Nulla è sicuro, ma scrivi.[3]

Il testo perviene per gradi ad un'immagine metacritica della traduzione
"da poeta/a poeta", che rappresenta Fortini seduto al suo tavolo di lavoro,
intento a tradurre dei versi di Brecht, mentre fuori infuria un "gran
temporale". Lo scontro tra l'idealismo insito nel comporre, o tradurre
versi, aventi uno scopo etico – idealismo che attribuisce un valore e un
potere eccedente alla "parola" – e il mondo di "battaglie" e "nemici" che
guidano al "niente", è ben reso dall'impatto che l'estemporaneo temporale
ha sulla sensibilità del poeta teso all'osservazione e all'ascolto del reale
("fissavo", "guardando", "ascoltavo"). La disillusione del poeta non si
arresterà dinanzi alla presa di coscienza dell'erroneo utopismo che induce
a riporre valori assoluti nella Poesia e nella Natura, due sfere, invero, assai
caduche ("La Natura è troppo debole"/ "La poesia non muta nulla"). La
forza enfatica degli elementi – ovvero la vitalità della dialettica negativa
fortiniana – qui agevola, e non preclude, la funzione metapoetica del
linguaggio impiegato da Fortini, mentre vaglia "con cautela" il proprio
ruolo tra "i tegoli battagliati" e "la pagina secca". Ciò avviene anche
quando un poeta-traduttore si ponga in una situazione di apparente

ipotassi, come nel caso in questione, in cui Fortini si rappresenta subordinato a Brecht sul duplice piano dell'ispirazione e del linguaggio, nell'atto di tradurne i versi. Sul piano formale, il nuovo testo dichiara il proprio statuto in base all'influenza di un altro genere: quello della traduzione poetica. Pur rimanendo un omaggio a Brecht, la poesia è una riflessione sull'irriducibile distanza – linguistica, culturale, storica e psicologica – che divide il traduttore dall'autore del testo originale. I versi "ascoltavo morire / la parola d'un poeta o mutarsi / in altra, non per noi più, voce", infatti, informano della difficoltà di rendere giustizia alla *gestalt* dell'Altro ("cui sopravvivo"), ormai estinto, assente, e del metamorfizzarsi della voce di Brecht in un nuovo discorso poetico.

La carica elettrizzante della manifestazione temporalesca rende a pieno l'energia psichica necessaria ad intraprendere lo sforzo ermeneutico e creativo del tradurre, il quale implica un ciclo di dissoluzione e rinascita, che si struttura sull'alternanza di speranza e disinganno, amore e odio, desiderio di salvezza e dissoluzione.[4] Sullo sfondo dei violenti fenomeni che accompagnano una tempesta ("lampi" e "acqua"), il poeta-traduttore espone al vaglio del lettore (e al proprio) l'esperienza del trasferire, nel testo di arrivo che prende forma sotto la penna, i contenuti emotivi e formali del testo di partenza, i quali emergono mediante un lessico espressionistico che acuisce lo sforzo rivivificante e riattualizzante del processo ermeneutico sul piano fonico e visivo ("grida", "membra" e "piaghe murate"). La materia della lirica brechtiana è, così, ricomposta allegoricamente e trasfigurata "dall'altra parte del vero".[5] La prima strofa, infatti, indica il disporsi della mente del poeta-traduttore all'acquisizione di questa alterità dialogica tramite l'ispezione vigile del testo in relazione al mondo ("Con cautela, guardando / ora i tegoli battagliati ora la pagina secca, / ascoltavo morire / la parola d'un poeta"). La "parola d'un poeta" assume qui una valenza iconica, che restituisce a Brecht l'autorità morale di poeta attento alla concretezza e alla fragilità dell'esistere ("versi di cemento e vetro"); la rievocazione, nondimeno, avviene mentre si attua una trascendenza della sostanza iconica del testo di partenza in una rinnovata dimensione metafisico-conoscitiva.

Come ha notato Umberto Eco in *La definizione dell'arte*, il rapporto tra il "contenuto-di-coscienza" del momento ermeneutico non è solo formale, ma "formativo".[6] Fortini, infatti, apprende da Brecht – e fa apprendere al lettore – un dato essenziale della funzione poetica: la sua comunicabilità: "Traducendo Brecht", infatti, trascende la contraddizione di un mondo di indaffarati "oppressori", "tranquilli oppressi" e "odio cortese", con l'imperativo esortativo che il poeta rivolge a se stesso ("Scrivi mi dico, odia / chi con dolcezza guida al niente"). Con questo monito, Fortini si incita a sostenere, nel tradurle, le ragioni dell'Altro, quale mondo esteriore con le sue connaturate antinomie, pur fronteggiando il paradosso insito nella traduzione "d'autore", che tende ad assoggettare il testo altrui ad un *in sé*.[7] La poesia "Traducendo Brecht", in tal modo, dissimula e al contempo rivela il rapportarsi di un processo poetico *in nuce* ad un reale testo di Brecht, al suo contenuto di verità che si dipana attraverso procedimenti allegorici ("la parola" "mutarsi" "in altra"). Non solo è la parola poetica a subire una metamorfosi, ma la categoria stessa a cui appartiene il testo di partenza, che dal campo poetico attraverso la traduzione passa a quello della critica dei generi.

Una rapida riflessione sul ricorso all'allegorismo è centrale alla comprensione dello stile di Fortini, anche quando si faccia traduttore di versi altrui. L'allegoria garantisce una visione critico-negativa d'insieme dell'esperienza lirica; nel costruire un'immagine, che rimanda a un significato concettuale diverso da quello letterale, l'allegoria rende possibile la creazione di un ordine nuovo, al di là di quello a cui sembra attingere i suoi sistemi di senso. A proposito del metodo brechtiano, commentato da Fortini in "Traducendo Brecht", è utile citare l'osservazione generale sull'impiego dell'allegoria di Fredric Jameson, in *Brecht and Method* (1998): "I am tempted to say that every interpretation of a text is always proto-allegorical, and always implies that the text is a kind of allegory: all positing of meaning always presupposes that the text is about something else [*allegoreuein*]".[8] Ciò presupporrebbe un''enfasi' sul modo in cui chi ricorre all'allegoria controlla il testo al fine di limitarne i significati in modo da rendere lo strumento retorico efficace e idoneo al momento opportuno. Fortini, infatti, mette in risalto nella seconda strofe il dissolversi dell'allegoria, una volta svolta la sua funzione didascalica: "Il temporale / è sparito con enfasi". Da questa prospettiva, il "temporale" di "Traducendo Brecht", simbolico della volontà ermeneutica del poeta-traduttore, sconvolge appunto un vecchio ordine per ricrearne uno nuovo.

Laddove la funzione dell'intellettuale militante, ormai in crisi, è assimilata all'ambigua storia dei rapporti di potere ("io stesso / credo di non sapere più di chi è la colpa"), il ruolo del poeta come operatore culturale non è invalidato ("Scrivi anche il tuo nome"). La funzione svolta dal poeta-traduttore all'interno del suo ordine nuovo risiede nel compromesso fra il modo in cui percepisce e traduce il testo di partenza e le realtà formali del testo di arrivo mediante una scrittura critico-creativa atta a trasporre ciò che Fortini ha definito un "sogno di secondo grado".[9] La traduzione poetica non solo manifesta la capacità del traduttore di disporsi ad un confronto, ma anche quella di accettare l'insuperabile scarto che è proprio dello scrivere una nuova poesia ("Nulla è sicuro, ma scrivi"). Una metacritica del processo del tradurre va rintracciata anche nella sezione "Di seconda intenzione",[10] della raccolta *Paesaggio con serpente*, in cui la breve poesia "Traducendo Milton" rimanda all'infratesto costituitosi a partire da "Traducendo Brecht":

Gli alberi i freddi fitti alberi grandi
E anche robusti ma tutti verdi bianchi
Con palme e frecce diramate e fili
In vetta al bosco visi svelti gli alberi
Lieti di gelo e rotondi, guaine
Scuoiate di agro latte e le pasture
Dilatate di gramini e scintille
I rivi accesi di spade vivaci
E la ventilazione delle cime....[11]

Densi di un lessico botanico ("alberi", "palme", "frecce diramate e fili", "bosco"), variegato e quasi manieristico ("lieti di gelo", "guaine scuoiate di agro latte", "i rivi accessi"), attinto dalla tradizione pastorale barocca, sapientemente modernizzata ("freddi fitti alberi grandi e anche robusti"), i versi citati possiedono una struttura "a flusso" per la presenza di una sintassi che fa a meno del verbo e della punteggiatura (tranne una sola virgola e dei puntini sospensivi in chiusura). La creazione del prodotto artistico è qui rappresentata come metafora della vita organica che si trasforma, espande, dilata, accende di "scintille" e "spade vivaci". Costruendo un serrato andamento metrico-prosodico all'interno di versi che si presentano come un inventario di piante e qualità naturali, Fortini non restituisce affatto la scorrevolezza ritmica ed esclamativa della versificazione barocca e l'espressività emozionale e vocale miltoniana, ma, per così dire, materializza una tensione ossimòrica e retorica del verso, ottenuta per accumulazione di contrasti cromatici e percezioni aeriformi ("i rivi accesi di spade vivaci", "dilatati di gramine e scintille", "le ventilazioni delle cime"). "Traducendo Milton"[12] rappresenta un ennesimo, visibile momento di contatto/contrasto tra poesia e traduzione, stile altrui e stile proprio. Fortini non finge di prestare la propria voce alla scrittura barocca miltoniana, ma si dichiara votato alla verticalizzazione della sua giacenza, dando vita a un nuovo e più concitato ritmo metrico-prosodico, conferendo un'asprezza contemporanea e novecentista alla propria riscrittura. Dinanzi alla resistenza del testo di partenza e alla domanda di autonomia del testo di arrivo, la natura dialogico-trasmutativa della traduzione implicherebbe un superamento del concetto stesso di *authorship*, che qui si dichiara risiedere in un "altrove" formale, votato al futuro della nuova poesia.

Sarà utile, a questo proposito, analizzare brevemente la traduzione de "Il ladro di ciliegie", dal testo brechtiano "Der Kirschendieb", realizzata da Fortini nel 1956, il cui contenuto allegorico sembra legittimare una teoria della traduzione come appropriazione, assimilazione e "interferenza". Il testo di Brecht, che si pone come pagina di un diario ideologico, nella traduzione italiana offerta da Fortini, recita:

Una mattina presto, molto prima del canto del gallo,
mi svegliò un fischiettio e andai alla finestra.
Sul mio ciliegio - il crepuscolo empiva il giardino -
c'era seduto un giovane, con un paio di calzoni sdruciti,
e allegro coglieva le mie ciliegie. Vedendomi
mi fece cenno col capo, a due mani
passando le ciliegie dai rami alle sue tasche.
Per lungo tempo ancora, che già ero tornato a giacere
[nel mio letto,
lo sentii che fischiettava la sua allegra canzonetta.[13]

Il testo di Brecht presenta la circostanza paradossale di un giovane del proletariato cittadino intento a rubare ciliegie dall'albero del suo giardino, fischiettando una canzonetta con disinvolta allegria. La situazione proposta è poco credibile, giacché il ladro non sembra avere un atteggiamento furtivo, né alcun timore del padrone di casa; anzi, nel vederlo, lo saluta con inusitata cortesia. Il "giardino" all'alba colloca entrambi gli uomini in una dimensione irreale. Il tono distaccato e cordiale dei versi riproduce la formalità delle maniere borghesi dell'autore del testo originale, che mettono in evidenza, da una parte, la differenza di classe tra i due uomini, e dall'altra, la successione genealogica delle due generazioni a confronto, laddove l'albero simboleggia la gerarchia sociale che li divide, e allo stesso tempo li accomuna: "Vedendomi fece cenno col capo a due mani / passando le ciliegie dai rami alle sue tasche". A sua volta, insolitamente, il proprietario del ciliegio – Brecht stesso – non sembra preoccuparsi del giovane ladro, anzi ritornando a dormire, dalla sua stanza da letto continua ad ascoltare il motivo che il giovane incessantemente fischietta mentre si allontana a tasche piene nel silenzio della strada sottostante. L'allegoria dell'albero come asse della vita, anche economica, propone un conflitto "d'interessi" tra i due uomini, che si conclude con uno scambio pacifico: Brecht lascia che il povero giovane si sfami con i frutti dell'albero lasciato a sua disposizione, e il ladro si dimostra rispettoso nei confronti del proprietario, pur rimanendo risoluto nei suoi intenti. La tematica si estende oltre la questione dell'indigenza del proletariato urbano, diventando espressione figurata del saccheggio dell'eredità della tradizione borghese letteraria da parte delle avanguardie.[14]

Al livello metacritico e intertestuale, la traduzione di Fortini designa con singolare esattezza lo scambio tra la poetica di Brecht e la propria. Nel riconoscere la compiacenza del poeta affermato affinché le proprie ciliegie continuino ad essere rubate, Fortini, come l'allegro furfante del testo brechtiano, ne coglie l'offerta, senza per altro privare il testo brechtiano della sua sfumatura ironica. La lingua di questo incontro/confronto all'alba – che rende implicito un messaggio del tipo 'Serviti pure, questo è il Paese della Cuccagna e nessuno va in prigione per un furto di ciliegie" – presenta una situazione che è, invero, tipica della traduzione, la quale, a livello teorico, acquisisce sfumature paradossali grazie alla relazione di tolleranza e manierata cortesia tra i due uomini impegnati in questa suggestiva variante dell'utopia cristo-comunista.

L'eredità brechtiana, a cui Fortini attinge come poeta-traduttore, si traduce, a mio avviso, in una nozione di 'altro da sé', intesa come esperienza di un''estraneità', la quale, nei termini posti da Husserl nelle *Meditazioni cartesiane*, rimanda ad un'accessibilità desumibile da ciò che *non è* altrimenti raggiungibile alle origini. I versi di Brecht annunciano che non esiste un luogo esclusivo e singolare (il giardino, l'albero, le ciliegie, come proprietà) oltre l'esperienza che ciascuno ne fa, cogliendo i dati del reale in modo disseminato; l'estraneo (il ladro arrampicato sull'albero del giardino di Brecht) sta al cuore di ciò che definiamo il 'sé', essendo contraddistinto da un'ambivalenza la quale, mentre spaventa, affascina (il giovane ladro fischia, è cordiale). L'estraneo è, per sua natura, inafferrabile, come il ladro nel testo, e tuttavia, sempre vicino, incombente. Di conseguenza, Brecht, come autore del testo di partenza, apprende di non potere reclamare diritti sulle proprie "ciliegie", che lascia siano impunemente borseggiate. Offrendo una variazione al concetto di proprietà, il giudizio sul giovane ladro mette in evidenza una condizione di 'diritto', piuttosto che di 'abuso'. Se l'esperienza in quanto tale non appartiene totalmente al singolo, ne consegue che l'Io dell'esperienza sia posto in dubbio, tanto che ogni tentativo da parte dell'Io (il poeta autore del testo originale) di controllare l'estraneo, che la traduzione tematizza (il poeta-traduttore, il rifacitore, il testo rifatto) non può che fare un buco nell'acqua, in quanto – come suggerisce anche Lévinas – l'Altro è sempre il dato preponderante. Inoltre, se, come sostiene Merleau-Ponty, l'Altro è davvero un 'me stesso' imprescindibile, di conseguenza, di fronte all'estraneo (la situazione è evidentemente soggetta ad inversioni) ogni pretesa di reciproca esclusione dimostra la propria impossibilità, in quanto il confronto posto in questi termini annulla l'opposizione 'io/tu'. Citerei, a questo proposito, l'enfasi di Fortini sulla ridondanza del testo di partenza dinanzi ad una traduzione creativa, per la quale, l'assimilazione dell'Altro, da parte dell'Io poetico narcisistico, è totale:

> se è Montale a tradurre un testo della Dickinson, ne risulterà che a me la poesia della Dickinson non interesserà quasi più. Mi interesserà soltanto il risultato a cui Montale è pervenuto. Infatti, ha perfettamente ragione, in questo caso, Montale ad eliminare l'originale (solo i cialtroni, sosteneva

Goethe, sono modesti). Nel caso della mia traduzione di
Goethe, ho inutilmente pregato Einaudi di non pubblicare i
testi a fronte, forse per farmi anch'io bello all'ombra di
quello che aveva fatto Montale con la Dickinson, ma non
c'è stato verso di convincerlo. Gli editori vogliono il testo a
fronte! Quanto al traduttore, egli considera che quelle poche
pagine, che ritiene ora assolutamente sue, non abbiano più
bisogno di confronto – se valgono, allora stanno in piedi e
camminano da sole! [15]

   Dalla prospettiva del traduttore, il testo tradotto si colloca all'interno
dell'esperienza dell'altro, e tuttavia sussiste solo nella sua volontà di non-
presenza.[16] D'altra parte, l'estraneo, rimanendo tale, sollecita riflessioni su
come rispondere al suo appello, contribuendo a sviluppare la coscienza
della differenza come dato di un'interculturalità, e transindividualità, che
esige una politica della tolleranza sia giuridica, sia culturale, come
suggerisce la poesia di Brecht (il furto delle ciliegie, in realtà, non sussiste,
in quanto, nell'universo utopico-onirico del testo, la proprietà dell'albero
della tradizione è disponibile a chiunque).
   La soluzione brechtiana alla questione dell'*authorship* è data dalla
disposizione del poeta ad accettare il diverso e ad ascoltarne i motivi:
invece di parlare per primi, bisogna iniziare con l'ascoltare l'altro: "Per
lungo tempo ancora, che già ero tornato a giacere nel mio letto, / lo sentii
che fischiettava la sua allegra canzonetta".[17] Allo stesso modo, la
traduzione, rispondendo all'appello del poeta da tradurre, gli risponde, ma
in maniera autonoma. L'appello del testo di partenza di Brecht ha aperto il
campo alla risposta poetica offerta da Fortini. Ancora più significativo è il
fatto che Fortini abbia intitolato la sua antologia di versioni poetiche *Il
ladro di ciliegie*[18] – consapevole della propria filiazione trasgressiva, in
quanto ladro. La poesia di Brecht, che Fortini argutamente traduce, con il
proporre una morale della tolleranza in senso sia etico, sia artistico, sia
metacritico, sembra essere un invito, che Fortini accoglie, a risolvere in
modo creativo le divergenze culturali, liberandole dai termini antagonistici
del 'conflitto di interesse' tra identità nazionali, culturali, e infine autoriali.
   Ciò che emerge è una valorizzazione del momento traduttivo come
trasferenza poetica, equilibrio che va oltre la mera equivalenza formale tra

due testi a confronto, come prescrive il saggio fortiniano "Virtuosismi e paradossi del tradurre", in cui è detto che, nel testo tradotto, il traduttore ricerca, "nella lingua d'arrivo, quel che l'autore avrebbe scritto se in quella lingua avesse composto".[19] Altre poesie, come "La letteratura sarà esaminata", "Un tempo", "Come schedarla la piccola rosa" confermano la dialogicità con cui Fortini adotta ed elabora i contenuti lirici e ideologici brechtiani nella propria scrittura poetica. Ciò appare evidente nella traduzione di "Die Literatur wird durchforscht werden", del 1939, che Fortini porta a termine nel 1958:

Ma sarà data allora lode a coloro
Che sulla nuda terra si posero per scrivere
Che si posero in mezzo a chi era in basso
Che si posero a fianco di chi lottava

Che dettero notizia delle pene di chi era in basso,
Che dettero notizia delle gesta di chi lottava,
Con arte, nel nobile linguaggio
Innanzi riservato
Alle glorie dei re.

Va notato il valore sociologico attribuito al ruolo del poeta, reso dal pronome dimostrativo plurale "coloro", che ne mette in luce il collettivismo, seguito dalle locuzioni "Che [...] si posero per *scrivere*" / "*in mezzo a* chi era *in basso*" / "Che *dettero notizia* delle *pene* di chi era in basso" / "delle gesta *di chi lottava*" / "*Con arte* [...]" (mio il corsivo).

Si è voluto mostrare come, anche attraverso la traduzione, l'adesione di Fortini alle tematiche socialiste brechtiane [20] non si limiti alla sola empatia ideologica, ma si traduca nel trasferimento di detti tropi, scelte lessicali e valori metaforici in una eteronomia espressiva del tutto originale, sul piano traduttologico.[21] A questo proposito, vale citare la concordanza di Fortini con il metodo indicato da Brecht in *Me-ti. Libro delle svolte*, che, nella prassi sociale come nella pratica letteraria e traduttiva, suggerisce di accentuare le contraddizioni e mettere in luce le differenze:

Me-ti[22] disse: è vantaggioso non semplicemente pensare ma
anche vivere in accordo con il grande Metodo. Non essere
identici a se stessi, abbracciare e intensificare le crisi,
volgere in grandi i piccoli mutamenti e così via dicendo –
bisogna non solo osservare questi fenomeni, ma agirli.[23]

Concludendo questo rapido excursus sulla presenza, nell'opera
fortiniana, di un progetto di contaminazione e dispersione della voce
autoriale, che complichi la nozione romantica dell'identità soggettiva
poetante, verificandone gli effettivi poteri – progetto che rappresenta il
tema di fondo della teoria e della pratica della traduzione poetica di Fortini
– vorrei citare una considerazione di Giovanna Gronda a proposito di tale
pulsione, per cui "l'intenzione compositiva dell'autore sembra mirare ad
un'unità perseguibile attraverso la complementarietà dei toni in cui per
forza di tensioni oppositive s'illumini una verità tutt'altro che semplice
[…]".[24] Questa 'lotta', precisava Fortini, ebbe inizio in una fase molto
precoce della sua scrittura poetica e si nutrì dell'uso degli opposti, come
l'autore ricorda in questa nota autobiografica:

E in quei versi di allora – questa è una cosa che ho scoperto
solo adesso, solo recentemente – avevo già congiunto come
immagine di un avvenire possibile, avevo congiunto, avevo
messo insieme due elementi contraddittori, un vero e
proprio ossimoro: quello della gravità e severità e quello
dell'ardore e della tensione verso l'avvenire. L'ho ritrovato
negli ultimi versi che chiudono il *Lycidas* di Milton.[25]

Alla luce dell'impermanenza d'ogni versione data 'una volta per
sempre', il testo di partenza è accolto nella sua eterogeneità, relatività e
frammentarietà, come si evidenzia nell'analogia del quadro, raffigurante
un paesaggio ridotto a fette, ciascuna avente una propria autonomia
espressivo-rappresentativa. Si tratta del processo di decostruzione,
applicato ad un insieme pragmatico-teorico (il quadro), con cui Fortini
apriva il seminario napoletano, *Realtà e paradosso della traduzione
poetica* (1989); l'analogia traduce con efficacia il metodo con cui Fortini

dipanava ambigue maglie dell'intreccio testuale e della sua interpretazione.[26] In questo saggio, si è cercato di scoprire il senso delle realtà e dei paradossi che Fortini individuava nella traduzione poetica, e di cogliere sia le idee essenziali, sia i nodi problematici della sua teoria, applicata a Brecht. Siamo con lui pervenuti alla superiorità metodologica del metalinguaggio, in quanto esso appare più rispondente ai diversi codici o sistemi segnici, e più consapevole delle diversità che separano e distinguono le diverse tradizioni culturali in cui una traduzione viene ricevuta e valutata. Da questa prospettiva, la poesia e la traduzione poetica fortiniana sembrano, infatti, porsi su uno stesso piano di valore, mediato dal pensiero e dall'opera di Brecht. Abbiamo, infine, concluso che la metodologia idonea alla traduzione poetica è quella della traduzione "da poeta/a poeta" che partecipa al processo della poesia al suo stato originale.

Note:

[1] F. FORTINI / B. BRECHT, *Poesie*, Torino, Einaudi, 1976.
[2] La sequenza comprende undici poesie che rimandano alla storia dell'ideologia marxista e alla parabola del Comunismo europeo. Tra queste poesie troviamo testi espliciti come "Il Comunismo", "4 novembre 1956", "Fine della preistoria".
[3] F. FORTINI, *Poesie scelte*, Milano, Mondadori, 1974, p.125.
[4] Si pensi alle diramazioni che l'allegorismo della "bufera infernale", nel Canto V dell'*Inferno*, ha assunto attraverso le epoche letterarie, non ultimo l'uso che Montale fa della furia degli elementi in *La bufera e altro*. Anche in Fortini, questo correlativo oggettivo è impiegato come metafora dell'atto creativo.
[5] ID., "Lukàcs", da *Paesaggio con serpente*, in *Summer is not All*, a cura di P. Lawton, London, Carcanet, 1992, p.88.
[6] Cfr. U. ECO, *La definizione dell'arte*, Milano, Mursia, 1985, p.45. Eco cita la definizione di *gestalt* data da Stefanini: "l'unità del soggetto cosciente si distingue dalla sintesi che esso produce e si oggettiva a se stesso, riconoscendosi non nella sintesi prodotta, ma nell'atto che pone la sintesi".
[7] Per ulteriori approfondimenti sulla questione qui posta, mi permetto di rimandare a E. PASSANNANTI, *Essay Writing, Lyric Diction and Poetic Translation in the Work of Franco Fortini* (tesi di dottorato, University College London, 2003).
[8] Cfr. F. JAMESON, *Brecht and Method*, London-New York, Verso, 1998, p.122.
[9] F. FORTINI, *Realtà e paradosso della traduzione poetica* (registrazione trascritta e riprodotta in appendice alla mia tesi di dottorato).

[10] La sezione "Di seconda intenzione" contiene poesie-citazioni da Shakespeare, Tasso, Góngora, Cartesio.

[11] ID., *Versi scelti*, Torino, Einaudi, 1990, p.284.

[12] Indicativo è il titolo della poesia "Traducendo Milton", che informa il lettore di come questo nuovo testo non ne imiti lo stile, ma ne sostenga l'istanza traduttologica. Milton, infatti, era abile rifacitore di testi antichi.

[13] ID., *Il ladro di ciliegie*, Torino, Einaudi, 1982, p.103.

[14] La logica alla base della parabola del "ladro" e "l'albero" potrebbe chiamare in causa la freudiana paura della castrazione ed essere interpretata come narrazione onirica (timore dell'artista borghese di essere defraudato della propria virilità, simboleggiata dall'albero, ad opera di un artista anti-borghese più giovane e predatorio). In tale ottica, l'albero di ciliegie, come il palo della cuccagna, costituirebbe una simbologia fallica che intravede nell'abilità del ladro di raggiungere la cima la maturità sessuale.

[15] ID., *Realtà e paradosso della traduzione poetica*, cit., p.33.

[16] Per la teoria della responsività, si veda "Il proprio e l'estraneo", di Bernhard Waldenfels (in *Aut-Aut*, 237/238, 1990, 29-42), in cui l'autore informa che "l'inizio è sempre nell'estraneo". Per Waldenfels, l'appello dell'estraneo è ineludibile, sebbene sia impossibile replicarlo fenomenologicamente.

[17] F. FORTINI, *Il ladro di ciliegie*, cit., p.103.

[18] Da un'ottica traduttologica, la scelta di attribuire il titolo di questa poesia di Brecht alla raccolta *Il ladro di ciliegie*, che raccoglie 'versioni' poetiche di Fortini da autori stranieri, esemplifica le ragioni del 'ladro di ciliegie' ad esercitare la propria libertà espressiva su una varietà di testi altrui, stabilendo con questi un tacito patto di valori e cose.

[19] ID., *Disobbedienze. Gli anni dei movimenti: scritti sul Manifesto*, 1972-1985/1985-1994, II, Roma, Manifestolibri, 1997, p.224.

[20] Fortini desume da "Die Literatur wird durchforscht werden" l'idea dell'adozione, da parte del poeta borghese, di un linguaggio alto per la rappresentazione del dramma degli umili. Il concetto è trasferito nella poesia "Diario linguistico" (in *Poesie Scelte*, cit.) dedicata a Pasolini, che dichiara: "la sublime lingua borghese è la mia lingua".

[21] Si noti come i motivi dell''errore' quale colpa storica, della 'lotta' come lotta di classe, insieme al ricorso alla 'vista', quale funzione oggettivante di poesie come "Betrachtung vor der Fotografie der Therese Meier", in cui Brecht descrive il contenuto di una foto, siano desunti da Fortini tramite la traduzione dei testi contenenti questi temi, e fatti propri. Si noti anche come Fortini rielabori l'adozione brechtiana dei modi del salmo luterano e delle ballate popolari, sostenuti da un riverberare, nel linguaggio, anche della tradizione lirica ufficiale.

[22] Me-ti, il saggio cinese del *Buch der Wendungen*, rappresenta Lenin. Il breve

testo, dato alle stampe nel 1965, è una critica allo stalinismo che riduceva il marxismo alla mera prassi politica del partito comunista.
[23] Il *Me-ti, Buch der Wendungen* fu iniziato nel 1934 durante la permanenza di Brecht nell'isola danese Svendborg (mia la traduzione dal tedesco).
[24] G. GRONDA, "Il falso vecchio", in *Per Franco Fortini*, Padova, Liviana, 1980, p.90.
[25] F. FORTINI e F. LOI, *Franchi dialoghi*, Lecce, Manni, 1998, p.31.
[26] F. FORTINI, *Realtà e paradosso della traduzione poetica*, cit., p.8: "Un pittore si apprestava a preparare una mostra con un paesaggio di una grande veduta lungo venti metri, che poi tagliava a fette per farne, di ciascuna, altrettanti quadri. É l'immagine che mi è venuta in mente, pensando alla divisione degli argomenti delle quattro lezioni di seminario, che intendo tenere. Si tratta di un paesaggio vastissimo e complesso...".

Il fiore di Mallarmé e Xuan Loc. La poesia di Giorgio Orelli da *L'ora del tempo* a *Sinopie*

*

Pietro De Marchi

All'interno dell'ampia sezione che il terzo numero dell'"Almanacco dello Specchio" (gennaio 1974) dedicava a testi inediti di autori italiani o stranieri si potevano leggere, come scrivevano nell'editoriale Marco Forti e Giuseppe Pontiggia, "le nuove poesie di uno dei poeti più significativi della 'quarta' generazione, il ticinese Giorgio Orelli". In quella occasione Orelli presentava dodici nuove poesie[1], tolte dalla raccolta *in progress* che già allora portava il titolo di *Sinopie* e che sarebbe stata, di lì a tre anni, nel 1977, il suo secondo libro ad uscire nella collana dello "Specchio", dopo *L'ora del tempo*, pubblicato nel 1962.[2]

Sul *Corriere della Sera* del 14 aprile 1974 Pier Paolo Pasolini recensì quel numero dell'"Almanacco".[3] Il suo giudizio sulle poesie di Orelli anticipate in quella sede era positivo: "SÌ", scriveva Pasolini all'inizio della sua breve nota, dalla quale si può senz'altro partire per inquadrare l'opera poetica di Orelli negli anni di cui ci occupiamo in questa sede, gli anni sessanta e settanta:

> SÌ. Sembra impossibile continuare a fare poesia nel 1972-73 tenendosi fedeli ai canoni del tempo in cui si è cominciato (1944). "Nel mezzo del giorno", "Frammento dell'ideale", ecc., sono poesie che sarebbe riduttivo e offensivo chiamare deliziose. Falsa ingenuità, finta scorrevolezza, studiata evocazione neorealistica del dialetto e del quotidiano, calcolata civetteria letterario-umanistica: mentre tutto è straordinariamente reale.[4]

Non staremo ad esaminare punto per punto questa condensata "descrizione" pasoliniana. Ci interessa invece in particolare la sua prima considerazione, quella sulla fedeltà ai canoni del tempo in cui si è cominciato. Vien da chiedersi se le cose stessero proprio in quei termini, e se Pasolini avrebbe ripetuto tale e quale il suo giudizio, se solo fosse vissuto abbastanza per leggere il volume di *Sinopie* nella sua interezza. Certo, era circa un decennio che la voce poetica di Orelli non si manifestava pubblicamente, e al momento della recensione di Pasolini, delle poesie che sarebbero entrate nel suo nuovo libro, oltre alle dodici dell'"Almanacco dello Specchio" ne erano note, almeno in Italia, solo altre sei, le *6 poesie* appunto edite in una *plaquette* scheiwilleriana nel 1964.[5] Si potrebbe pensare che a quel relativo "silenzio" di Orelli non fosse del tutto estraneo il cambiamento della stagione letteraria. Gli anni della neoavanguardia, un momento di forte rottura nei confronti delle pratiche di scrittura consolidate, rappresentarono per alcuni di coloro che si erano formati nella scia dell'ermetismo un'epoca di crisi o di messa in discussione della propria poetica. Non sarà forse un caso che anche un autore per certi aspetti vicino a Orelli come Luciano Erba non pubblichi nessuna nuova raccolta di versi tra il 1960 (*Il male minore*) e il 1977 (*Il prato più verde*). Ma va precisato che per Orelli gli anni sessanta e l'inizio degli anni settanta sono anni di rinnovato impegno critico, con l'approfondimento della lezione di Jakobson e dei linguisti russi, francesi e americani che venivano avidamente letti o riscoperti in quegli anni a cavallo tra strutturalismo e semiotica. Si veda in questo senso la collaborazione di Orelli a una rivista come *Strumenti critici*[6] e la ripresa del suo lavoro di traduzione da Goethe con la connessa riflessione sui problemi della versione poetica.[7]

Come che sia, quando nel 1977 uscì *Sinopie* la maggior parte dei lettori e dei recensori ne colsero gli elementi di novità, a livello tematico, linguistico e formale, piuttosto che quelli di continuità rispetto alla sua opera precedente. Sfumando l'affermazione di Pasolini, troppo perentoria, ci pare di poter confermare quanto detto altrove: l'Orelli di *Sinopie*, senza rinunciare affatto alla propria maniera di intendere la poesia, accoglie però le provocazioni della nuova stagione letteraria aprendo la sua pagina ad altri temi e ad altre voci.

Già nelle poesie della quarta, e ultima, sezione di *L'ora del tempo*, l'io dello "spazio cintato"[8], il poeta della vita di paese in una dolce conca montana – paese come grembo o bozzolo che protegge dall'ansia, dalla nevrosi – si era aperto a una più generosa attenzione al mondo: si pensi a testi come "Nel cerchio familiare" (con l'io restituito a un più discreto amore della vita); "Brindisi del primo fieno" (con l'affetto riconoscente per i fienaioli, bergamaschi nella fattispecie); "A mia moglie, in montagna" (con l'attesa della nascita di un figlio: "il figlio che maturi"). Ma in *Sinopie* si ha un grado ben maggiore di "apertura", anche nel senso di una più ampia varietà di registri e di linguaggi.

Per valutare appieno la novità di *Sinopie*, occorrerebbero ovviamente un discorso ampio e molte citazioni. Ci si accontenterà in questa sede di un confronto fra le due estremità del libro, fra l'*incipit* e l'*explicit*: quindi fra "La trota", del 1962, primo testo delle *6 poesie* edite da Scheiwiller nel 1964 nonché testo di "ouverture" di *Sinopie*, e "Foratura a Giubiasco", del 1975, ultima poesia del volume. Vediamo per cominciare "La trota":

> Di domenica setter color sasso
> memori tra il piantume
> fluviale, scarafaggi
> bianchi di morte, sommossi ogni poco dall'acqua
> che tocchi: pensare che la vita   5
> dev'esser viva, cioè vera vita, o la morte la supera
> incomparabilmente di pregio; e infatti
> "La trota" tanto attesa
> – che non giungeva alla misura e argentea
> sbatteva nella mano   10
> rustica del pescatore
> compagno d'infanzia dopo tanti anni
> ritrovato, prudente
> ferroviere, così
> discreto nell'accennare a quelli   15
> che sono andati di là – fugge,
> torna al suo fiume, ci salva.

Si noterà in primo luogo, a livello metrico, la resistenza, per così dire, dell'endecasillabo e del settenario, uniti da opportuni *enjambements* a raffigurare iconicamente l'agitarsi del"La trota" nella mano del pescatore (vv.8 ss.). È una trota, quella di Orelli, che come la rondine montaliana di "Lindau" "non vuole che la vita passi".[9] E però, accanto alle misure tradizionali o canoniche, si veda l'inserto prosastico dovuto alla citazione letterale di un passo del leopardiano "Dialogo di un fisico e di un metafisico" (vv.5-7, da "la vita dev'esser viva" fino a "incomparabilmente di pregio"). Sin dal primo testo del libro è percepibile la nota dominante: si va nella direzione di quel "fare misto", di quell'accorciare le distanze tra poesia e prosa che Orelli sperimenta in *Sinopie* e che continuerà a caratterizzare il suo lavoro anche nelle raccolte successive.

Si è accennato a Montale. E non a caso: "La trota" può essere letta come una "riscrittura", più in sordina, meno ambiziosa se si vuole, meno carica di simboli, dell'"Anguilla" di Montale, innanzitutto per il tema della epifania salutifera ("ci salva", v.17), ma anche per la sintassi sospesa da elementi ritardanti. Se nell'"Anguilla" montaliana c'è un'unica arcata sintattica dall'inizio alla fine del testo, e nel mezzo si ha una serie di apposizioni e di frasi relative che dilatano il discorso, qualcosa di analogo si verifica qui, nella seconda parte del testo (vv.7-17, da "e infatti" fino a "ci salva").[10] Quello della "Trota" è insomma, a livello formale e tematico, un Orelli postmontaliano ma non antimontaliano, per parafrasare una celebre sentenza continiana.

Se ora, arditamente, d'un solo balzo ci trasferiamo alla fine del libro, eccoci immersi in un altro clima letterario: sono passati tredici anni dalla "Trota", e non invano. "Foratura a Giubiasco" è una composizione in cinque sequenze o movimenti, distinti ma non irrelati: si potrebbe persino vedervi, aristotelicamente, unità di luogo, tempo e azione. Il testo incomincia come una passeggiata palazzeschiana (I); diventa un compianto per una piazza di paese stravolta da decisioni urbanistiche dissennate (II); si trasforma in una variante al femminile di "Sinopie" (III), la poesia che dà il titolo al volume, e quindi in un discorso sulla compresenza di vita e morte (là i vecchi attraversati da rughe secolari; qui la vecchia che racconta sogni di morte, a cui si affianca, nella quinta parte, la vecchia senza denti); approda a una protesta sommessa ma ferma contro

lo "scandalo" della guerra (IV); trova la sua risoluzione in uno sfogo
irritato contro un certo modo ottuso di essere svizzeri (V). Ma vediamo il
testo:

I

Nessuno che raggiusti biciclette?
Da un muro all'altro *In gremio Matris sedet*
sapientia Patris. L'immigrato
manovra seriamente le occlusive
dense della sua bella: ah che Carlo! ah che Porta!   5
Qui CELLE DI CONGELAZIONE, DO
IT YOURSELF CON TAPPETI,
là misericordine (giusto adesso
che, cauto, m'avvicino, scatta
la serratura dell'ingresso),   10
ed ecco DA QUI MOSSE I PRIMI PASSI
BERTA EDOARDO (amico
del Chiesa,
Chiesa Francesco, però:
un sì, un no ch'esitano sull'onda)   15
PER LE VIE LUMINOSE DELL'ARTE.
Ah, LAVASOL con signora Scerpella.
Uno schianto? Ma l'occhio della vecchia
dalla panchina mi guarda, le ortensie
hanno raggiunto tutto il loro blu.   20

II

Per dire in contropelo lo strazio
patito da una piazza
fra le più miti del mondo: ampio prato in pendio
che tra castagni d'India e platani (danno ombra
ora a vuote automobili) allontanava   25
dolcemente le case verso i monti,
paese da scomporre e ricomporre

come un Bruegel, ad ogni stagione;
ed ora bello come un cesso nuovo,
una di quelle belle soluzioni   30
definitive
che i cervelli asfaltati dei nostri Consigli Comunali
trovano senza ombre di dubbi
nel sozzobosco dell'incultura.
E allora, tu, cagnino, alza l'anca, irrora a lungo il frivolo   35
tappeto verde.

III

"Desidèri?" sospira
un'altra vecchia, "i miei desideri son quelli
della partenza. Ma senta il sogno che ho fatto stanotte.
Ero morta, e credevo d'andare, ma sì, in paradiso,   40
e vedo davanti a una casa, come là, verdina,
San Pietro che faceva
zoccole, ed io gli ho detto che avevo freddo, e gli ho chiesto
se la strada era quella, e San Pietro mi ha detto: 'Torna indietro
che è più corta', e mi sono svegliata."   45

IV

Nell'ultimo sole non dico
Un fiore! ma Xuan Loc e vedo
– lucertola impazzita sull'asfalto
caldo ancora d'estate –
una ragazza che non sa dove andare   50
col fratellino in braccio
e gira gira su se stessa.

V

Da qui,
da questo suolo tra i più intrisi di sangue,

si vede bene la nostra   55
bella zona di resistenza alla noia,
"chiave dei passi alpini"
"roccaforte"...di che?
toppa patrizia dove
ci si risparmia,   60
si economizzano le proprie forze
in attesa di meglio o di peggio.
Troppo tardi ormai per guardare
con calma l'uva più bella
di cui la terza vecchia mi ha parlato   65
senza invidia mostrandomi un povero grappolo
della sua, straziata dal maltempo.
Quel poco che posso adocchiare
non mi sembra né greve né leggero.
Ma giusto alla mia altezza s'è accesa una stanza,   70
una donna si toglie la collana,
l'affida lentamente ad un astuccio.
Sorpresa, senza denti, risponde
(grilli per attimi gridano)
al mio saluto attento al cane   75
(all'ovvio, all'oppio, al cancro, al rincaro).

Di *Sinopie* Orelli ha detto, in una conversazione del novembre 1985 con Christian Viredaz, il suo traduttore in francese, che era il libro nel quale egli appagava un po' tutte le esigenze più tenaci del suo spirito, in cui faceva vibrare tutte le corde della sua natura non semplice.[11] La stessa cosa si potrebbe ripetere, senza forzare troppo, per una singola poesia come "Foratura a Giubiasco", privilegiata dalla sua collocazione nel macrotesto di *Sinopie*. Si veda già solo la varietà dei materiali di costruzione convocati sulla pagina (ne segnalo alcuni, senza pretesa di completezza):

1) le iscrizioni e le lapidi locali, le insegne dei negozi (evidenziate dal corsivo o dal maiuscoletto), che come detto fanno pensare subito al Palazzeschi della "Passeggiata", quel primo Palazzeschi che la

neoavanguardia, ma anche critici come Baldacci avevano riportato in onore;

2) il latino della citazione iniziale (vv.2-3), che parla di amor sacro – e altrettanto fa la allusione alle misericordine (vv.8 ss.), suore qui invero troppo poco misericordiose, se si affrettano a sbarrare l'uscio;

3) all'amor sacro poi fa da contrappunto l'amor profano dell'umoristica e si vorrebbe dire gaddiana allusione al Porta (vv.3-5), e in particolare al sonetto che comincia "Sura Caterinin, tra i bej cossett", numero 100 dell'edizione Isella: le laboriose manovre (con sollecitazione del significato etimologico) dell'immigrato sulle "occlusive / dense della sua bella" e l'esclamazione "ah che Carlo! ah che Porta!" rimenano il v.5 di quel sonetto: "Oh che tett! Oh che ciapp plusquam perfett!";

4) la citazione dell'endecasillabo di quinta (di rottura) di un poeta ticinese e ultracentenario come Francesco Chiesa (v.15; i *Sonetti di San Silvestro* del Chiesa sono del 1971);

5) la citazione parodica del Dante dell'*Inferno* (si veda ai vv.17-18: "Scerpella. / Uno schianto?", con il rinvio a *Inf.* XIII 33 e 35: "Perché mi schiante? [...] Perché mi scerpi?");

6) il ricordo di immagini televisive, vv.50-52 (di cui si dirà tra poco);

7) i giochi paretimologici ("bella zona", v.56, per Bellinzona, tutt'altro che *locus amoenus*, ma luogo tra i più intrisi di sangue, con allusione alle battaglie medievali);

8) le invenzioni verbali motivate dall'*indignatio* (che *facit versus*, ma che stimola anche l'onomaturgia): "i cervelli asfaltati" (v.32) e "il sozzobosco dell'incultura" (v.34).

E poi ci sono Bruegel, il fiore di Mallarmé e Xuan Loc. Cominciamo con Breugel: la citazione del nome del pittore fiammingo in quel contesto (v.28) starà a dire che l'idillio paesano o alpestre, con le vacche, gli animali selvatici, i cacciatori (insomma il mondo del primo Orelli) è superato dai "tempi moderni", ma suggerirà anche polemicamente che occorrerebbe un rapporto più intelligente con il passato e la tradizione: si veda, ad esempio, in questa poesia, la compresenza, accanto a passi prosastici, di endecasillabi e settenari e di versi in metrica barbara. L'informale per Orelli non è informe, il suo sperimentalismo misurato non perde mai d'occhio la tradizione.[12]

E veniamo a Mallarmé e Xuan Loc. A Mallarmé il lettore è ricondotto dalla prima battuta della quarta parte: "Nell'ultimo sole non dico / *Un fiore!* ma Xuan Loc e vedo" (vv.46-47). È il Mallarmé di un celebre passo di "Crise de vers":

> Je dis: une fleur! et, hors de l'oubli où ma voix relègue aucun contour, en tant que quelque chose d'autre que les calices sus, musicalement se lève, idée même et suave, l'absente de tous bouquets.[13]

Xuan Loc, invece, è una località vicina a Saigon, teatro di combattimenti e scontri durante la guerra del Vietnam, che si concluse proprio nel 1975 (anche "Preghiera", nella stessa ultima sezione di *Sinopie*, allude ai bombardamenti di quel conflitto). La ragazza col fratellino in braccio che non sa dove andare, come una lucertola impazzita sull'asfalto, fa pensare a immagini televisive (come dichiara la nota d'autore: "Sul finire della guerra nel Vietnam, scene di panico viste alla TV"); ma può ricordare anche una delle più scioccanti foto che testimoniano l'orrore di quella come di tutte le guerre, la tristemente celebre fotografia di Phan Thi Kim Puc, la ragazzina di nove anni gravemente ustionata da un attacco al napalm, che fugge con altri bambini su una strada del Sudvietnam.

I due termini, "fiore" e "Xuan Loc", sono dunque in opposizione tematica e metapoetica ("non dico [...] ma [...]"): se la poetica mallarméana, o meglio, e più precisamente, il mallarméano lavoro sulla lettera non viene rinnegato, anzi si approfondisce e si raffina, ad esempio nel campo dell'anagramma, ma non solo (cfr. v.76: "all'ovvio, all'oppio, al cancro, al rincaro"), la situazione mondiale (e anche svizzera) fa sì che l'io si senta chiamato a reagire intervenendo su argomenti civili e politici. Tra le poesie "finali" dei libri di Orelli forse solo "Le forsizie del Bruderholz", con cui si chiude *Il collo dell'anitra* (2001), può reggere l'urto di un confronto con un testo come "Foratura a Giubiasco".

L'esempio di una poesia civile Orelli la trovava, tra i suoi vicini di casa, in Parini (e naturalmente, come sempre, in Dante), ma anche in Brecht, che per Orelli non va apprezzato solo perché poeta "politico", ma perché grande artista, che sa adoperare come pochi il linguaggio poetico (su questo si veda ancora l'intervista a Viredaz).[14]

Concludendo, si può tornare ad accennare alla questione dei "canoni" di cui parlava Pasolini nel 1974. Nella antologia da lui allestita, della *Poesia degli anni settanta*[15], Antonio Porta, uno dei cinque "novissimi" e una delle voci più originali della neoavanguardia, ha riprodotto integralmente "Foratura a Giubiasco", giudicandola un testo sommamente rappresentativo dell'Orelli di *Sinopie*.[16] Interessante è quello che Porta scrive nella nota al testo:

> Già il titolo della raccolta di Giorgio Orelli, *Sinopie*, denuncia apertamente la volontà di raccontare, senza voler arrivare all'affresco finale, troppo ambizioso, fuori misura, fuori tempo forse. La traccia della sinopia è agile, libera, non ha confini e non ipoteca alcun tipo di soluzione. [...] Non è dunque un caso che siano spesso battute di dialogo a sostituire la convenzionale parola: Fine. Proprio perché i racconti di Orelli sono senza Fine stanno sempre sul punto di trasformarsi in teatro, in un teatro non ufficiale, naturalmente, in un teatro "di strada" (le strade di Giubiasco, per esempio).

E molto pertinente al nostro discorso è l'ultima osservazione di Porta:

> è possibile che Orelli sia stato molto vicino a Montale, come suggerisce la critica, ora mi pare che non vi siano più legami e che occorra sbarazzarsi, alla luce di quest'opera uscita felicemente nel decennio, di questa ottica ormai deformante.

Sì, l'Orelli di "Foratura a Giubiasco" non ha più molto a che vedere con il Montale delle *Occasioni* e della *Bufera*, quello di cui ancora si avvertiva un'influenza (ma senza angoscia dell'influenza) al tempo di una poesia come "La trota".[17]

144   Pietro De Marchi

Note

[1] Le nuove poesie erano nell'ordine: "Come viene la sera"; "Due passi con Lucia, d'autunno"; "Nel mezzo del giorno"; "Frammento dell'ideale"; "A un filologo"; "Secondo programma TV"; "In riva al Ticino"; "Momento estivo"; "Dopo Lucca"; "Strofe di marzo"; "Preghiera"; "Sinopie". Una delle nuove poesie, "Dopo Lucca", compariva già nell'ultima parte di G. ORELLI, *Choix de poèmes*, 1941-1971, tr. di Y. Z'Graggen, Losanne, L'Aire-Coopérative Rencontre, 1973. Gli altri testi inediti di quella sezione (testi del 1964-1971) erano: "Mezzogiorno a C."; "A Lucia, poco oltre i tre anni"; "Memento ticinese".

[2] *L'ora del tempo*, Milano, Mondadori, come è noto, è un'antologia personale: si tratta infatti di una cinquantina di poesie, frutto di una severa selezione del lavoro di vent'anni e più, da *Né bianco né viola*. *Versi del 1939-1943*, Lugano, Collana di Lugano, 1944 a *Prima dell'anno nuovo*, Bellinzona, Leins e Vescovi, 1952, a *Poesie*, Milano, Edizioni della Meridiana, 1953, a *Nel cerchio familiare*, Milano, Scheiwiller, 1960. *Sinopie*, Milano, Mondadori comprende cinquantadue poesie, scritte tra il 1962 e il 1976: quasi tutto il lavoro poetico di Orelli negli anni sessanta e settanta si riassume quindi in *Sinopie*.

[3] Il suo scritto venne raccolto poi in P. P. PASOLINI, *Descrizioni di descrizioni*, a cura di G. Chiarcossi, Torino, Einaudi, 1979, pp.304-07.

[4] Vale la pena di ricordare che il 21 ottobre 1975, un paio di settimane prima della sua morte, Pasolini lesse davanti a docenti e studenti di Lecce un suo testo ancora inedito, che sarebbe poi stato il monologo finale di *Bestia da stile*. In questo testo, che "rifà e mima i *Cantos* di Pound", come disse lo stesso Pasolini, ci sono citazioni da Pound, ma è citato anche un verso di Orelli, e proprio della poesia "Nel mezzo del giorno". Cfr. P. P. PASOLINI, *Volgar'eloquio*, a cura di G. C. Ferretti, Roma, Editori Riuniti, 1987, pp.24 e 26-27.

[5] G. ORELLI, *6 poesie*, Milano, All'insegna del Pesce d'oro, 1964. Le sei poesie sono: "La trota"; "Alla mia bambina"; "Di passaggio a Villa Bedretto"; "In poco d'ora"; "Don Giovanni"; "A mia figlia, sulle capre".

[6] Alcuni dei saggi pubblicati in quella rivista a partire dal 1970 vennero poi ristampati in ID., *Accertamenti verbali*, Milano, Bompiani, 1978.

[7] Cfr. J. W. GOETHE, *Poesie*, a cura di G. Orelli, Milano, Mondadori, 1974.

[8] Riprendo la formula di G. PACCHIANO, "Lo spazio cintato di Giorgio Orelli", *Il lettore di provincia*, V, 16, aprile 1974.

[9] E. MONTALE, *L'opera in versi*, a cura di R. Bettarini e G. Contini, Torino, Einaudi, 1980, p.115.

[10] Su "L'anguilla" si veda una lettura verbale di G. ORELLI, in *Eugenio Montale*, a cura di A. Cima e C. Segre, Milano, Rizzoli, 1977, pp.71-90, poi, in versione ritoccata, in ID., *Accertamenti montaliani*, Bologna, Il Mulino, 1984, pp.79-94.

[11] C. VIREDAZ, "«Pouvoir dire: c'est mon caillou, voilà, c'est moi...»". Entretien avec Giorgio Orelli", *Écriture 33*, autunno 1989, 249.

[12] Si è parlato giustamente della "giudiziosa misura degli ardimenti formali di Orelli". Cfr. S. RAMAT, "Una testimonianza su Giorgio Orelli", *Poesia*, XIV, 151, giugno 2001, 7.

[13] S. MALLARMÉ, "Crise de vers", in *Igitur, Divagations, Un coup de dés*, Paris, Gallimard, 1976, p.251.

[14] C. VIREDAZ, "«Pouvoir dire: c'est mon caillou, voilà, c'est moi...»". Entretien avec Giorgio Orelli", cit., p.250.

[15] *Poesia degli anni settanta*, Introduzione, antologia e note ai testi di A. Porta, Milano, Feltrinelli, 1979. I testi di Orelli, tra cui quello di cui ci occupiamo, si leggono alle pp.436-42. La nota del curatore su *Sinopie* si legge alle pp.77-78.

[16] L'antologia di Antonio Porta presenta, in appendice, p.612, anche una poesia inedita di Orelli, "Ascoltando una relazione in tedesco" (1977), che, con l'aggiunta di un terzo tempo, sarebbe entrata a far parte di *Spiracoli*, e cioè del terzo libro di Orelli pubblicato nella collana dello "Specchio" nel 1989.

[17] Già un critico acuto come Massimo Raffaeli, recensendo *Spiracoli* sul *Corriere adriatico* del 12 maggio 1989, scriveva che Orelli era tra "i rarissimi nel dopoguerra ad aver attraversato Montale (a ritroso, confrontandosi attivamente con l'intera tradizione lirica, da Pascoli risalendo all'intersezione di Dante in Petrarca) e dunque a fuoriuscire dal cono d'ombra d'un culto totalitario". Cfr. M. RAFFAELI, *Novecento italiano. Saggi e note di letteratura (1979-2000)*, Roma, Luca Sossella Editore, 2001, p.168.

Le *IX Ecloghe* di Zanzotto, tra le "parentesi innumeri" di un'ininterrotta poesia

*

Francesco Carbognin

M i limiterò qui a individuare qualche problema, generalissimo, che si frappone tra le *IX Ecloghe*[1] e il tentativo di una loro eventuale collocazione all'interno di quell'intricata vicenda di accumulo e variazione che è la produzione poetica zanzottiana.

Le *IX Ecloghe* rappresentano, per riconoscimento unanime della critica, una tappa fondamentale all'interno del percorso poetico seguito da Zanzotto che Agosti chiama "vitalmente noetico"[2], cioè poetico ed esistenziale a un tempo.

Rispetto al punto "più alto" rappresentato da *Dietro il paesaggio* del 1951[3], più alto "alla lettera e in assoluto", trattandosi di un'esperienza di linguaggio compiuta "al culmine tecnico del dire e, in un certo senso, al culmine dell'"eloquenza"'"[4], la *Beltà*[5] rappresenta, come sostiene Agosti, certamente "il punto più basso, vale a dire più profondo, toccato da Zanzotto nel suo percorso poetico".[6]

Tra il 1951 e il 1968 – a meno che non si comprendano in questa ripartizione anche le liriche apparse nel 1970 col titolo *A che valse (versi 1938-42)*[7] – va dunque elaborandosi, secondo la lettura di Agosti, il "primo punto focale dell'esperienza di linguaggio"[8] perseguita da Zanzotto.

Ma nella poesia di Zanzotto non si dà un'evoluzione lungo una direttrice lineare, caratterizzata da una vettorialità univocamente progressiva: un'erronea credenza, questa, più o meno implicitamente accolta dalle più diverse ipotesi di lettura, e affermatasi per l'indebita espunzione del momento conclusivo, "classificatorio", dell'esegesi del *corpus* zanzottiano compiuta da Agosti, dall'architettura strutturale nella quale sola trovava la sua giustificazione razionale e la sua "vitale" ragion d'essere: a tal punto che parrebbe, ormai, iscriversi nell'ambito di una vera e propria "archeologia da specialisti"[9] il tentativo di una retrospezione esegetica di opere anteriori a *La Beltà*, vuoi che si tratti delle opere più antiche, come *Dietro il paesaggio* o la davvero "protovergine"[10] (da un punto di vista esegetico) *Elegia e altri versi*[11] (1954), vuoi di opere più vicine al discrimine critico del 1968, quali *Vocativo*[12] del 1957 e le stesse *IX Ecloghe* del 1962. A essere penalizzati, cioè – lo voglio qui sottolineare – sono proprio quei testi che hanno preparato l'avvento di *La Beltà* con i loro scricchiolii, le loro faglie, le loro improbabili "iperbellezze".[13] È ormai assodato come in Zanzotto non si diano "punti 'medi', livelli pacifici di lingua e realtà"[14]; eppure – ed era già il Guglielminetti a denunciarlo nel numero monografico del 1974 di *Studi Novecenteschi* dedicato a Zanzotto – forse questa "conclusione suona più vera di quanto l'Agosti non voglia"[15] – di quanto non voglia, si tenterà di precisare qui, chi si accosti ai testi di Zanzotto decontestualizzando posizioni di giudizio dalla riflessione critica del suo primo grande lettore, senza assumersi la piena consapevolezza del rischio che tale operazione potrebbe comportare.

Qualora, infatti, il rilievo, tanto fertile quanto necessario, di punti focali e luoghi paradigmatici-demarcativi, nella parabola evolutiva della poesia di Zanzotto descritta da Agosti, venisse decontestualizzato dall'*humus* esegetico di provenienza, si rischierebbe di misconoscere la densità stratigrafica della produzione zanzottiana: una ricca quanto accidentata vicenda poetica che cresce per concentriche circolarità e improvvisi sprofondamenti, attivata da una dinamica che tende, da questo punto di vista, a escludere qualsiasi superamento dialettico, nel momento in cui ogni nuova opera si pone come precipitato di sperimentate e sedimentate acquisizioni testuali, co-implicandone gli assunti noetici-espressivi e ri-assumendoli in sé.

Ci si dovrebbe chiedere, per esempio, di quanto "piume pennini grafite e poi l'illustre biro"[16] di *La Beltà* siano debitori di quegli "orti di marmo"[17] dalle "tinte sublimi"[18] di iperletteraria fattura visibilmente dispiegati, in *Dietro il paesaggio*, a schermare la realtà storica e le sue laceranti devastazioni; si potrebbe valutare, in tal modo, l'effettiva portata del trapasso operativo compiuto da Zanzotto, dalla tattica di avvolgente occultamento dell'oggetto lirico caratterizzante il suo esordio poetico, per via di quel "*refoulement*"[19] della storia ingegnosamente orchestrato in modo da autodenunciarsi come finzione, attraverso una "proclamata non-contiguità al vissuto"[20] ("Qui non resta che cingersi intorno il paesaggio / qui volgere le spalle"[21]), alla tattica di sottoporre lo stesso oggetto a un'oltraggiante dis-identificazione, come nel proemio alla *Beltà*, immortalandolo nell'indeterminata transitività del suo "decedere verso"[22]: ma solo per promuoverne l'aggiramento, lungo un tracciato circonlocutivo "trapunto a piccoli cieli-meli-steli"[23] fortemente grammaticalizzato: lungo, cioè, una sorta di eluardiana parabola dove niente di ciò che è degno di essere amato va veramente perduto, nemmeno i "non i sic i sigh" sospirati da una *ratio* lasciata sempre indietro, nell'inseguimento, immobilizzata in un allibito balbettamento cognitivo:

> ti vedo nel fondo della mia serachiusascura
> ti identifico tra i non i sic i sigh
> ti disidentifico
> solo no solo sì solo.[24]

Del resto, infatti:

> La vita bisogna lasciarla piú avanti.
> Ecco un'altra cosa, vedine l'esordio.
> E questa non è, neppure un non, un neppure.[25]

Lezione, quest'ultima, già presente allo Zanzotto di *IX Ecloghe,* alle prese con la "per secanti e tangenti fugitiva"[26] di "13 Settembre 1959 (Variante)", e via via utilizzata nell'*ad libitum* in tutte le sue potenzialità retoriche e semantiche; nei *Senhal*[27], per esempio, che proprio dalla struttura "segmentata e vocativa"[28] di "Variante" erano anticipati e profetizzati, in termini di deflagrazione formale:

> — "No, io non mi sono ancora
> no, io non mi sono nata
> no, io nido nodoso dei no   diamante di mai
> no, io sono stata il glissato a lato
> no, io non ero la neve né la selva né il loro oltre

eppure e a dispetto e nonostante".[29]

Tuttora valida, a questo proposito, resta la definizione di Montale: "Zanzotto non descrive, circonscrive, avvolge"[30]: definizione, questa, che ben si adatta a un movimento tipicamente zanzottiano, quello dell'avvolgere, del chiudere in cerchio, rinvenibile sia al livello intratestuale, logico-sintattico, semantico (tematico) e retorico, sia al livello macrotestuale e, ciò che più interessa, intertestuale (si intenda: al livello delle relazioni che i vari macrotesti di Zanzotto vengono a stipulare tra loro nel tempo): un procedimento formale, cioè, grazie al quale l'autoreferenzialità di ognuna delle raccolte zanzottiane successive a *Dietro il paesaggio* (*La Beltà*, poniamo), strutturalmente connessa alla *clôture*, direbbe il Testa, che fa di essa un "oggetto strutturale" (un macrotesto, un "canzoniere") trasformando "il suo tempo nel tempo morto dell'attesa"[31], deflagra sotto la pressione di forze centrifughe che tendono a scardinare la strutturale fissità di quella stessa raccolta interrelandola a tutte quelle a essa precedenti (*IX Ecloghe, Vocativo, Elegia e altri versi* e *Dietro il paesaggio*). L'immobile – considerato nella sua singolarità – oggetto macrotestuale di Zanzotto, detto in altri termini, diviene una vera e propria pratica macrotestuale, al momento della sua precipitazione nel circolo più "alto" e comprensivo costituito da tutti gli altri macrotesti zanzottiani, che ne trasforma di continuo la strutturazione interna costringendola a sempre nuovi riassetti omeostatici e a sempre nuove coerenze; dal momento che "è una delle tecniche più vistose e singolari di Zanzotto, questa, di legare quasi sintatticamente la sua produzione"[32], corredata di precisi riscontri teorici in sede di saggi critici[33], e, si potrebbe anche aggiungere, una delle tecniche a più vasto raggio d'incidenza, se a essere coinvolti in tale pratica intertestuale non sono solo i luoghi istituzionalmente "marcati" dei macrotesti, come (oltre ai singoli testi) titoli, proemi e epiloghi, artifici della *dispositio* di ogni opera, ecc., ma anche i luoghi non prettamente "strutturali", come le "poesie di poetica"[34], o, addirittura, i più "marginali", come l'apparato paratestuale costituito dalle stesse *note* d'autore ai testi, almeno a partire da *IX Ecloghe*.

In realtà, le note autoriali alle *IX Ecloghe* assolvono, in polemica con le contemporanee sperimentazioni dei Novissimi dell'omonima auto-antologia del 1961[35] (dei quali, piuttosto, "i commenti e le inquadrature

che, pure, tendono a far corpo con i poemi"[36] colpiscono l'interesse di
Zanzotto), il compito di manifestare l'intenzione di un "non fare sul
serio", concorde con la consapevolezza, acuta in Zanzotto, della
dimensione di falsità e misconoscimento in cui affonda il mondo
quotidiano in quanto verbalizzato, di quell'"attuale ipotesi di reversibilità
tra esperimento e convenzione"[37], tra una nuova posizione del giudizio e la
sua immediata obliterazione nello stereotipo, che vanifica le scelte di volta
in volta compiute dall'intellettuale moderno, vietandogli ogni pretesa in
direzione di qualsivoglia verità:

> l'esibizione, accanto ai versi, di indicazioni e note varie, e
> magari anche di cartelle cliniche, nel mettere in mostra le
> radici e le placente dei poemi, conta a differenziare solo in
> quanto attesti senza pericolo di equivoci un 'non fare sul
> serio' rispetto a un certo grado massimo del "poetare" senza
> parentesi: ma sempre nell'attesa di quel grado massimo.[38]

Le note alle *IX Ecloghe* (come, del resto, l'opera intera) ricavano
dall'artificio del loro essere-finzione la possibilità di introiettare il
"complicarsi della nozione di reale"[39] tipica del clima culturale degli anni
'60, svolgendo la funzione (mantenuta da Zanzotto in tutte le successive
raccolte) di differire e moltiplicare il senso dei testi di riferimento, di
mantenerne viva la pluridirezionalità semantica (cfr.: ""*cortese donna
mia*": quasi formula fissa nella retorica della poesia galante"[40]; "*I siri*: un
improbabile plurale di "sire""[41]), soprattutto insediando i segni del non-
definitivo (il "forse", il "quasi") in quello che dovrebbe costituire un
apparato esplicativo – e che giunge anche a costituirlo, ma *in absentia*,
come "grado massimo", anch'esso, dell'"attesa", nel momento in cui il
commento esplicativo, coniugando a una lapidaria sentenziosità la frigida
scientificità dell'equazione matematica, esplode in una scioccante
controdeterminazione ironica del non-definitivo: "biologale sta a biologico
come teologale sta a teologico".[42]

In compenso, già nelle *Ecloghe* il dispositivo paratestuale delle *note* ai
testi giunge a incaricarsi di circoscrivere le circostanze costitutive di un
vero e proprio nucleo tematico, dalla carica semantica destinata a
persistere trasversalmente alla *clôture* della singola raccolta; la nota,

allora, istituzionalmente addetta a indicare "quale sia la relazione che il dettato poetico intrattiene con il discorso mediante il quale si svolge il dialogo pubblico sulla poesia"[43], nel caso di Zanzotto risulta imporre al lettore di riconoscere nella raccolta d'accoglienza l'articolazione di un discorso inerente alla totalità del *corpus*, trasformandone l'autoreferenziale fissità in mobile pratica interreferenziale. È il caso, per esempio, dell'ascendenza stilnovista del sintagma vocativo "cortese donna mia" (cfr. la nota prima citata), che riappare nei *Senhal* a connotare un'isotopia strettamente congiunta a quella del taglio-ferita, da intendersi nel triplo senso di incompiutezza, perduta integrità, tragico destino di differimento semantico (cfr., già nelle *Ecloghe*: "ecco già quel che fosti / e quel che sarai si confondono / nel taglio della luna"[44]). O, ancora, di violenza storica, perpetrata dall'uomo nei confronti della luna (l'allunaggio dell'Apollo 11), descritta nei termini di un possesso anche carnale ottenuto "nel più volgare dei modi"[45] da parte del poeta, e nel senso di breccia aperta nel corpo della *langue* dal poeta, per ricavarvi uno spazio per la poesia (tradizione lirica e scarto dalla norma, insieme) che opponga all'entropia e alla dissoluzione del senso l'inerzia che le deriva dall'irrelatezza rispetto all'oggi della sua trascorsa *maiestas*: "la mia ferita è stata la mia sorte la mia corte il mio forte".[46]

È, però, con *La Beltà* che si verifica, nell'ambito del più generalizzato "movimento-mancamento radiale"[47] in atto nell'opera, l'innesto della dimensione intertestuale, facente capo alla ripresa – puntuale (autocitazione) o allusiva – del già-scritto, nell'autoglossa concepita come dispositivo di complicazione semantica (cfr., per esempio: ""id-vid": a proposito della vita intesa come ideare-vedere, con radice comune, cfr. ιδ(Fιδ). Possibile anche un richiamo all'Id (Es)"[48]). Oltre alle note instauranti un nucleo tematico passibile di sviluppo nelle raccolte successive ("*Rorschach*, Rosenzweig: test psicologici"[49], di cui il primo offre l'alibi strutturale a *Gli sguardi i fatti e senhal*) vi si possono reperire, allora, note che manifestamente riallacciano rapporti intertestuali con le raccolte precedenti:

"*acqua che devia* ecc.": versi riportati da *Dietro il paesaggio* (sono del 1945)[50];

"*non sa parlare – che per conoscere* – ecc.": versi riportati da *Dietro il paesaggio*, anche questi del 1945[51];

La base è il film di Dreyer [...] come per il componimento *Impossibilità della parola*, in *Vocativo*[52];

"*spighette pannocchiette* ecc.": sempre la vigna di Renzo[53];

Vedi anche la V delle *IX Ecloghe*[54].

Ma l'apparato esplicativo delle raccolte zanzottiane non rappresenta che il particolare investimento di una pratica già ampiamente collaudata a livello, propriamente, testuale: inaugurandosi, con *Dietro il paesaggio*, in un gesto marcatamente iperletterario – ed è oggi Tassoni a ricordare come la scrittura di Zanzotto si configuri "come processo informale basato o addirittura partito dall'insieme delle citazioni"[55] – il movimento propositivo della poesia zanzottiana diviene, infatti, già a partire da *Vocativo*, quello dell'autocitazione (o dell'allusione autoparodiante), che costringe ogni ritorno testuale a reagire con il suo proprio carico di esperienza, promuovendo a propulsore semantico la stessa giacitura, la sedimentazione, la lunga durata da residuo dei testi che vengono a depositarsi gli uni sugli altri, stratificandosi nell'arco del cinquantennio di fertilissima attività.

Fatte tali precisazioni, dovrebbe essere lecito, per esempio, riconoscere, nello spalancarsi del paesaggio testuale di *Vocativo* al "ricchissimo nihil" della propria origine enunciativa – nella scissione instauratasi tra soggetto lirico e soggetto dell'enunciazione –, la messa in crisi dell'intero sostrato motivazionale che reggeva il sistema citazionistico e analogico-espressivo di *Dietro il paesaggio*: e cioè il deprimersi, in *Vocativo*, e il sedimentare, al livello della "temporalità geologica – e quindi relativamente statica, antistorica"[56] propria del divenire tellurico, di quella stessa iperletteraria atemporalità su cui si fondava la "grammatica elementare"[57] responsabile, in *Dietro il paesaggio*, delle transazioni metaforiche tra il soggetto e gli oggetti a lui circostanti. A ben vedere, infatti, a subire il "trapianto" critico nell'ottica "razionalistica" di *Vocativo*, sono proprio gli scorporizzanti processi metamorfici che in *Dietro il paesaggio* informavano il rapporto io lirico - natura, tanto quelli a connotazione disforica quanto, e soprattutto, quelli evocati a designare una gioiosa familiarità con gli elementi naturali, come il sapere "spontaneamente" e il "tanto" sentire del soggetto lirico trasfondentesi nel paesaggio di "Lorna": "e so così spontaneamente / tante gioie e tanto sento / legate insieme dita e mani / ombra e respiro [...]".[58]

Chiedersi, in sede critica, di quale "spontaneamente" sapere e di "quanto" sentire appaiano invece capaci, in *Vocativo*, "mani" e "respiro" del *percipiens* lirico di "Dal cielo", porterebbe a comprendere a quale dura prova sia stata sottoposta la resistenza dell'analogismo di questo stesso sostrato ipotestuale costituito da "Lorna": si giungerebbe, forse, a postulare la sua avvenuta ristrutturazione in chiave, per così dire, allegorica, "in volto di mattino", e leggervi una delle tematiche principali dell'intero libro. E cioè la constatazione dell'arbitrarietà che sola consente all'uomo di riconoscersi come l'identico soggetto delle proprie percezioni, per la sovradeterminazione esercitata da parte di un codice di qualificazioni fisiche già dato alla coscienza (com'è, da sempre, dato, percettivamente, il "cielo") sulla prevista pluralità di contesti semantico-percettivi sensibilmente fruibili dall'uomo: un codice indipendente dall'effettivo verificarsi dell'atto percettivo, come anche da una sua reale corrispondenza alla realtà esterna:

> Mani, lingua, respiro,
> dal cielo è questo mio conoscervi,
> dal cielo vita immemore
> ti componi al tuo sguardo e il tuo sguardo
> dal cielo si compone.
> E in volto di mattino si riannuncia
> a sé quanto da sé fu oppresso:
> vedere, udire, ancora
> a me nuovi ritornano?
> E questo io posso donde
> la faglia senza fondo mi divelse
> e, fatto sangue, nelle congiunture
> nuove che il mondo affermano,
> viventi sensi, muovere a me stesso?[59]

Questo approccio critico renderebbe, forse, più accessibile, da un punto di vista esegetico, la morfologia di questa "faglia" che, in *Vocativo*, "divelse" il soggetto da sé stesso dotandolo di "congiunture / nuove" illusionisticamente affermanti la piena significabilità del mondo ("che il mondo affermano") e, insieme, della possibilità esclusivamente illusoria di esperirsi identico nel variare delle percezioni ("ancora / a me nuovi ritornano?"); certamente ne favorirebbe il reperimento degli etimi tematico-figurativi nelle volute, negli avvallamenti, nelle crepe di quel paesaggio lirico che già in *Dietro il paesaggio* aveva rinunciato a costituire la superficie di riflessione levigata e rassicurante di una soggettività integra, per rivelarsi terreno scabro, tagliente, poroso, forato dai proiettili della Seconda Guerra (cfr. "Un arso astro distrusse questa terra / profonda in pozzi e tane"[60]; "le crepe dell'abisso"[61]; "nelle botole dell'autunno"[62]; "il duro avello si scava la sera"[63]; "Vedrò l'acqua che cade e sparisce / nel cofano e nella tomba"[64]).

Soltanto sottoponendo le successive tappe dell'*iter* poetico e gnoseologico di Zanzotto a un'analisi di tipo, propriamente, stratigrafico, più che a un'indagine retrospettiva di tipo lineare, ogni nuovo approdo testuale riesce allora a manifestarsi in una ricchezza significante dall'inedita, plurifrangente lucentezza: magari per richiudersi immediatamente nella propria "adamantina" unità, e "fottere il campo"[65] dell'analista, ma solo dopo aver reagito con il proprio carico di esperienza, come nell'ambito di una trasformazione chimica.

Il riscontro più clamoroso di quanto sto affermando è riconoscibile proprio nel titolo e nella funzione che assolve, relativamente all'articolazione dell'intero *corpus,* l'ultima opera di Zanzotto, *Sovrimpressioni*[66], contesta di residui scritturali di un sé alla deriva, come avverte lo stesso autore in nota, indicandone la continuità con la linea avviata da *Meteo.*[67] *Sovrimpressioni,* infatti, riattraversa il tema della *Heimat* solighese, non più, però, sondandola tra le "erompenti pieghe" e le asfittiche verticalità scavate dal *percipiens* lirico nel paesaggio testuale di *Vocativo*, negli iterati tentativi di una sua oggettivazione percettibilmente constatabile; nemmeno contemplandola nell'amorosa, anamorfica "interezza" attraverso il "mirifico occhio di mosca"[68] dell'io di *IX Ecloghe*; e neppure inseguendola "a perdifiato"[69], come in *La Beltà,* sfidando l'"oltranza" del suo stesso saltabeccare, per poi sorprenderla nel "terrain vague / il grande interregno"[70] dello scacco cognitivo, sospeso tra un "dispotico" "qui puntiforme unitissimo / commesso nel perfetto"[71] e l'intangibile "più in là"[72] della sua tautologica assolutezza. Di quell'antica arcadia, e di tutte le varianti della sua trasposizione testuale operata da Zanzotto, il *display* di *Meteo* ha già registrato, in diretta, il definitivo deflagrare in una "contingenza impazzita"[73] liberata in impersonale deriva, nelle immense aree di un paesaggio "terminale".

Questa volta, cioè, l'antica *Heimat* è osservata "dalla parte contraria"[74], dal "folto del finire"[75] in direzione dell'"allitterato esordiente paesaggio"[76], e anche oltre, come se quest'ultimo libro di Zanzotto non potesse esercitare la propria autorità di ipertesto, su tutti quelli che l'hanno preceduto, se non in forma, appunto, di "sovrimpressione": come un velo, cioè, scritturale lasciato cadere sopra il *display* di *Meteo* quasi per avvolgere l'intero *corpus* precedente, eleggendo l'autocitazione quale "tentativo estremo di coesione semantica per un corpo-testo frantumato e destrutturato in quanto organismo".[77]

Ma affermare, come già Milone in un acuto intervento datato 1974, che i vari "esiti formali" nella storia della poesia di Zanzotto "sono strettamente dipendenti gli uni dagli altri e nessun mutamento d'ottica è decifrabile se non a partire dallo stato precedente e in vista dello stato successivo"[78], non significa, assolutamente, sostenere che ogni opera possa divenire un elemento essenziale alla fondazione della coerenza semantica di quel supposto macrotesto costituito dall'intero *corpus* delle opere di Zanzotto considerate sincronicamente, come se a monte vi agisse *ab origine* un supposto disegno prestabilito dal poeta. Se il *corpus* zanzottiano si orienta verso la costituzione di un "macro-canzoniere", e se, pertanto, ancora oggi, dopo un cinquantennio di poesia, il perimetro retorico-esistenziale del paesaggio poetico zanzottiano giunge, grazie all'apparato (auto)citazionistico apprestato in *Sovrimpressioni*, a chiudersi, alludendo a una parvenza di unità dell'Io, lo fa in forza di un movimento febbrile, incessante e confusivo, ai limiti della *mise en abîme* – figura retorica e gnoseologica preferenziale al termine dell'*iter* poetico zanzottiano – che si coniuga necessariamente con le meccaniche dislocazioni e con le lunghe inerzie di un procedere compositivo che ha tutti i requisiti per definirsi complesso.

Già nella *Beltà* Zanzotto aveva enunciato, a questo proposito, delegando alla funzione metalinguistica del discorso poetico la "supervisione ironica"[79] dei propri trascorsi poetico-riflessivi, i caratteri morfologici e semantici di questo assai improbabile, "pleonastico", "macro-canzoniere", rilevandone la coerenza profonda nel "trauma" geneticamente (genealogicamente) affine alla "faglia" e al "ricchissimo nihil" di *Vocativo*, come alla sua linguistica trasposizione costituita dal "semantico silenzio"[80] di *IX Ecloghe*; il materiale vi doveva essere "ammonticchiato", "spinta per spinta", contro ogni ipotesi di causalità lineare, le isotopie semantiche minacciate trasversalmente da "spallate gomitate" di lessemi accostati per contiguità di "più specie" (ma soprattutto fonica: "fonemi monemi e corteo"), le isotopie spaziali "straboccare" "in ogni senso direzione varianza":

> L'archi-, trans, iper, iper, (amore) (statuto del trauma)
> individuato ammonticchiato speso
> con amore spinta per spinta
> – a luci basse e filo di terra,
> a sole a sole perfino –
> spallate gomitate
> come in un pleonastico straboccante
> canzoniere epistolario d'amore
> di cui tutto fosse fonemi monemi e corteo,
> in ogni senso direzione varianza,
> babele e antibabele
> volume e antivolume
> grande libro verissimo verosimile e simile,
> grembo di tutte le similitudini: gremito di una sola similitudine:
> talvolta un'identità ne effiora
> una specie più specie e suggelli[81]

"Talvolta un'identità ne effiora / una specie più specie e suggelli": proprio quest'ultima precisazione diviene cruciale per chi intenda difendere una prospettiva che consideri l'intero *corpus* poetico zanzottiano come una totalità a un tempo plurale, differenziata e differenziantesi in scaglie autocitazionistiche, circoscrizioni testuali onnivore e votate

all'inspessimento progressivo, ipertrofico fino alla necrosi, della propria
materia verbale, per gli infiniti avvolgimenti su di sé, per tutti gli "eccessi
e ostinazioni"[82] di sondaggi, prelievi dal già-stato e capillari auto-
rispecchiamenti.
Giusta, a questo proposito, la definizione di Dal Bianco:

> La poesia di Zanzotto è un organismo che cresce su se
> stesso sviluppando le medesime ossessioni tematiche [...] si
> evolve a partire da un reticolo di proposizioni guida molto
> antiche. Tale "evoluzione" procede per nuclei di
> discontinuità catastrofica, ognuno dei quali conserva
> vivissima la traccia dei passaggi precedenti, cosicché ogni
> libro di Zanzotto è allo stesso tempo autoreferenziale e
> interreferenziale al massimo grado.[83]

Quest'auto-ripiegamento critico dell'Autore assume i modi e i ritmi del
cavilloso e dell'ossessivo, una vera e propria – sostiene Lorenzini –

> coazione a ripetere che si trasforma in reversibilità
> incessante: non solo nell'ironizzazione di sé sino alla
> disgregazione comica, ma anche nell'accumulo di materiale
> di segno contrastivo, che si lascia convivere in simultaneità,
> senza opzioni risolutive.[84]

In positivo, si potrà derivare una costante relativamente valida per tutti
i macrotesti di Zanzotto, l'unica in grado di frenare, ma solo per via
teorica, l'infinito "lavoro" di "riassestamento coesivo"[85] dei macrotesti
interno all'intero *corpus*: se, cioè, la compattezza e autosufficienza di ogni
singola opera di Zanzotto non denuncia, da ultimo, che un vuoto di
macrotesto, non rappresentando che l'immagine rovesciata
dell'impossibilità di costituire un "canzoniere" (ma "nell'attesa di quel
grado massimo"), l'unica legge isolabile con una certa sicurezza, l'unica
corretta istruzione desumibile dal funzionamento del linguaggio poetico
zanzottiano considerato al livello della successione dei macrotesti, prevede
il rilievo, nella sua opera, dei luoghi pertinenti al riconoscimento di un
originale processo di "metabolizzazione" in atto di raccolta in raccolta, e

pertanto l'attraversamento, senza mete definitive, di diaframmi di già-stato come potrebbe verificarsi nell'ambito di un'"endoscopia per entro il dentro-tenia dei tempi".[86]

E basterebbe confrontare le date di composizione indicate dal poeta in calce alle stesse opere, per notare che interferenze e sovrapposizioni costituiscono la stessa prassi compositiva di Zanzotto; come anche le date che attestano imprevedibili ritorni (la pubblicazione delle liriche di *A che valse* nel 1970; la ripubblicazione di *Vocativo* nell'81) o clamorose reticenze (la non subitanea pubblicazione dei *Senhals*). O, se non bastasse, l'appassionata vicenda compositiva dell'"assai improbabile trilogia", esemplarmente attestata dalle note dell'Autore ai testi, che, a questo punto, possono a ragione considerarsi funzionali alla costituzione di uno "spazio per un supplemento di testo", o, più precisamente, di una regione fluttuante, interstiziale, liminare, ricavata dall'intersezione di "testo vero e proprio, intervento autoriale e intervento extrautoriale"[87], secondo la classificazione di Genette[88]:

> Questi versi sono stati scritti tra il 1975 e il 1978. La raccolta apre quella che impropriamente si potrebbe dire una trilogia, in buona parte già scritta.[89]

> Questi componimenti in buona parte si sono formati insieme con quelli de *Il Galateo in Bosco* tra il 1975 e il 1978, altri si sono aggiunti negli anni seguenti, fino al 1981. La presente raccolta rappresenterebbe dunque la seconda parte di una assai improbabile trilogia annunciata già con quel libro.[90]

Certamente, per quanto riguarda le ante della trilogia, "l'énigme de leur articulation ne peut manquer de se poser impérieusement comme premier préalable à la lecture de l'ensemble de l'édifice"[91], tanto che il più scrupoloso lettore è costretto ad ammettere, come fa Philippe Di Meo, che "la trilogie est à elle-même sa théorie implicite"[92]; ma la medesima conclusione sembra, a un'attenta lettura della nota a *Idioma*, terzo tempo del trittico, estendibile al *corpus* poetico zanzottiano considerato nella sua

interezza (fino al 1986: da *Dietro il paesaggio* a *Idioma*), recalcitrante ai
più autorevoli tentativi di una sua formalizzazione:

> La presente raccolta di versi rientra nel gruppo che
> comprende anche *Il Galateo in Bosco* e *Fosfeni*. Essa è in
> parte contemporanea a questi libri (1975-1982), alcuni
> componimenti sono del 1983-84. Nell'insieme si tratta di
> una pseudo-trilogia: momenti non cronologici di uno stesso
> lavoro, che rinviano l'uno all'altro a partire da qualunque di
> essi, anche se in una certa discontinuità, e persino
> sconfessione reciproca.[93]

La nota che suggella la *clôture* della trilogia, sciogliendo – ma in realtà
rilanciando su un diverso e più insidioso piano significante – l'enigma
stesso di una sua formula definitoria ("impropriamente si potrebbe dire
una trilogia" → "una assai improbabile trilogia" → "pseudo-trilogia"),
ancor prima di quello di una sua interna *articulation*, chiude, come
sembra, anche un'intera esperienza poetica durata trentacinque anni (1951
- 1986), congiungendosi semanticamente al sopraccitato brano di *La Beltà*,
e, per via della revisione ironica del passato poetico zanzottiano che vi si
attuava, allo stesso *Dietro il paesaggio*: in effetti, a ben vedere, i
"momenti non cronologici" e le "discontinuità" della composizione
autoriale e della ri-composizione esegetica della trilogia presuppongono
"spinta per spinta" e "spallate gomitate" di quel "prefazio" del '68; qui
"uno stesso lavoro", là "una sola similitudine"; qui il riferimento casuale
("l'uno all'altro a partire da qualunque di essi"), là "talvolta un'identità ne
effiora / una specie piú specie"; qui, ancora, "sconfessione reciproca", là
"babele e antibabele / volume e antivolume".

Si noti, detto per inciso, che questa "connessione di equivalenza"[94]
trasversale tra un macrotesto (*La Beltà*) e le note di un macrotesto di
trentacinque anni successivo (*Idioma*), fondata semanticamente sul tema
della complessità dei rapporti intertestuali di reciproco rinvio tra i
macrotesti di Zanzotto, ha potuto beneficiare del vigore riflessivo delle
"Alcune osservazioni dell'Autore" (datate 1973) comprese nell'edizione
"definitiva" de *Gli sguardi i fatti e senhal* (1990), nonché delle stesse

160 Francesco Carbognin

relazioni intertestuali che il poemetto lunare instaurava con l'antenato componimento di *IX Ecloghe*, "13 Settembre 1959 (Variante)":

> un discorso che in effetti potrebbe circolarmente ricominciare, tanto più che ha inizio con una negazione: "No basta, non farlo" [...] quindi si assisterebbe, potenzialmente, ad una sfilata infinita o ad una circolarità che si annullano ricominciando da capo. Potremmo, dopo "Passo e chiudo", ricominciare con "No basta" ed assistere appunto ad uno sfilare di questi fantasmi – nemmeno figurine, nemmeno voci –, varianti di un io che non c'è.[95]

Una poesia ininterrotta, insomma, quella di Zanzotto, dalla forma, insieme, circolare e disgregata, che nell'ostinazione a inseguire, di variante in variante, "un io che non c'è", giunge a una paradossale forma di coerenza, se nell'"Autoritratto" del 1977 si legge:

> E ogni libro io lo trovavo già fatto, come una serie di strati di polvere venuti a depositarsi su qualche cosa, per una specie di fall-out di minime segrete esplosioni, che ricadendo acquisisse uno spessore. [...] nascevano così i miei libri, [...] intrecciati tra di loro ma ognuno nettamente distinto, dislocato rispetto a quelli precedenti: anche se proprio una revisione, una nuova focalizzazione dei vecchi temi, del vecchio io, costituiva il nucleo attivante del procedere. [...] accumulo nel cassetto questo materiale non sapendo nemmeno bene che cosa esso sia.[96]

"Revisione", "focalizzazione dei vecchi temi, del vecchio io" come "nucleo attivante del procedere". Non si deve, tanto per tornare al mio discorso di partenza, sottovalutare il ruolo delle *IX Ecloghe* proprio nella costruzione di questo sguardo prospettico sul proprio materiale verbale da parte dell'operatore Zanzotto.

Occorre da subito insistere – almeno quanto non è stato fatto prima – sul fatto che in *IX Ecloghe* viene perfezionato, fino quasi a sfiorare livelli virtuosistici di sofisticazione, il dispositivo dell'"ironia" zanzottiana, quella sorta di reversibilità di accezioni antitetiche di un medesimo oggetto verbale che consente a ogni lessema di essere interpretato, a un tempo, alla lettera, e, metaforicamente, in senso antifrastico: è una reversibilità congrua a una "situazione culturale [...] in cui tutte le "armi" che effettivamente si possono adoperare sono convenzionali, in un tempo in cui bisogna credere non credendo, sperare non sperando"[97]; è, ancora, un'oscillazione che tiene conto dell'"attuale ipotesi di reversibilità tra esperimento e convenzione", tra una creduta nuova posizione del giudizio e ricaduta nel già-detto e convenzionale di ogni giorno.

Nel proemio all'opera, per esempio, oggetto privilegiato di ironia è il lessema "canto", a un tempo connotato come "santo" (garante del senso e dell'apertura al colloquio, quindi risibile) e "menzogna" (esperimento da porre tra parentesi come qualsiasi altro esperimento, quindi, per questa vis auto-castrante, auto-demistificatrice e inibitoria, nuovamente "santo"):

> Né indovino che voglia tanta menzogna, forte
> come il vero ed il santo, questo canto che stona
> ma commemora norme s'avvince a ritmi a stimoli:
> questo che ad altro modo non sa ancora fidarsi.[98]

Alla base della possibilità stessa di quest'ironia, sta la razionalizzazione dell'esperienza di *Vocativo*, il "trapasso da un'istanza di espressività a un'istanza metalinguistica"[99]; trapasso che si attua non tanto radicalizzando la scissione instauratasi con *Vocativo* tra io empirico e il proprio *shifter* pronominale (l'Io lirico), quanto opponendo frontalmente alla stessa scissione una sorta di "ego trascendentale", passibile anch'esso di ossessive verifiche e inevitabili cadute, e responsabile di un'incessante attività di revisione ironica dell'esperienza, lirica e empirica, che si elabora sui materiali espressivi di volta in volta chiamati in causa nel testo.

La forza con cui si mantiene viva l'ironica insolubilità delle concorrenziali soluzioni semantiche relative al lessema "canto" dipende da questa super-coscienza dell'odierna falsità, o convenzionalità, di ogni fatto umano: per essa – e, da un punto di vista operativo, grazie ad essa – le "parentesi", le sospensioni del giudizio, sono necessarie "tra parentesi innumeri", moltiplicabili esponenzialmente, e ogni sguardo umano gettato su sé stesso e sul mondo, al di là di un improbabile punto metafisico di arresto e ancoraggio del senso, non può non essere immediatamente passibile di sguardo ulteriore: di una superiore menzogna, dunque, o di una più alta vittoria della negazione che nella menzogna si parla:

> Faticosa parentesi che questo isoli e reggi
> come rovente ganglio che induri nell'uranico
> vacuo soma, parentesi tra parentesi innumeri,
> pronome che da sempre a farsi nome attende,
> mozza scala di Jacob, "io": l'ultimo reso unico[100]

Tale super-coscienza permette persino l'elaborazione discorsiva della sopraindicata costante di reversibilità di effetti di senso connotativi, ironizzando su sé stessa in quanto ironia: il che vale a dire: in quanto soggettività precaria, sempre sul punto di capovolgere e vanificare le proprie acquisizioni (cfr., per quanto riguarda le *IX Ecloghe*: "quasi / veri, quasi all'orlo del vero", "tu quasi viva, piú che viva, quasi viva", "lago / albuminoso che fu notte fu giorno / occhio in gioia occhio in lutto", "riavrò anche il supremo il superfluo", "Eri, non eri: mutila", "tra l'incerto oro e il vuoto").

Grazie a questo meccanismo in atto nelle *IX Ecloghe*, derivato dall'introiezione nella forma dell'espressione della "verità della finzione" (riconosciuta da Zanzotto in sede di interventi e saggi critici), la "faglia", la negazione, il silenzio con cui l'io lirico di *Vocativo* si era misurato, può, finalmente, rovesciarsi in vociferazione babelica; il passaggio dalla tattica di occultamento a quella dell'aggiramento dell'oggetto lirico – del soggetto che non c'è – ha origine qui.

Note

[1] A. ZANZOTTO, *IX Ecloghe*, Milano, Mondadori, 1962; ora in *Le poesie e prose scelte*, a cura di S. Dal Bianco e G. M. Villalta, Milano, Mondadori ("I Meridiani"), 1999, p.201. Per tutte le poesie e le prose di Zanzotto da cui si cita si fa esclusivo e immediato riferimento, quando possibile, a questa edizione, da questo momento in poi siglata *PPS*. Tra parentesi quadre viene posta la data dell'edizione originale.

[2] S. AGOSTI, "L'esperienza di linguaggio di Andrea Zanzotto", *PPS*, p.IX.

Le *IX Ecloghe* di Zanzotto 163

[3] A. ZANZOTTO, *Dietro il paesaggio* [1951], *PPS*, p.37.

[4] Questa e le due precedenti citazioni sono tratte da S. AGOSTI, "Introduzione alla poesia di Zanzotto", in A. ZANZOTTO, *Poesie (1938-1986)*, Milano, Mondadori, 1993, p.10.

[5] A. ZANZOTTO, *La Beltà* [1968], *PPS*, p.265.

[6] S. AGOSTI, "Introduzione...", cit., p.7.

[7] A. ZANZOTTO, *A che valse (versi 1938-42)* [1970], *PPS*, p.5 (con titolo *Versi Giovanili*, e nove poesie aggiunte).

[8] S. AGOSTI, "L'esperienza...", cit., *PPS*, pp.X-XI.

[9] M. PALTRINIERI, "Et in Arcadia Ego. Studio su "IX Ecloghe" di Andrea Zanzotto", in *Studi sulla modernità*, a cura di F. Curi, Bologna, CLUEB, 1989, p.177.

[10] A. ZANZOTTO, *IX Ecloghe*, "13 Settembre 1959 (Variante)", *PPS*, p.205, v.10.

[11] ID., *Elegia e altri versi* [1954], *PPS*, p.111.

[12] ID., *Vocativo* [1957], *PPS*, p.129.

[13] ID., *La Beltà*, "Profezie o memorie o giornali murali", V, *PPS*, p.324, v.3.

[14] S. AGOSTI, "Introduzione...", cit., p.8.

[15] M. GUGLIELMINETTI, "La ricostruzione della sintassi poetica", *Studi Novecenteschi*, IV, 8-9, luglio-novembre 1974, 167 (numero monografico dedicato a Zanzotto).

[16] A. ZANZOTTO, *La Beltà*, "Possibili prefazi o riprese o conclusioni", I, *PPS*, p.280, v.7.

[17] ID., *Dietro il paesaggio*, "Elegia pasquale", *PPS*, p.49, v.5.

[18] *Ivi*, "Quanto a lungo", *PPS*, p.44, v.27.

[19] L. MILONE, "Per una storia del linguaggio poetico di A. Zanzotto", *Studi Novecenteschi*, IV, 8-9, luglio-novembre 1974, 210.

[20] G. SPAMPINATO, *La Musa interrogata*, Milano, Hefti Edizioni, 1996, p.71.

[21] A. ZANZOTTO, *Dietro il paesaggio*, "Ormai", *PPS*, p.46, vv.8-9.

[22] ID., *La Beltà*, "Oltranza oltraggio", *PPS*, p.267, v.16.

[23] *Ivi*, "Possibili prefazi ...", VII, *PPS*, p.289, v.11.

[24] *Ivi*, "Oltranza oltraggio", vv.8-11.

[25] *Ivi*, "Possibili prefazi ...", II, *PPS*, p.282, v.21.

[26] ID., "13 Settembre 1959...", v.19.

[27] ID., *Gli sguardi i fatti e senhal* [1969; 1990], *PPS*, p.364, vv.100-05.

[28] L. TROISIO, "La luna e i senhals", *Studi Novecenteschi*, IV, 8-9, luglio-novembre 1974, 275.

[29] A. ZANZOTTO, *Gli sguardi...*, *PPS*, p.364, vv.100-05.

[30] E. MONTALE, "La poesia di Zanzotto" [1968], in *Sulla Poesia*, Milano, Mondadori ("Oscar Saggi"), 1997, p.338.

164   Francesco Carbognin

[31] Per questa e la precedente citazione, cfr. E. TESTA, *Il libro di poesia*, Roma, Il Melangolo, 1983, pp.25-26.

[32] G. NUVOLI, *Andrea Zanzotto*, Firenze, La Nuova Italia ("Il Castoro"), 1979, p.25.

[33] Un esempio tra tutti: A. ZANZOTTO, "Eluard dopo dieci anni", in *Scritti sulla letteratura*, a cura di G. M. Villalta, Milano, Mondadori ("Oscar Saggi"), 2001, t. I (*Fantasie di avvicinamento*), pp.115-21.

[34] E. TESTA, *Il libro…*, cit., p.96.

[35] *I Novissimi. Poesie per gli anni '60*, a cura di A. Giuliani, Milano, Rusconi & Paolazzi, 1961.

[36] A. ZANZOTTO, "I Novissimi" [1962], *PPS*, p.1108.

[37] *Ivi*.

[38] *Ivi*, pp.1108-09.

[39] N. LORENZINI, *Il presente della poesia (1960-1990)*, Bologna, Il Mulino, 1991, p.61.

[40] A. ZANZOTTO, *IX Ecloghe*, "Note", "Ecloga I", *PPS*, p.263.

[41] *Ivi*, "Note", "Ecloga V".

[42] *Ivi*.

[43] G. M. VILLALTA, *La costanza del vocativo*, Milano, Guerini e Associati, 1992, pp.45-46.

[44] A. ZANZOTTO, *IX Ecloghe*, "Ecloga VII. Sul primato della poesia", *PPS*, p.247, vv.46-48.

[45] L. TROISIO, "La luna e i senhals", cit., p.274.

[46] A. ZANZOTTO, *Gli sguardi…*, *PPS*, p.369, v.231.

[47] ID., *La Beltà*, "La perfezione della neve", p.271, v.14.

[48] *Ivi*, "Note", "La perfezione della neve", *PPS*, p.349.

[49] *Ivi*, "Note", "Profezie o memorie o giornali murali", VIII, *PPS*, p.354.

[50] *Ivi*, "Note", "Sì, ancora la neve", *PPS*, p.350.

[51] *Ivi*, "Note", "Possibili prefazi o riprese o conclusioni", IX, *PPS*, p.351.

[52] *Ivi*, "Note", "In una storia idiota di vampiri", *PPS*, p.351.

[53] *Ivi*, "Note", "Profezie…", XII, *PPS*, p.355 (la "vigna di Renzo" era già apparsa in *IX Ecloghe*, "Ecloga V", *PPS*, p.237, v.72).

[54] *Ivi*, "Note", "E la madre-norma", *PPS*, p.357.

[55] *Ipersonetto*, a cura di L. Tassoni, Roma, Carocci, 2001, p.13.

[56] S. DAL BIANCO, "Profili dei libri e note alle poesie", *PPS*, p.1437.

[57] *Ivi*, p.1400.

[58] A. ZANZOTTO, *Dietro il paesaggio*, "Lorna", *PPS*, p.89, vv.41-44.

[59] ID., *Vocativo*, "Dal cielo", *PPS*, p.183, vv.56-69.

[60] ID., *Dietro il paesaggio*, "Adunata", *PPS*, p.60, vv.6-10.

[61] *Ivi*, "Arse il motore", *PPS*, p.41, v.8.

Le *IX Ecloghe* di Zanzotto   165

[62] *Ivi*, "Elianto", *PPS*, p.100, v.4.

[63] *Ivi*, "Grido sul lago", *PPS*, p.71, v.11.

[64] *Ivi*, "Polvere", *PPS*, p.72, vv.9-10.

[65] ID., *La Beltà*, "Oltranza oltraggio", *PPS*, p.267, v.15.

[66] ID., *Sovrimpressioni*, Milano, Mondadori ("Lo Specchio"), 2001.

[67] ID., *Meteo* [1996], *PPS*, p.815.

[68] ID., *IX Ecloghe*, "Ecloga V. 'Lorna, gemma delle colline'", *PPS*, p.236, vv.49 e 54.

[69] ID., *La Beltà*, "Possibili...", II, *PPS*, p.282, v.9.

[70] *Ivi*, "Profezie...", XVI, *PPS*, p.341, vv.5-6.

[71] *Ivi*, "Possibili...", I, *PPS*, p.280, vv.24-26.

[72] *Ivi*, "Oltranza oltraggio", *PPS*, p.267, vv.3, 7, 13, 21 (lo stesso sintagma, ripetuto).

[73] N. LORENZINI, "Poesia-Live (a proposito di 'Meteo' di Andrea Zanzotto)", *Poetiche. Letteratura e altro*, 3, novembre 1996, 10.

[74] N. GARDINI, "L'altra parte della cosa. Una lettura del nuovo Zanzotto", *Poesia*, 154, XIV, 2001, 18.

[75] A. ZANZOTTO, *Sovrimpressioni*, cit., "Verso i Palù", p.9.

[76] ID., *La Beltà*, "Possibili...", I, *PPS*, p.281, vv.27-28.

[77] Per le relazioni intertestuali tra la raccolta *Sovrimpressioni* e il *corpus* a essa precedente, cfr. il fondamentale N. LORENZINI, "Citazione e 'mise en abîme' nella poesia di Andrea Zanzotto", in *'Lavori in corso'. Andrea Zanzotto, il 'Meridiano' e oltre*, Atti del Seminario di Studi svoltosi presso l'Università degli Studi di Bologna il 14 Novembre 2001, a cura di F. Carbognin e R. Stracuzzi (in corso di pubblicazione su *Poetiche*).

[78] L. MILONE, "Per una storia...", cit., p.207.

[79] S. AGOSTI, "L'esperienza...", cit., *PPS*, p.XV.

[80] A. ZANZOTTO, *IX Ecloghe*, "Riflesso", *PPS*, p.221, v.20.

[81] ID., *La Beltà*, "Possibili...", IV, *PPS*, p.284, vv.1-16.

[82] ID., *IX Ecloghe*, "Per la solenne commemorazione della morte del 'Servus Dei' G. T.", *PPS*, p.228, v.19.

[83] S. DAL BIANCO, "Profili ...",cit., *PPS*, p.1382.

[84] N. LORENZINI, "Citazione e 'mise en abîme'...", cit.

[85] E. TESTA, *Il libro...*, cit., p.97.

[86] A. ZANZOTTO, *Il Galateo in Bosco* [1978], "Diffrazioni, eritemi", *PPS*, p.559, v.102.

[87] Per questa e la precedente citazione, cfr. G. M. VILLALTA, *La costanza...*, cit., pp.45-47.

[88] G. GENETTE, *Seuils*, Paris, Seuil, 1987; trad. it., Torino, Einaudi, 1989.

[89] A. ZANZOTTO, *Il Galateo in Bosco*, "Note", *PPS*, p.643.

166   Francesco Carbognin

[90] ID. *Fosfeni* [1983], "Note", *PPS*, p.713.
[91] P. DI MEO, "Cercle, vacuum, très riche nihil", *Critique*, XXXVII, t. XL, 447-448, agosto-settembre 1984, 648.
[92] *Ivi*, p.650.
[93] A. ZANZOTTO, *Idioma*, "Note", *PPS*, p.811.
[94] M. SANTAGATA, *Dal sonetto al Canzoniere*, Padova, Liviana, 1979, p.16.
[95] A. ZANZOTTO, "Alcune osservazioni dell'Autore", ne *Gli sguardi i fatti e senhal*, Milano, Mondadori ("Lo Specchio"), 1990 (ora *PPS*, p.1534).
[96] ID., "Autoritratto" [1977], *PPS*, pp.1208-09.
[97] ID., "Le Poesie complete di Sergio Solmi", recensione in *Il Corriere della Sera*, 13 gennaio 1975.
[98] A. ZANZOTTO, *IX Ecloghe*, "Un libro di Ecloghe", *PPS*, p.201, vv.4-7.
[99] S. AGOSTI, "Introduzione...", cit., p.15.
[100] A. ZANZOTTO, "Un libro di Ecloghe", *PPS*, p.201, vv.14-18.

L'ardente rumore della *Beltà* di Andrea Zanzotto

*

Rossana Dedola

L a prima raccolta poetica di Andrea Zanzotto, che uscì agli inizi degli anni Cinquanta (1951), si apre con "Arse il motore" in cui si allude a un tragitto in corriera; *Dietro il paesaggio* prende dunque l'avvio dal grande tema del viaggio, anche se siamo ancora lontani dai viaggi compiuti negli anni Sessanta in cui i viaggiatori andranno alla ricerca di se stessi mettendosi in cammino sulla strada. Gli ultimi versi del componimento precisano alcuni aspetti del viaggio: "e strade ch'io vidi precipizi, // viaggiai solo in un pugno, in un seme / di morte, colpito da un dio".[1] Si tratta di una discesa solitaria attraverso la quale l'io perviene a un'altra dimensione temporale, più antica ("alghe e fontane con me discesero // nel fondo del mio viaggio: / e clessidre e quadranti mi esaltarono l'abbandono del mondo nei suoi ponti / nei monti devastati nei lumi pei confini"), e compie un abbandono: si lascia alle spalle il mondo nei suoi ponti, nei monti devastati; è dunque l'abbandono del tempo segnato dalle vicende esteriori, l'allontanamento dal mondo.

Che cosa significa abbandonare i ponti? L'immagine del ponte ha una forte valenza simbolica: il ponte permette il passaggio da una sponda all'altra del fiume, come la soglia della casa, potente immagine delle *Elegie duinesi* di Rainer Maria Rilke. Come il superamento della soglia, anche il passaggio di un ponte indica la fine di una fase dell'esistenza e l'inizio di una nuova fase. Il poeta prende le distanze dalla scelta di vita che compiono gli altri uomini, per vivere invece un'altra ora: egli è chiamato a seguire la vocazione di poeta, a portare non un seme di vita – come accade agli altri uomini –, ma un seme di morte perché la strada della poesia allontana dalla vita. Nel compiere questo percorso il poeta viene però colpito da un dio: abbandonando i ponti che attraversano gli altri uomini, egli ha di fronte un altro ponte che crea una congiunzione con la divinità, il dio.

La raccolta segue un andamento stagionale, dalla primavera sino all'inverno e termina proprio in pieno inverno con la notte di San Silvestro. L'ultima poesia della raccolta è del '46, fa riferimento al periodo della fine della guerra ("Oltre la mia porta le ultime colline / Dell'anno e della guerra"); da tale esperienza l'io di *Dietro il paesaggio* sente il bisogno di allontanarsi al punto da volersi nascondere dietro il paesaggio: alla guerra si contrappone la contemplazione del paesaggio. Il bisogno di prendere le distanze dall'esperienza bellica è talmente forte che essa non viene quasi mai nominata se non attraverso momenti estremamente fugaci e minimi: le bandiere, le Italie divise in due, un anno stillante di sangue, lo strisciare per sfuggire alla vista del nemico. Nel contempo è espressa l'esigenza di ritrovarsi nella natura, nel luogo sicuro e protettivo in cui chiudersi, e nella natura essere l'isola, l'atollo, il bozzolo del baco da seta. Lo scopo che l'io sembra prefiggersi è quello di calarsi nelle fessure del paesaggio, nelle sue ombre, di farsi cingere dalla natura dopo lo spaesamento e il disorientamento della guerra. La discesa è in un mondo di ombra, di verde, di acque e di muschio, allontanandosi dal sole e dagli abitanti che "camminano abbagliati dal sonno".

Ma la scelta di isolarsi nel paesaggio, di distaccarsi dalla vita umana, e dalla morte provocata dalla guerra, ha delle gravi conseguenze: l'io che sta discendendo verso la terra rischia di restare sepolto in un elemento che si rivela non solo portatore di vita, ma anche di morte, di morte psichica. Lo stato in cui l'io è immerso è come quello del sonnambulo, la sua è la condizione dello schiavo, i cui "miti" denti sono cariati dall'oro: ci sono troppi zuccheri in questa dimensione, i denti ne sono intaccati e non riescono più a mordere. Viene a profilarsi una condizione di totale passività, di schiavitù e di ubbidienza alla natura-madre. Il paesaggio-madre rischia di diventare la dimensione della rinuncia da cui l'io, irretito nel ruolo di figlio, non riesce ad emergere.

Se leggiamo in questa prospettiva le poesie di *Dietro il paesaggio* ci accorgiamo che il rapporto con la natura non è affatto il rapporto con una dimensione autentica, è una falsa autenticità ottenuta al prezzo della rimozione. E della rinuncia all'amore, come viene espresso in "A foglia ed a gemma": "è dipinto ch'io viva nell'isola, / nell'oceano, ch'io viva nell'amore // d'una luna che si oppone al mondo". L'io si sente condannato a vivere nell'isolamento, in un mondo chiuso in sé ma che si affaccia   sulla dimensione oceanica dell'inconscio; l'*enjambement* ("nell'amore // d'una luna") apre per un attimo uno spiraglio da cui pare trapelare che anche per l'io sarebbe possibile l'amore; tale sentimento però viene subito negato: la fedeltà, l'amore sono solo per una luna che si oppone al mondo.

Anche il fare poetico sembra avere una funzione di difesa e il ricorso a una lingua letteraria allontanare dal trauma provocato dalla realtà. In "Intervento", tenuto in occasione degli incontri con gli studenti della scuola media di Parma nel 1977, è lo stesso poeta a chiarire il suo atteggiamento di rinuncia nei confronti del mondo umano: "Nei miei primi libri, io avevo addirittura cancellato la presenza umana, per una forma di 'fastidio' causato dagli eventi storici; volevo solo parlare di paesaggi, ritornare a una natura in cui l'uomo non avesse operato. Era un riflesso psicologico alle devastazioni della guerra. Non avrei potuto più guardare le colline che mi erano familiari come qualcosa di bello e di dolce, sapendo che là erano stati massacrati tanti ragazzi innocenti".[2]

Ma è un rifugio in cui l'io fuggendo dalla guerra non trova pace. Egli si porta con sé non solo la malattia che lo ha accompagnato sin dall'infanzia e dall'adolescenza, ma anche un'idea aberrante:

quella dell'impossibilità di partecipare al gioco della vita in quanto io ne sarei stato presto escluso. Io soffrivo di varie forme di allergia e a quei tempi la diagnosi poteva essere abbastanza confusa, dubbia. L'asma, la pollinosi che mi tormentavano erano talvolta da me interpretate come fatti che potevano aggravarsi, in teoria, anche a breve scadenza. Io poi ci fantasticavo sopra, mi vedevo in preda alle più cupe malattie e menomazioni; pensavo che non avrei vissuto "abbastanza" a lungo, non certo tanto da poter esprimere quello che sentivo. Vivevo in una strana duplicità, nel precario, nel vuoto. Cresceva in me un sentimento di distacco dalla realtà, vedevo come su uno schermo allarmante il mondo della storia e i suoi conflitti: chi si

> immagina, e con qualche fondamento, come "ospite provvisorio", inevitabilmente è portato a sentirsi più spettatore che attore. Il mio, fin dall'inizio, è stato più spesso un sopravvivere che un vivere.[3]

L'asma e le allergie mostrano che ciò da cui si vuole fuggire è troppo vicino, tanto incombente tanto da togliere il respiro, soffocare. È una condizione di malattia che Zanzotto si porta con sé sin dall'infanzia che è stata sì ricca di impressioni e di sensazioni, di cantilene, filastrocche e di figurine del *Corrierino dei Piccoli*, ma non felice; un'infanzia in cui molto forte è la presenza di figure femminili, la madre e la nonna materna, la nonna paterna, la zia, l'insegnante, mentre il padre è assente. Il padre antifascista era stato costretto a emigrare in Francia. Da bambino Andrea fa esperienza dei vari volti del femminile: da un lato un femminile malato e a sua volta dipendente simbioticamente dal materno (la figura materna); dall'altro un femminile (la nonna e la zia paterne) che sollecita la fantasia e le doti del bambino, ma al punto da accettarne la trasandatezza e la mancanza di disciplina che invece il padre decoratore, miniaturista e calligrafo vorrebbe insegnare al figlio. Il confronto con l'infanzia segna tutta la vita di Zanzotto e sembra aver a che fare con la sua vocazione più profonda, la ghianda di cui parla James Hillman in *Il codice dell'anima*. Quel nocciolo porterà Zanzotto a rinunciare alla carriera universitaria per continuare ad insegnare ai ragazzi e a dedicare versi e riflessioni alla pedagogia.

Negli anni Sessanta la poesia di Zanzotto subisce una profonda trasformazione: accanto ai fenomeni che ricorda Stefano Agosti nel saggio introduttivo alle poesie e alle prose di Zanzotto pubblicate nei Meridiani Mondadori, alla grande ondata delle scienze umane da cui è toccato anche il poeta, dal pensiero di Saussurre a Claude Lévi-Strauss, da Lacan e Foucault a Derrida, si aggiunge anche un'ondata d'angoscia causata dall'inasprirsi della guerra fredda e dalla minaccia atomica. Contro tali pericoli muovono le marce di protesta e si leva l'urlo della *beat generation* che si mette in cammino sulle strade spingendosi sino a quelle polverose dell'India.

La guerra da cui negli anni Cinquanta Zanzotto ha tentato di fuggire rifugiandosi nel paesaggio, ha lasciato all'umanità due eventi che non si

erano mai verificati nella sua storia e che ora sembrano di nuovo
incombere: lo sterminio e la bomba atomica. Sempre in "Intervento"
Zanzotto scrive rivolgendosi ai ragazzi:

> In questi ultimi 10-15 anni quello che era prima uno stato
> d'animo angoscioso di singoli individui si è diffuso
> moltissimo, per le contraddizioni della società e per la sua
> crescente disgregazione. Si può capire perché si insinuano in
> mezzo ai versi delle oscurità o delle cose che sembrano
> prive di senso. Ad esempio, se esplode una bomba atomica e
> riduce l'essere umano semplicemente a un'ombra sul muro
> (vi ricordate le sagome rimaste dopo l'esplosione di
> Hiroshima?) è un trauma spaventoso, non si può continuare
> a vivere e parlare come se non fosse accaduto niente. Allora
> queste immagini affiorano anche quando si parla di cose del
> tutto diverse, come se l'esplosione uno ce la avesse avuta
> anche dentro e si proiettasse quindi nel linguaggio.[4]

L'esplosione che avviene dentro non può essere più lenita dal
paesaggio, non può essere lasciata dietro le spalle. Esperienze di vario
genere, alcune dolorosissime, come le depressioni e gli "esaurimenti
nervosi" spingono Zanzotto negli anni che precedono la *Beltà* all'incontro
con la psicoanalisi, ma non in modo puramente teorico; il poeta si
sottopone a una terapia analitica.

In una lettera che ha per destinatario lo stesso Zanzotto, Alfonso
Berardinelli avanza l'ipotesi che la "nevrosi lirica" di Zanzotto venga
proprio dalla "perdita di quella superiore bellezza naturale, materna e
fraterna, di quel miracolo di armonia italica che può far piangere di
felicità, di nostalgia e di gratitudine come si piange pensando a una patria
lontana e ormai irraggiungibile".[5] Ma è proprio questa la nevrosi di
Zanzotto, è questa perdita di armonia e di patria, è questa nostalgia che la
sua poesia esprime?

La Beltà è stata pubblicata da Zanzotto nel 1968, dopo aver
attraversato l'esperienza di *Vocativo* e di *IX Ecloghe*, da cui è emerso un
io tremante e debolissimo. L'io si trova di nuovo di fronte al paesaggio,
ma il confronto non è più con una dimensione data per sempre e statica. Il

fatto stagionale "inanellatamente" e "in convergenza pura" mette ora in
contatto con un'altra temporalità, con un altro ritmo che è introdotto
dall'avverbio fortemente dantesco che avvolge l'io in un movimento
circolare, a spirale; lo fa convergere con la purezza della perla perlifera.
La stagione è vista come fatto, evento, fenomeno nel senso greco di "cosa
che si mostra", che "appare". Ma il muoversi, l'avvitarsi in un movimento
che si avvolge a un centro, in convergenza con la dimensione pura della
perla perlifera, non significa – come in *Dietro il paesaggio* – fuga dagli
altri uomini: è anche un venire alla luce, un entrare a capofitto nella storia
per mettersi in gioco.

Ed ecco davanti ai nostri occhi e nel nostro orecchio il gioco: perla
perlifera, storia-storiella, fa-favola. È la ripetizione, la cantilena, la nenia,
l'indovinello, ("non sei la stagione, non sapevo"), è il balbettio all'interno
del movimento a spirale che porta verso l'alto e nello stesso tempo verso il
basso, ma sempre ruotando intorno a un centro ("Bimbo, bimbo! /
Secondo cantilena, gira e rigira, mena e rimena, / ma anche secondo
l'antico accedere a una convergenza").[6]

Questo movimento rompe la linearità, l'idea unilaterale, unidirezionale
di progresso-regresso: l'io è avvolto in una spirale che lo porta via mentre
porta via anche se stessa. È oggetto, non soggetto, è il complemento
oggetto e la sua negazione "me e non-me"; al silenzio, cui fa riferimento il
componimento, va ad aggiungersi l'ardore di un rumore fragilissimo, il
rumore di passi di una madre-mamma. La figura retorica lega due campi
semantici: il calore e il rumore, separati solo per la mente cosciente e
razionale, in realtà esprimono un unico sentimento per l'infante che,
attraverso il rumore fragilissimo dei passi, percepisce un moto d'amore
che lo arde. Ma anche la fonte di calore arde, è l'universo madre e mamma
l'ardore tutto che gli si sta avvicinando e per cui lui appena nato arde tutto.
Le sensazioni e il sentimento non sono disgiunti dalla percezione acustica.

Il seno che dà il latte, come diceva Winnicott proprio in quegli anni, è
lì per il bambino quando il bambino lo aspetta e lo desidera; il desiderio
del bambino crea il seno-mondo, il nutrimento, la vita. Il primo atto di
creazione nel piccolo dell'uomo nasce dalla corrispondenza di amorosi
sensi.

È questa fragilissima, ma calda – perché avvolta in quell'ardore –
dimensione dell'io debolissimo a cui Zanzotto fa spazio nella *Beltà*,

immergendo i balbettii, il farfugliare, la lallazione dell'io appena nato nei rumori della modernità, tra   gli slogan pubblicitari, il bla-bla dei massmedia, ma anche i sigh i mah gli slump con cui nei fumetti sono espressi i sentimenti di dolore, di perplessità, di smarrimento, le sensazioni di fame o di ingordigia bulimica, il rimuginio nevrotico di pensieri. Li colloca accanto ai feticci-oggetti che la pop art ha tratto dalla caduca realtà dei consumi per appenderli alle pareti e farne arte.

Rivolgendosi a Zanzotto, nella lettera a cui ho fatto riferimento prima, Alfonso Berardinelli[7] ricorda le due cose che interessavano al poeta inglese Wystan H. Auden quando leggeva una poesia: la prima cosa è come funziona, tecnicamente, lo strano congegno verbale che le dà forma; la seconda è capire che *tipo di uomo* sia quello che abita in quel testo, quale sia la sua idea della "vita buona" e del "buon luogo", la sua nozione di bene e di male. Alla prima domanda hanno risposto in molti, ponendo l'accento sulla centralità dell'esperienza del linguaggio in Zanzotto e sottolineando l'importanza del significante lacaniano nella sua poesia. Ma qual è il buon luogo, qual è la nozione di male e di bene nella sua poesia?

Il buon luogo di Zanzotto è la natura vista nella sua bellezza o meglio "beltà", parola arcaica che conduce a un livello primitivo; appunto perciò più che un vedere è un tastare, un assaggiare la realtà-beltà attraverso i sensi e sentire che esiste una corrispondenza (è questo il bene che si contrappone al male?); è un entrare in contatto sensibile con ciò che appare, un appropriarsi, succhiare, respirare la realtà nuda e, bevendola, digerendola, sentirla, palparla in modo preverbale, prerazionale, oltre la coscienza. È il cibo dell'inizio della vita, del nudo totale mattino: "e ne grondo / di plasma ambrosiaco, ne continuo" ("Depauperata emoglobinas, garza / e siero, non parlate: ricordo / tutto ricordo: è qualcosa che un giorno ho saputo / in modo così teso così definitivo / che nel suo solo riverbero / posso, noi, prendermi beffa di ogni altra definizione. / Spasmi e fantasmi il credere il non credere; / dèi mondi anime: bersagli mancati. Ma fu / quel nudo totale mattino e ne grondo / di plasma ambrosiaco, ne continuo").[8]

Al consumismo che lascia dietro di sé solo distruzione e spazzatura si oppone il convergere, il congiungere e appunto il continuare, insieme tessuto e tensione. Vedendo, toccando, respirando, succhiando le cose

nude si mostrano nel loro splendore, sono belle, hanno un'anima a cui noi
corrispondiamo e che ci corrisponde:

> Sentivo che promanava, quasi, da una foglia, da un albero,
> da un fiore, da un paesaggio, da un volto umano, da una
> presenza qualsiasi e più tardi anche da un libro, una corrente
> di energia, un sentimento di corrispondenza da me attesa;
> c'era una specie di circolazione tra la mia interiorità e
> questo mondo esterno tutto fatto di "punti roventi", vette o
> pozzi, preminenze in ogni caso. Di là sono venuti per me i
> fantasmi più insistenti che mi hanno spinto in direzione
> della poesia. E a questo punto devo ribadire che a mio
> parere la poesia è, prima di tutto, un incoercibile desiderio di
> lodare la realtà, di lodare il mondo "in quanto esiste". La
> poesia è una specie di elogio della vita in quanto tale proprio
> perché è la vita stessa che parla di sé (in qualche modo) ad
> un orecchio che la intenda (in qualche modo); parla a suo
> modo, forse in modo sbagliato; ma comunque la vita, la
> realtà "crescono" nella lode, insieme generandola e come
> aspettandola. Ma attraverso la poesia non viene avanti
> soltanto una lode [...]; si profila un vero e proprio
> "collaudo" della realtà. In che senso? La realtà si manifesta
> ben presto anche al bambino nella tragedia delle sue
> contraddizioni; lascia persino intravedere la sua nullità
> finale; ma ha pur sempre attimi (che non sono affatto "rari"
> o "privilegiati" perché possono sorprenderci in qualsiasi
> momento, anche nel più profondo della stagnazione
> depressiva) in cui essa rivela la propria dignità assoluta, o
> meglio la propria "degnità" di esistere, che ha ragioni
> unicamente in se stessa, tutte da evidenziare, mai del tutto
> evidenziabili.[9]

Facendosi bimbo, infante, embrione, uovo, il poeta entra in gioco, si
pone in gioco e dal suo microcosmo minimo entra in contatto, in
convergenza, in congiunzione, in conversazione col cosmo-dea, dea
madre. Dagli anni Cinquanta agli anni Sessanta le immagini dell'isola e

dell'oceano hanno subìto una profonda elaborazione: l'io non è più l'isola che si affaccia su una dimensione oceanica, ma microcosmo legato al macrocosmo. Un esempio straordinario di questo rapporto Zanzotto lo rintraccia in Dante, nel canto XXV del *Paradiso*. Scrive in "Tentativi di esperienze poetiche (poetiche-lampo)": "Ciò che, nel suo *Paradiso*, lo porta verso il Dio, al centro del Cosmo, del Macrocosmo, sembra che contemporaneamente lo rimpicciolisca, lo renda pusillo, infante, lo spinga sempre più vicino al suo microcosmo personale, per cui ad un certo punto tutta una sua poetica nascosta, non detta, ma che forse era la macchina donde si è generato tutto il monstrum, sembra concedersi nei nove versi che sono l'inizio del XXV del Paradiso". Zanzotto si chiede il perché di questa immensa impresa:

> Per tornare addirittura a fare, non si dica da agnello dentro l'ovile, ma da cellula embrionale dentro un utero: quel verso "il bello ovile ov'io dormi' agnello" ("bello" rima con "agnello") è perfettamente chiuso in una circolarità, e per vie diverse allude al tema dell'uovo, mentre la presenza delle "i" sembra un vagito. Sembra che quasi la presenza di Dio che tra poco apparirà, termine ultimo al centro della Rosa Mistica venga anticipata dal minimo eppur speculare trionfo dell'io del poeta, "io" che si trova esattamente al centro del quinto verso.[10]

Il saggio si conclude con un riferimento a Leopardi e a tre suoi versi: "Che fummo? / Che fu quel punto acerbo / che di vita ebbe nome?".

> Punto - acerbo - vita - nome. Entro questa serie di frammenti di sintagma è tutta l'opera di Leopardi. Ed insieme traspare una forma generale di dottrina/non-dottrina più che mai attiva. Poesia di Leopardi, poesia di tutti i cultori più o meno riusciti, poesia di sempre, si autointerrogano e si autodefiniscono come entro l'origine e la fine (il fine) della vita e della poesia stessa, pur ponendosi come un intrattenibile tic, un'imbastitura vaga, un mormorio

contraddittorio al di sopra del nulla, ma prepotente come la sillabazione del tutto.[11]

Ma se la beltà è il buon luogo e ad esso è legata la nozione di bene nella poesia di Zanzotto, qual è la nozione di male? Se si spezza il legame con la beltà, essa perde il suo splendore, viene meno lo splendore cosmico che attira e diventa solo caos, materia amorfa, dati statistici – come dice James Hillman in *L'anima del mondo e il pensiero del cuore*.[12] Allora l'io non è più in contatto col mondo, ma lo deduce dall'apparenza attraverso significati filosofici astratti, privi di bellezza estetica, compie una deduzione anestetizzata; la forma senza anima diventa formalismo, conformismo, formalità burocratiche. Davanti alla vita anestetica, anestetizzata della nostra civiltà nasce una sensazione di desolazione, di dolore, di perdita[13]; il respirare percependo il respiro del mondo, il restare senza fiato davanti alla bellezza, l'inspirare il mondo[14] diventano asma, allergia dell'io e del mondo, l'aria si fa irrespirabile, avvelenata come l'acqua è imbevibile; la beltà è distrutta, oltraggiata dal napalm. Il poeta percussivo il cui metronomo è il batticuore – così Montale definiva Zanzotto – sente anche gli spasmi, i rantoli, i gorgoglii straziati, "coffete clocchete" ("Sì, ancora la neve"), della fontana malata a morte, e gli acufeni che straziano il cervello. E senza più corrispondenza il balbettio, il vagito che mette in allerta la madre-mamma, diventa quell'imitazione del linguaggio schizofrenico fine a se stessa che Zanzotto rimproverava ai Novissimi. Il suo non è dunque un messaggio sullo stato del mondo – come pensa Berardinelli – ma piuttosto testimonianza, e nello stesso tempo lode e autocontraddizione.

Per questo Zanzotto non è mai stato d'accordo con il lamento di Brecht sui suoi tempi, tempi in cui ci si sente colpevoli a parlare di un albero in fiore perché fin che ci sono i tiranni non si può parlare degli alberi in fiore. Zanzotto crede invece che ciò non sia vero: nessun tiranno riuscirà mai a ridurre alla propria volontà chi crede davvero in un mondo "lontano" e "radicale", negli alberi in fiore, anzi, il tiranno non può che sentire una minaccia nella "lode" per gli alberi in fiore e il profondo luogo della libertà dal quale proviene. Si costeggia di nuovo qui l'atteggiamento leopardiano, così "eccelso", "esiliato" e insieme così congenere allo spaventoso *corpus vivens* della realtà materica, un atteggiamento in continua autocontraddizione.[15]

Ma la contraddizione è già nella Dea cui si rivolge il primo componimento de *La Beltà*, "Oltranza oltraggio". La dea vergine, l'"immite e frigida" dea, presiede alla nascita, è la protettrice delle donne incinte e degli animali che partoriscono; la dea del sorgere del sole, della luce e del giorno è al tempo stesso la dea della notte e della morte. Ma il mondo della dea non è caos senza senso, non è un precipitare nella notte nera e senza fondo dell'irrazionalità, della malattia mentale, della morte. La notte della dea è illuminata dalla luna. La norma della madre (richiamata nel titolo dell'ultima poesia della raccolta) accompagna il movimento a spirale nel quale si avvolgono il destino umano e il destino del mondo che non progrediscono verso il "bene" ma che sempre muoiono e sempre si rinnovano.

Note

[1] A. ZANZOTTO, *Dietro il paesaggio*, in *Le poesie e prose scelte,* a cura di S. Dal Bianco e G. M. Villalta, Milano, Mondadori ("I Meridiani"), 1999, p.42.

[2] ID., "Intervento", *Le poesie...*, cit., p.1277.

[3] ID., "Autoritratto", *Le poesie...*, cit., pp.1207-08.

[4] ID., "Intervento", *Le poesie...*, cit., p.1266.

[5] A. BERARDINELLI, *Nel caldo cuore del mondo*, Roma, Liberal, 1999, p.80.

[6] A. ZANZOTTO, "Profezie o memorie o giornali murali", *Le poesie...*, cit., p.329.

[7] A. BERARDINELLI, *Nel caldo cuore del mondo*, cit., p.78.

[8] A. ZANZOTTO, "Per una storia idiota di vampiri", II, *Le poesie...*, cit., p.304.

[9] ID., "Autoritratto", *Le poesie...*, cit., pp.1206-07.

[10] ID., "Tentativi di esperienze poetiche (poetiche-lampo)", *Le poesie...*, cit., pp.1316-17.

[11] ID., "Tentativi...", *Le poesie...*, cit., p.1319.

[12] J. HILLMAN, *L'anima del mondo e il pensiero del cuore*, tr. di P. Donfrancesco, Milano, Garzanti, 1982.

[13] *Ivi*, p.81.

[14] *Ivi*, p.73.

[15] A. ZANZOTTO, "Dai campi di sterminio allo sterminio dei campi", in A. BERARDINELLI, *Nel caldo cuore del mondo*, cit., pp.88-89.

"Tetro entusiasmo": Pier Paolo Pasolini's Last Years

*

Francesca Cadel

> But how do we speak about the poetry of Mayakovsky, now that what prevails is not the rhythm but the poet's death? (Jakobson)

> Murder, death, and unchanging society represent precisely the inability to hear and understand the signifier as such – as ciphering, as rhythm, as a presence that precedes the signification of object or emotion. The poet is put to death because he wants to turn rhythm into a dominant element; because he wants to make language perceive what it doesn't want to say, provide it with its matter independently of the sign, and free it from denotation. For it is this eminently *parodic gesture* that changes the system. (Kristeva).[1]

The poet is put to death. But Pasolini is no Mayakovsky, nor Lorca. And Leonardo Sciascia was right, in opening *L'affaire Moro* "Con Pasolini. Per Pasolini": Italy in the 1970s finds in Moro's and Pasolini's corpses two icons we cannot easily forget.[2] But how do we speak about the poetry of Pasolini today, when what prevails is not the rhythm but, still, the poet's death?

I will try to do so in the one way possible, as an *impertinent traveler*.[3] The metonymy WORK OF ART / AUTHOR, POET / POETRY was experienced by Pasolini until the end of his life. It is exactly in the context of such a metonymy that I will "travel" in this article, beginning with Pasolini's last work, his poetic language and its *future anterior*.[4]

I will consider Pier Paolo Pasolini's last years by reading from *La nuova gioventù*[5], *Scritti corsari*[6] and *Bestia da stile*[7]. As a Pasolini scholar I found his last work extremely difficult to approach, if not from a diachronic and interdisciplinary standpoint. Italy between 1965 and 1975, that is to say the most important revolutionary moment after the so-called *Resistenza* (the civil war of 1943-45), will be the chronological framework for my readings. In those years Pasolini, already known worldwide as a director more than as a poet and a writer, addressed Italian political and economic changes with a peculiar language and form of expression, often misunderstood and opposed by his contemporaries. He was the first Italian intellectual – or, from a different perspective, the second after D'Annunzio – to choose to use mass media, power apparatuses and technology in order to fight capitalism and what he called the "società dei consumi" from within the system. His collaboration with many magazines and newspapers (most famously *Il Corriere della Sera*), his work in the movie industry and his international success must be read in the light of the following words from his "Abiura dalla 'Trilogia della vita'" (1975):

> Io penso che, prima, non si debba mai, in nessun caso, temere la strumentalizzazione da parte del potere e della sua cultura. Bisogna comportarsi come se questa eventualità pericolosa non esistesse. Ciò che conta è anzitutto la sincerità e la necessità di ciò che si deve dire. Non bisogna tradirla in nessun modo, e tanto meno tacendo diplomaticamente per partito preso [....].[8]

This imperative to speak out characterized Pasolini's last years and work and led to his desperate and isolated fight. Many saw – and still see – in his articles, later published in *Scritti corsari* and *Lettere luterane*[9], in his last poems and in *Salò* (his last movie) the message of a conservative and reactionary intellectual. My aim here is to show that in the "General

Semiology" embodied by Pasolini's life and metonymic poetic CORPUS (cinema included)[10], the "eminently *parodic gesture*" (Kristeva) prevails. This gesture – to be understood in cultural terms of language and experience – focuses on "the signifier as such", to use Kristeva's terms once more. It is in these terms that Pasolini was able to embody post-Fascist Italy in his spectacular representation of revolt: of CORPUS and LANGUAGE.

I will focus on "Tetro entusiasmo" (Poesie italo-friulane, 1973-74), the final section in *La nuova gioventù* (Poesie friulane, 1941-74), Pasolini's last book of poems, published just before his death, in 1975. "Saluto e augurio", the last poem of the section, is addressed to a young Fascist and is Pasolini's poetic testament. *La nuova gioventù* obliges us to go back in the 1940s, to the world Pasolini was longing for, the world of the young poet *ab joy* from Friuli, this north-eastern frontier of Italy and his motherland. Written both in Italian and the Friulan dialect, *La nuova gioventù* is composed of two parts which look at each other as through a deforming mirror. The first, "La meglio gioventù", was Pasolini´s first collection of Friulan poems (1941-1953), republished almost in its entirety.[11] The second, "La Nuova gioventù", or "Seconda forma de 'La meglio gioventù'", was published for the first time in 1975, with the exception of its last section, "Tetro entusiasmo", twelve poems which had already appeared in a newspaper, *Paese sera*. "Meglio" and "Nuova gioventù" – Italy in the 1940s and 1970s – are linked together by Pasolini through language and poetry. Time and space in Pasolini's own poetic world and tradition come back in his last book, with all their reasons.

As I said at the beginning of this article, it is not easy to deal with Pasolini's last work if not from a diachronic standpoint. One must also, I will add, pay great philological attention to the author's many modifications, footnotes, introductory or conclusive notes. Let us consider now how *Bestia da stile*'s appendix comes to a conclusion:

> *Hic / desinit cantus /* Prenditi tu sulle spalle tutto questo. / Sulle mie è indegno, nessuno ne / capirebbe la purezza, e un anziano è / sensibile ai giudizi sociali, tanto più / quanto meno gliene importa («Sono / Dei per gaiezza»). Deve aver rispetto come un tosatèl / della / propria / figura / pubblica

deve / proteggere i propri nervi, indeboliti, / e cercar protezione, <u>accettare il gioco che mai / ha accettato</u>. Prendi questo fardello, / ragazzo che mi odii, / e portalo tu. È meraviglioso. / Io potrò così andare avanti, alleggerito, / scegliendo definitivamente / la vita, la gioventù. [*my underlining*][12]

Bestia da stile is a play that Pasolini began in 1965 and considered an "autobiography" or, we might say, an autotherapy. This appendix – with a different title: *Volgar'eloquio* – was later the subject of his last public lecture in Italy (October 21, 1975), as a participant in the debate on "Dialect and school", held at the Liceo Classico Palmieri, in Lecce. The appendix was written in 1974, as were the poems of "Tetro entusiasmo", and is particularly interesting for my reading, since its Friulan version can be found in "Saluto e augurio", the final poem of *La nuova gioventù*. Both because of the peculiar choice of a young Fascist as the addressee of his poetic testament, and also because we can find here all the icons of Pasolini's poetic and existential world, this bilingual epilogue, both in *Bestia da stile / Volgar'eloquio* (in Italian) and *La nuova gioventù* (in Friulan) has to be considered very carefully.

In an interview with Jean-Michel Gardair (1971), Pasolini speaking about his "Teatro di parola", says:

Ho scritto queste sei tragedie in pochissimo tempo. Ho cominciato a scriverle nel '65 e praticamente le ho finite nel '65. Soltanto che non le ho finite. Non ho finito di limarle, correggerle, tutto quello che si fa su una prima stesura. Alcune sono interamente scritte, tranne qualche scena ancora da aggiungere. Nel frattempo sono diventate un po' meno attuali, <u>ma allora le do come cose quasi *postume*</u>. [*my underlining*]

In all his works of the 1970s, Pasolini's voice has a sort of double resonance, *in vita* and *in morte*. His is the voice of an author who fought for a country and a form of knowledge that he never saw realized, or only – as he wrote in a letter to Alberto Moravia – "completamente diverso da quello che egli si aspettava/immaginava". In his last years Pasolini was not an author of novels and poems useful to life "come sono i romanzi o le poesie che si scrivono da giovani"[13], but of various testaments, posthumous works, addressed to posthumous readers. To them Pasolini entrusts the fulfillment and understanding of his own work. As we can read from Pasolini's introductory note to *Scritti corsari*:

> La ricostruzione di questo libro è affidata al lettore. È lui che deve rimettere insieme i frammenti di un'opera dispersa e incompleta. È lui che deve ricongiungere passi lontani che però si integrano. È lui che deve organizzare i momenti contraddittori ricercandone la sostanziale unitarietà. È lui che deve eliminare le eventuali incoerenze (ossia ricerche o ipotesi abbandonate) [...].

The reader is expressly referred to "Tetro entusiasmo", whose verses, "che non sono 'corsari' (o lo sono molto di più)", according to Pasolini are a fundamental and missing part of *Scritti corsari*. "Tetro entusiasmo" finally brings us back to "Saluto e augurio" and the silenced CANTUS of a voice that will remain posthumous, calling in the desert to be heard and understood:

> A è quasi sigur che chista
> a è la me ultima poesia par furlàn;
> e i vuèi parlàighi a un fassista
> prima di essi (o ch'al sedi) massa lontàn.
>
> Al è un fassista zòvin [...]
>
> È quasi sicuro che questa è la mia ultima poesia in friulano: e voglio parlare a un fascista, prima che io, o lui, siamo troppo lontani. / È un fascista giovane [...]

As I said, many critics saw Pasolini as a conservative intellectual and a reactionary author. For instance Enzo Golino wrote:

pur militando a modo suo nello schieramento di sinistra,
Pasolini è stato un intellettuale – un grande intellettuale –
conservatore e reazionario, non omologo – altra singolarità
– alla Destra italiana e di cui la Sinistra non ha potuto e non
può fare a meno.[14]

Or Marcello Veneziani asserted in a 1995 article: "Pasolini fu un populista
antimoderno da cui la destra odierna è distante quanto la sinistra
progressista, e per le stesse ragioni". Veneziani quotes "Tetro entusiasmo"
and specifically "Saluto e augurio" in order to argue his own interpretation
of Pasolini as a populist, antimodern, heretic and religious poet, author of
what Veneziani defines as the "manifesto poetico del conservatorismo dei
nostri anni"[15], referring especially to the assertive "Io sono una forza del
Passato", in the poem "Un solo rudere" (*Poesia in forma di rosa*). I
believe that in both these critical judgments Pasolini's introductory note to
Scritti corsari has not been taken into serious consideration, and neither
have his invitations to collect his dispersed fragments and contradictory
moments been heeded. In fact, Pasolini often chose paradoxes and
contradictions – *parodic gestures* – as a form of expression in his prose
and in his poems.

Oxymoron and synoeciosis are the most commonly used tropes, even
in titles, as "Tetro entusiasmo" (a quote from Dostoyevsky's *Crime and
Punishment*) itself indicates. Moreover, *La meglio gioventù* brings
together its semantic opposite, since this title is a quote – also used in *Salò*
– from a song sung by the "Alpini" unit and dedicated to the "Russian
campaign".[16]

Accepting the task of "ricongiungere passi lontani", I will now link the
young Fascist of "Saluto e augurio" to another boy, the adolescent
Bernardo Bertolucci, to whom Pasolini dedicated his poem "A un
ragazzo" (*La religione del mio tempo*, 1956-7):

[...] Tu vuoi SAPERE, da noi: anche se non chiedi
o chiedi tacendo, già appartato e in piedi [...]

Vuoi sapere cos'è l'oscura libertà,

da noi scoperta e da te trovata,
grazia anch'essa, nella terra rinata.

Vuoi SAPERE. [...]

Bernardo's heart is a "cuore festoso", "cuore che s'ingemma" and his life
is "new" as is his quest for knowledge. On the other hand, Fedro
(Phaedro)[17] – the name Pasolini uses to apostrophize the young Fascist
boy – is as if dead; his heart is not, nor is it willing to be, free. Pasolini is
fully aware of this:

Ven cà, Fedro.
Scolta. I vuèj fati un discors
ch'al somèa a un testamìnt.
Ma recuàrditi, i no mi fai ilusiòns

su di te: jo i sai ben, i lu sai,
ch'i no ti às, e no ti vòus vèilu
un còur libar, e i no ti pos essi sinsèir:
ma encia si ti sos un muàrt, ti parlarai.

Vieni qua, vieni qua, Fedro. Ascolta. Voglio farti un
discorso che sembra un testamento. Ma ricordati, io non mi
faccio illusioni / su di te: io so, io so bene, che tu non hai, e
non vuoi averlo, un cuore libero, e non puoi essere sincero:
ma anche se sei un morto, io ti parlerò. [*my underlining*]

Why, almost twenty years after "A un ragazzo", did Pasolini not leave
his heavy bundle ("fardello") in the hands of a young progressive boy, as
the director of *Prima della rivoluzione* could be characterized? Why in
"Saluto e augurio" did he choose instead to address a boy from among the
same young Fascists who used to assault him and to whom, years earlier,
he had symbolically wished to give free access to his "Teatro di Parola"?
The reasons for this choice are given in Italian, in the poem preceding
"Saluto e augurio", entitled "Versi sottili come righe di pioggia". Here
Pasolini, presenting himself as a "misero e impotente Socrate / che sa

pensare e non filosofare", gives his long *J'accuse* directed against Italian progressive intellectuals of the parliamentary Left. He accuses them of abandoning the young and conniving with the post-Fascist Italian power. He accuses them of being ready "a ridere dell'innocenza, / e a disinteressarsi del sottoproletariato / e a dichiarare i sentimenti reazionari". He accuses them of being happy "di praticare un antifascismo / gratificante ed eletto, / e soprattutto molto popolare". He attacks them for all these reasons, claiming for himself:

> l'orgoglio
> non solo di essere un intenditore
> (il più esposto e negletto)
> dei cambiamenti storici, ma anche
> di esserne direttamente
> e disperatamente interessato.

The most important document, though, in order to understand and contextualize "Saluto e augurio" and Pasolini's supposed conservatism is an open letter to Italo Calvino, first published in *Paese sera* (on July 8, 1974) and then in *Scritti corsari*, with the title "Limitatezza della storia e immensità del mondo contadino". Here Pasolini writes:

> Caro Calvino, Maurizio Ferrara dice che io rimpiango un'«età dell'oro», tu dici che rimpiango l'«Italietta»: tutti dicono che rimpiango qualcosa, facendo di questo rimpianto un valore negativo e quindi un facile bersaglio. Ciò che io rimpiango (se si può parlare di rimpianto) l'ho detto chiaramente, seppure in versi («Paese sera», 5-1-1974) [...] Io rimpiangere l'«Italietta»? Ma allora tu non hai letto un solo verso delle *Ceneri di Gramsci* o di *Calderon*, non hai letto una sola riga dei miei romanzi, non hai visto una sola inquadratura dei miei films, non sai niente di me! [...] L'«Italietta» è piccolo-borghese, fascista, democristiana; è provinciale e ai margini della storia; la sua cultura è un umanesimo scolastico formale e volgare. Vuoi che rimpianga tutto questo? Per quel che mi riguarda

> personalmente, questa Italietta è stata un paese di gendarmi
> che mi ha arrestato, processato, perseguitato, tormentato,
> linciato per quasi due decenni [...]. D'altra parte questa
> «Italietta», per quel che mi riguarda, non è finita. Il
> linciaggio continua. Magari adesso a organizzarlo sarà
> l'«Espresso» [...].[18]

In many ways, the choice of a young Fascist as the ultimate addressee
of Pasolini's verses can be read as a provocative form of reaction to
Calvino's words – "I giovani fascisti di oggi non li conosco e spero di non
avere occasione di conoscerli" – and his overly intellectually abstract
position. Pasolini replied as an authentically Socratic master: "augurarsi di
non incontrare mai dei giovani fascisti è una bestemmia, perchè, al
contrario, noi dovremmo far di tutto per individuarli e incontrarli".
Pasolini's pedagogy is strictly and explicitly connected to his libertinism,
since according to him:

> il libertinaggio non esclude affatto la vocazione pedagogica.
> Socrate era libertino: da Liside a Fedro, i suoi amori per i
> ragazzi sono stati innumerevoli. Anzi, chi ama i ragazzi, non
> può che amare TUTTI i ragazzi (ed è questa, appunto, la
> ragione della sua vocazione pedagógica).[19]

His own personal experiences as a libertine led him to have a peculiar
understanding and knowledge of lumpenproletarian: young men and
women from the city slums of Italy. His "rimpianto" included of course
sexuality, as a fundamental part of the social equilibrium between nature
and culture he was fighting to preserve. In this context, his appeal to
UNESCO on behalf of the city of Sana'a, in Yemen, later declared a
World Heritage site, is just one example of many:

> Per l'Italia è finita, ma lo Yemen può essere ancora
> interamente salvato [...]. Ci rivolgiamo all'UNESCO, in
> nome della vera, seppure ancora inespressa, volontà del
> popolo yemenita.

In nome degli uomini semplici che la povertà ha mantenuto
puri.
In nome della grazia dei secoli oscuri.
In nome della scandalosa forza rivoluzionaria del passato.[20]

His ideal of a "forza del Passato" should thus be considered revolutionary.
In Pasolini's terms, "past" is a metaphor for a primordial dawn and
"future" is always an "anterior future" to come. As in "Saluto e augurio"
or in the words addressed to Lecce's Liceo Palmieri students, the "Destra
sublime" he is talking about is:

> una destra che coinvolga, inglobi una serie di problemi, che
> è assurdo pensare che diventino appannaggio dei fascisti;
> sono valori, temi, problemi, amori, rimpianti, che in fondo
> valgono per tutti; se ne sono appropriati i fascisti per ragioni
> retoriche, per sfruttarne il senso.

Pasolini's pragmatism – repeatedly misunderstood as a form of
conservatism – obliged him to rationalize, accepting the reality in which
he was living and fighting as an intellectual. It is this deep awareness that
led him to the "Abiura dalla 'Trilogia della vita'" and finally to *Salò*:

> Dunque io mi sto adattando alla degradazione e sto
> accettando l'inaccettabile. Manovro per risistemare la mia
> vita. Sto dimenticando come erano *prima* le cose. Le amate
> facce di ieri cominciano a ingiallire. Mi è davanti – pian
> piano senza più alternative – il presente. Riadatto il mio
> impegno ad una maggiore leggibilità (*Salò*).

Let us now draw towards the conclusion of this article. What did Pasolini
mean when, in the last years of his life, he wrote about a new form of
Fascism? And what are the values of the "Destra sublime" that he was
talking about? Finally, what can be considered his legacy and his
propositions for our present millennium?

To answer these questions, let us go back once more to Pasolini's open
letter to Italo Calvino. There, beyond what he recognizes as personal

illusions and contradictions, he claims for himself the authority of an original interpretation of reality. This understanding of the world before globalization is what, from my point of view, accords to Pasolini the role of an authentic *maître à penser*. The new, real Fascism – homologation, conformism, comodification, in Pasolini's terms the "società dei consumi" – is considered so terribly dangerous since it irrevocably transforms individuals, intellectual histories, mores, ethics and idioms:

> La conformazione a tale modello si ha prima di tutto nel vissuto, nell'esistenziale: e quindi nel corpo e nel comportamento. <u>È qui che si vivono i valori, non ancora espressi, della nuova cultura della civiltà dei consumi, cioè del nuovo e del più repressivo totalitarismo che si sia mai visto</u> [...]. Dal punto di vista del linguaggio verbale, <u>si ha la riduzione di tutta la lingua a lingua comunicativa, con un'enorme impoverimento dell'espressività.</u> I dialetti (gli idiomi materni!) sono allontanati nel tempo e nello spazio: i figli sono costretti a non parlarli più perchè vivono a Torino, a Milano, o in Germania. Là dove essi si parlano ancora, essi hanno totalmente perso ogni loro potenzialità inventiva [...]. [*my underlining*]

In this context, the reasons for Pasolini's choice – the young Fascist as the heir to his legacy – become clearer. His are absolutely realistic reasons, since in such a risky context it is almost impossible to make a real choice, to distinguish between the traditional Left and the traditional Right. And, again, Pasolini was aware of his use of rhetoric in order to express his thoughts in a more complex way:

> Quando parlo di omologazione di tutti i giovani, per cui, dal suo corpo, dal suo comportamento e dalla sua ideologia *inconscia e reale* (l'edonismo consumistico) un giovane fascista non può più essere distinto da tutti gli altri giovani, enuncio un fenomeno generale. So benissimo che ci sono dei giovani che si distinguono.

The risk he was pointing out through his *parodic gestures* is again that of cultural genocide[21], against which he left as his legacy the constituent values of a balanced, fair social pact, *in primis* love and sensibility – LING in Pound's Confucian terms[22] – towards human languages, idioms and cultural identities. Many critics, Franco Fortini being the most important[23], see in Pasolini's last works a final enclosure of the circle *eros-thanatos*, as if he were committing intellectual suicide. I totally disagree with this position. The point is that – as Pasolini declared in one of his last film interviews – HOPE was a word that made him laugh. In his last years, no hope was allowed into his extremely rational vision and description of reality. In this sense Pasolini himself considered *Salò* his masterpiece, comparable only – in terms of formal perfection – to *La meglio gioventù*.[24] However, Pasolini, as a pragmatic intellectual, was able to oppose an unflagging optimism of will to his pessimism of reason. Besides the fact that after *Salò* he was planning to realize many different projects (his novel *Petrolio* for example, or a new film on Saint Paul), we can say that, even in his last years, revolution, though possible, was still considered a matter of will.

"Tetro entusiasmo" stands as proof. The enthusiasm is dark, but beyond the young Fascist of "Saluto e augurio", the real addressee of this book is another young man. One who, once again in Pasolini's work, conjures up the memory of his brother Guido, who died fighting for freedom in 1945[25]:

> [...] A cui
> ch'al si taja i ciaviéj
> e al si presenta cu'l suf
>
> e la cadopa pura
> dal fantàt fuàrt e libar,
> <u>jo i ghi darài chistu libri,</u>
> <u>parsè ch'al podrà capi</u>
>
> <u>la so novitat: obediensa</u>
> e disobediensa, insièmit.

[...] A chi si taglia i capelli e si presenta col ciuffo / e la nuca pura del giovane forte e libero, io darò questo libro, perchè egli potrà capire / la sua novità: obbedienza e disobbedienza insieme. [*my underlining*][26]

He has short hair and he is strong and free.[27] This book is a gift for him, since this young man is the only one who can understand its innovation and its revolutionary message. Obedience and disobedience together: as in Pasolini's last years of tireless struggle from inside the system, with no hope allowed and laughter as his last parodic gesture. For Pasolini this is the only possible way to achieve future global revolutions and to fulfill his legacy for the current millennium since, as he wrote, "solo chi sa rassegnarsi sa anche / ribellarsi".[28]

Notes

[1] R. JAKOBSON, *The Generation that Wasted its Poets*, quoted in J. KRISTEVA, *Desire in Language: a semiotic approach to literature and art*, New York, Columbia University Press, 1980, pp.23-35: 31. (Originally in J. KRISTEVA, "L'Éthique de la linguistique", *Critique*, XXX, 322, March 1974, 206-16.) For the second quotation, cfr. J. KRISTEVA, *Desire in Language*, cit., p.31.

[2] L. SCIASCIA, *L'affaire Moro*, Palermo, Sellerio, 1978, p.12 : "Con Pasolini. Per Pasolini. Pasolini ormai fuori del tempo ma non ancora, in questo terribile paese che l'Italia è diventato, mutato in se stesso [...]". Sciascia, who had been elected on the lists of the "Partito Radicale", was a member of the parliamentary commission investigating the Moro case (1978-1983): his report and conclusions are published in the second edition of *L'affaire Moro*. On the symbolic connection Pasolini-Moro, see also A. SOFRI, *L'ombra di Moro*, Palermo, Sellerio, 1991, p.148: "Non posso fare a meno di ricordare che le fotografie dei cadaveri martoriati di Pasolini e di Moro apparvero in concorrenza su settimanali prestigiosi, carpite a un tavolo di obitorio. Nessun pretesto d'informazione motivava la pubblicazione. Era l'orrore allo stato puro. Non era spietatezza, che ha pur sempre un suo fine: era l'assenza della pietà. Si perde la pietà come si può restare senza un organo, in un incidente di viaggio o per un'operazione".

[3] *Impertinent traveler*, cfr. J. KRISTEVA, *Desire in Language*, cit., p.32: "Today, the analyst boasts of his ability to hear 'pure signifiers'. Can he hear them in what is known as 'private life'? There is good reason to believe that these 'wasted poets' are alone in meeting the challenge. Whoever understands them cannot 'practice linguistics' without passing through whole geographic and discursive continents as

an impertinent traveler, a 'faun in the house' ["faune au logis" = "phonologie"]"
[*my underlining*].

[4] *Ivi*, "poetic language's future anterior is an impossible, 'aristocratic' and 'elitist' demand, it is nonetheless the only signifying strategy allowing the speaking animal to shift the limits of its inclosure".

[5] P. P. PASOLINI (PPP), *La nuova gioventù* (NG), Torino, Einaudi, 1975.

[6] PPP, *Scritti corsari*, Milano, Garzanti, 1975.

[7] PPP, *Bestia da stile*, in PPP, *Porcile Orgia Bestia da stile*, Milano, Garzanti, 1979.

[8] Cfr. PPP, "Abiura dalla "Trilogia della vita"", in PPP, *Trilogia della vita*, Bologna, Cappelli, 1975, p.11.

[9] PPP, *Lettere luterane*, Torino, Einaudi, 1976.

[10] Cfr. PPP, "Osservazioni sul piano-sequenza", in PPP, *Empirismo eretico*, Milano, Garzanti, 1972, p.245: "È dunque assolutamente necessario morire, perché, finché siamo vivi, manchiamo di senso, e il linguaggio della nostra vita (con cui ci esprimiamo, e a cui attribuiamo la massima importanza) è intraducibile: un caos di possibilità, una ricerca di relazioni e di significati senza soluzione di continuità. La morte compie un fulmineo montaggio della nostra vita: ossia sceglie i suoi momenti veramente significativi (e non più ormai modificabili da altri possibili momenti contrari o incoerenti), e li mette in successione, facendo del nostro presente, infinito, instabile e incerto, e dunque linguisticamente non descrivibile, un passato chiaro, stabile, certo, e dunque linguisticamente ben descrivibile (nell'ambito appunto di una Semiologia Generale). Solo grazie alla morte, la nostra vita ci serve ad esprimerci" [*my underlining*].

[11] For the first edition, cfr. PPP, La *meglio gioventù* (MG), Firenze, Sansoni, 1954.

[12] PPP, *Bestia da stile*, "Appendice", pp.306-07, in PPP, *Porcile Orgia Bestia da stile*, cit.

[13] For both quotes, cfr. PPP, letter to A. Moravia, quoted in PPP, *Petrolio*, Torino, Einaudi, 1992, p.545.

[14] E. GOLINO, *Pasolini. Il sogno di una cosa*, Bologna, Il Mulino, 1985 and Milano, Bompiani, 1992, p.44.

[15] Cfr. M. VENEZIANI, "Ditemi se questo è un poeta della sinistra", *La Repubblica*, 1 November 1995.

[16] "Sul ponte di Perati, Bandiera nera / È il lutto della Julia che va a la guera [twice] / Sul ponte di Perati, Bandiera nera / La meglio gioventù la va soto tera [twice]". Cfr. F. CRISPINO, *Pasolini: il sogno e l'incubo. Analisi de "Il fiore delle mille e una notte" e di "Salò e le 120 Giornate di Sodoma"*, Roma 3, University Thesis, Faculty of Letters and Philosophy, under the direction of Lino Miccichè, p.196. Crispino confuses here the song "La meglio gioventù" with another song in Friulan, "Stelutis Alpinis": "Viene inoltre inserita la canzone *Stelutis Alpinis*

cantata dal Duca e poi in coro dai collaborazionisti, militi e alcuni ragazzi (Umberto e Rino)".

[17] Pasolini's choice of name is not neutral; it is again a *parodic gesture*, since Phaedro in the Platonic dialogues is the character most connected with *Eros* and, more in general, all rhetoric of love. Cfr. PLATONE, *Fedro*, ed. by M. Tondelli, Milano, Mondadori, 1998, p.139, footnote 1: "è Fedro ad avere l'idea di pronunciare l'elogio di Eros nel *Simposio* ed è ancora lui, portando con sé il discorso di Lisia, a suscitare tutta la discussione sull'amore e sulla retorica nel nostro dialogo. A Socrate spetta, come sempre, il compito di innalzare il livello del dialogo, facendo superare a Fedro il suo ingenuo e dilettantesco entusiasmo per condurlo a una più profonda e seria consapevolezza dei temi trattati".

[18] This polemic with Calvino went on until Pasolini's death, cfr. PPP, "Lettera luterana a Italo Calvino", *Il Mondo*, 30 October 1975. More in general, on Pasolini and Calvino, cfr. C. BENEDETTI, *Pasolini contro Calvino: per una letteratura impura*, Torino, Bollati Boringhieri, 1998.

[19] PPP, "Gli omosessuali", in PPP, *Scritti corsari*, cit., p.206.

[20] Cfr. PPP, "Le mura di Sana'a. Documentario in forma di appello all'UNESCO", in PPP, *Per il cinema*, Milano, Mondadori, 2001, pp.2107-10: 2110.

[21] Cfr. PPP, "Genocidio", in PPP, *Scritti corsari*, cit.

[22] In both "Saluto e augurio" and *Volgar'eloquio* Pasolini quotes from Pound's *Thrones* XCVIII ("in volgar'eloquio taking the sense down to the people"), and XCIX, that is to say the Cantos based on *Sheng-yu-Kuang-hsun chih-chiai*, or the *Sacred Edict* of the Manchu emperor K'ang Hsi (1654-1722), then adapted as a textbook in Manchu schools. Pound's source was *The Sacred Edict*, with a translation of the colloquial rendering by F. W. Baller, Shanghai, American Presbyterian Mission Press, 1892. See also C. F. TERRELL, "The Sacred Edict of K'ang His", *Paideuma*, 2, Spring 1973, 1, 69-112 and D. GORDON, "Pound's use of *The Sacred Edict* in Canto 98", *Paideuma*, 4, Spring 1975, 1, 121-68. For an analysis of Pasolini's quotes, cfr. F. CADEL, *Pier Paolo Pasolini (1922-1975) ed Ezra Pound (1885-1972): paesaggi culturali a confronto tra 1968 e 1975*, PhD Dissertation in Comparative Literature, under the supervision of Robert Dombroski, CUNY Graduate Center (City University of New York), 2002.

[23] Cfr. F. FORTINI, *Attraverso Pasolini*, Torino, Einaudi, 1993.

[24] Cfr. PPP, "Ultima conversazione", in *Con PPP, Quaderni di Filmcritica,* ed. by E. Magrelli, Roma, Bulzoni, 1977, pp.115-25: 115: "questo non è un film di raccolta di materiali, è un film già montato mentre lo giro, voglio perciò che sia perfetto, esatto come un cristallo"; p.117: "deve riuscire un film perfetto, anche nel senso convenzionale della parola"; p.118: "F.C. E nella tua opera letteraria ci sono precedenti [di perfezione formale]? P: No, a parte, forse , le poesie friulane, benché

ormai siano quasi preistoria, ma per quel che riguarda i romanzi, essi non sono così, sono anzi molto magmatici".

[25] Cfr. Pasolini's letter to Luciano Serra, Versuta, August 21 [1945], in PPP, *Lettere 1940 - 1954*, ed. by N. Naldini, Torino, Einaudi, 1986, pp.197-201: "La disgrazia che ha colpito mia madre e me, è come un'immensa, spaventosa montagna [...]. Tu ricordi l'entusiasmo di Guido, e la frase che per giorni e giorni mi è martellata dentro era questa: non ha saputo sopravvivere al suo entusiasmo. Quel ragazzo è stato di una generosità, di un coraggio, di una innocenza che non si possono credere. E quanto è stato migliore di tutti noi [...]. Per questo posso dirti, Luciano, ch'egli si è scelto la morte, l'ha voluta; e fin dal primo giorno della nostra schiavitù [...]. E agli ultimi di maggio del '44, partì senza che si potesse far nulla per convincerlo a restarsene nascosto a Versuta, come poi ho fatto io per un anno [...]. Ma gli avvenimenti gli si sono presentati in modo tale che avesse modo di scegliere tra la sua vita e la libertà. E ha scelto la libertà, che vuol dire lealtà, generosità, sacrificio. Da alcuni mesi un gruppo di traditori si dava d'attorno per tradire la causa di quella libertà e vendersi a Tito; gli osovani [Pasolini refers here to the partisans of the Osoppo Brigade, affiliated with the "Partito d'Azione"] di quella zona, a capo dei quali era De Gregoris (Bolla) col suo stato maggiore a cui apparteneva Guido, non volevano piegarsi alle richieste slavo-comuniste di passare nelle file del nostro nemico [...]. Un gruppo di disoccupati e di facinorosi che militavano tra i garibaldini [partisans of the Garibaldi Brigade] della zona, fingendosi scampati da un rastrellamento, si fanno ospitare da Bolla e i suoi; poi, improvvisamente gettano la maschera, fucilano Bolla, gli levano gli occhi; massacrano Enea; prendono prigionieri tutti quegli altri poveri ragazzi, circa 16 o 17, e ad uno ad uno li ammazzeranno tutti; questo avvenne in alcune malghe presso Musi. Quel giorno mio fratello si trovava a Musi con Roberto ed altri, e stava recandosi da Bolla per portargli alcuni ordini; ed ecco che sentono le prime fucilate, e vedono uno fuggente, che dice loro di scappare, tornare indietro, che non c'è nulla da fare. Ma mio fratello e Roberto no; vogliono andare a vedere, a portare il loro aiuto, poveri ragazzi. Ma di fronte ai cento e più traditori hanno dovuto cedere. Dopo alcuni giorni, essendo stato richiesto a questi giovani, veramente eroici, di militare nelle file garibaldino-slave, essi si sono rifiutati dicendo di voler combattere per l'Italia e la libertà; non per Tito e il comunismo. Così sono stati ammazzati tutti, barbaramente" [*my underlining*].

[26] PPP, "Introduzione", NG.

[27] Cfr. PPP, "Il discorso dei capelli", in *Scritti corsari*, cit.

[28] PPP, "Poesia Popolare", in "Tetro entusiasmo", NG.

L'autocitazione nell'opera di Amelia Rosselli. Il caso di *Serie ospedaliera*

*

Daniela La Penna

L a poesia di Amelia Rosselli costituisce uno dei fenomeni linguistico-espressivi più complessi della lirica italiana del secondo Novecento. Percorsa da tensioni stilistiche ed espressive peculiari che l'hanno resa uno dei vertici dello sperimentalismo plurilingue (la composizione di opere poetiche oltre che in italiano, in francese e inglese)[1], l'opera rosselliana rappresenta, nel suo insieme, una poderosa testimonianza poetica ancora largamente inesplorata.

Eppure, all'indomani della pubblicazione – nel 1997 – del volume antologico *Le poesie*[2], e della prima raccolta di saggi critici intorno alla sua poesia data alle stampe nello stesso anno, l'opera di Amelia Rosselli ha conosciuto una rapida quanto inarrestabile ondata di interesse. Interesse, tuttavia, che ha faticato a superare "lo scrupolo [...] ispirato dal rispetto, e dalla necessità di creare un silenzio che permetta a questa voce di essere udita in tutta la sua potenza" come anche la "recalcitrante esitazione ad applicare, nel caso della critica, strumenti di analisi che così spesso possono apparire singolarmente, grossolanamente inadeguati".[3] Sebbene l'*impasse* critico sia stato superato, anche grazie all'alacre impegno di chi questo stallo registrava, e sia di questi mesi la diffusione del primo volume dedicato alla poesia inglese della Rosselli[4], le ampie risonanze e gli accostamenti che dilatano oltre i propri confini l'opera rosselliana, inserendola nella cultura italiana ed europea – in maniera a volte sottile a volte esplicita – ancora attendono un profondo e attento scavo, rendendo una tale impresa cimento necessario per il corretto intendimento storico-letterario della poesia italiana del secondo Novecento.

Sorprenderà quindi, date le premesse, che il presente contributo scelga come area di investigazione una specola particolarmente angusta della più ampia e articolata architettura stilistico-espressiva della comunicazione poetica: l'autocitazione. Eppure, a chi abbia consuetudine con le pagine rosselliane, la rilevanza della questione e la sua duttile utilità a rendersi privilegiata chiave di lettura di un sistema testuale caratterizzato da una iridescenza linguistica e da una opacità tematica raramente infrante dalla penna del critico, balzeranno agli occhi con familiare ma non di meno urgente evidenza.

Considerata l'ampiezza e la rilevanza della questione teorica dell'autocitazione entro i confini della poesia italiana del secondo Novecento (e i limiti imposti a questo saggio), ho stimato opportuno limitare l'analisi a una sola delle raccolte rosselliane, *Serie ospedaliera* (1969)[5]: l'esemplarità della raccolta deriva dal suo essere il centro stilistico della produzione poetica rosselliana degli anni Sessanta e Settanta.

Gli esordi poetici di Amelia Rosselli sono piuttosto noti: incorniciati da un pronunciamento critico di Pier Paolo Pasolini[6] destinato a riscuotere vasta eco nell'angusta letteratura critica rosselliana e resi memorabili *malgré soi* da un simultaneo battesimo officiato alla presenza di padrini discordi: nel 1963 una serie di ventiquattro poesie – che più tardi confluiranno nella prima raccolta *Variazioni belliche*[7] – appare sulla rivista vittoriniana *Il Menabò*[8], accompagnata dal viatico pasoliniano, mentre sul *Verri* anceschiano viene riproposto un frammento del poemetto *La libellula* già pubblicato nella sua interezza su *Civiltà delle Macchine* nel 1959.[9]

Carica della benedizione pasoliniana, Amelia Rosselli partecipa al primo incontro del Gruppo 63 destando un considerevole scandalo e un dibattito interno sulla sua possibile affiliazione alla ideologia letteraria della nascente neoavanguardia. E difatti, la diversità della giovane poetessa appare in tutta evidenza a Fausto Curi, il quale parlerà di "assunzione acritica e metastorica di quel linguaggio e l'uso di esso in funzione catartica, mediante un associazionismo automatico, o semiautomatico, capace di scaricare la tensione dei traumi e delle nevrosi che sono alla base della condizione poetica".[10] Lasciando da parte, anche se è questione di grande rilevanza, la natura dei rapporti tra il Gruppo 63 e la Rosselli e quali siano le differenze fondamentali (ma anche le innegabili affinità) tra la ricerca della neoavanguardia e lo stile rosselliano[11], la partecipazione al convegno comportò la pubblicazione di quattro liriche nell'antologia del gruppo curata nel 1964 da Nanni Balestrini e Alfredo Giuliani.[12] Il 1964 è l'anno della pubblicazione di *Variazioni belliche* ed è sotto questo titolo che le quattro poesie vengono pubblicate nell'antologia. Eppure, a guardare bene, delle liriche, in realtà solo una, "Nel letargo che seguiva l'ingranaggio dei", trova sistemazione nella raccolta del '64, seppure con una diversa disposizione tipografica. E se non è dato rintracciare il secondo testo "Affascinata dalla praticità osservai un" in alcuna raccolta rosselliana, la terza e quarta lirica, "Per una impossibile gagliarda esperienza" e "settanta pezzenti e una camicia" costituiranno rispettivamente la prima e la seconda lirica della sezione eponima di *Serie ospedaliera*.

All'altezza quindi del 1964, un numero considerevole di liriche in italiano era stato composto ed è sulla base di questo *corpus* che si erge l'architettura stilistico-compositiva di *Variazioni belliche* e si innesta *Serie ospedaliera*. Entrambe le raccolte pubblicate negli anni Sessanta esibiscono fasi stilistiche contrastanti: se *Variazioni belliche* si divide in due sezioni ("Poesie" in cui si raccolgono liriche composte fino al 1959 e "Variazioni" con testi prodotti tra il 1960 e il 1961), *Serie ospedaliera* invece si apre con il poemetto *La libellula* (1958) e la sezione eponima, contenente ottantotto liriche. Alla Rosselli è ben chiara l'implicita opposizione stilistica che si sottende al concertato delle sezioni nelle due raccolte. Infatti se in *Variazioni belliche* "il nascere e il morire di una passionalità" si articola nel "programma poetico" di "Poesie" e nel "piglio narrativo"[13] di "Variazioni", nella raccolta del 1969 *La libellula* costituisce l'ideale "di quel lungo fluido canto mai più ripetibile"[14] a cui la seconda parte di cui si compone il volume, la sezione "Serie ospedaliera", si oppone. La "malinconica privazione di vita", tema della raccolta del 1969 sillabato con "un rigore linguistico maggiore"[15], si incarna in versi che secondo Stefano Giovanardi sono segnati da "una sorta di necessità terapeutica identificata nell'isolamento, nell''interiorizzazione', [...], cui corrisponde [...] un'emotività ferita e dispersa che cerca sollievo in una comunicazione più diretta e orientata".[16]

Per una poetessa che stabilì, pasolinianamente, la supremazia della vita sulla poesia ("io sono una che / sperimenta con la vita"[17] grida la Rosselli ne *La libellula*) e che decise lo sperimentalismo esistenziale come fondamento dello sperimentalismo poetico, ridotto questo a riflesso veritiero e speculare della vita, il passato stilistico rimane irrinnegabile, come irrinnegabile è la propria vita. Ecco dunque spiegata, in qualche modo, la vocazione al contrasto stilistico che si riflette nella esibizione, nei volumi poetici rosselliani, di fasi compositive spesso contrastanti ma necessarie alla vicendevole definizione dei caratteri e dei confini di ognuna di esse.

Ma l'esibizione non si risolve in un contrasto sterile: essa, piuttosto, sollecita l'attenzione del lettore alla ricerca di motivazioni testuali più profonde che dissolvano la contrapposizione in una più raccolta sintesi. Soffermandoci sulla raccolta, *Serie ospedaliera*, che segna il trapasso rosselliano alla maturità stilistica ed espressiva condensata nell'esperienza di tormentata *medietas* linguistica di *Documento* (1976), appare evidente, a una lettura attenta e soprattutto contestuale, che uno dei meccanismi che rende possibile l'innalzamento dell'opera rosselliana a sistema *où tout se tient* sia l'autocitazione. Autocitazione discreta, minima, paragonabile per la sua impercettibilità ai *tibicines* virgiliani, quei versi pronti all'uso nell'erezione di strutture poematiche di grande impegno stilistico e coerenza compositiva, paragonabile invece per la sua pregnanza semantica al *mot cher* di Valery, carico di evocatività ma anche di malcelata nevrosi.

In *Serie ospedaliera*, l'intertesto più evocato è proprio il testo stesso – considerato nella dimidiata materialità della edizione del 1969[18] –, percorso com'è da numerosissimi rimandi non solo alla *Libellula* ma al libro da cui più si distanzia, *Variazioni belliche*. E nella raccolta del '69, è la memoria incipitaria che innesca il ricordo, la citazione automatica. All'altezza del sesto testo della sezione eponima:

Le tue acquerelle scomponevano la mia mente
loquace per l'invernizio. Con lo scompiglio della
primavera, nave in tormenta, io scalinavo ancora
per le giostre colorate con astuzia: il tuo il mio
tesoro affogato. Il pennello dolcemente vibrava
nella modestia di un tugurio scomposto per l'inverno

che fu una crudeltà continua, un tuo dormire nascosto
dalle mie preghiere, uno scostarsi dalla ferrovia
che spesso invece s'accostava al mio capo, reclino
quando v'era luce. (vv.1-10, SO 350)

Ai lettori dell'opera rosselliana si impone il ricordo almeno di due *variazioni*: la più ovvia è la venticinquesima:

i bambini d'inferno crescevano sporadicamente,
le tue acquerella scomponevano la mia mente. O acque
forti da deglutare: o canzone preferita che ti sei
rivelata canzonetta da radio-trattoria. La traiettoria
dei razzi precisi è più vera di tutta la tua pretesa
del bello e del buono e del rotatorio. Ruota intorno
a me senza colpo ferire: io parto per la luna. È
partito il vicino più grande di me, io lo seguo. (VB 221)

A parte la citazione *verbatim* del secondo verso, modificato solo nella soluzione del plurale analogico in un più eufonico metaplasmo nominale, la partitura fonica dei due testi sembra rispondere alle stesse strategie di allitterazione consonantica. Nel testo di *Variazioni belliche* l'allitterazione consonantica è allestita da raffinate figure della ripetizione, dalla paronomasia al poliptoto a richiami anaforici su elementi di scarso rilievo semantico. In *Serie ospedaliera* il verso della variazione innesca una ripresa sonora a cascata del gruppo consonantico sibilante e velare sorda che uniforma e scandisce l'intera coloritura fonica del testo. E come in *Variazioni belliche* si allestisce, in maniera consapevole e per evidenti fini metalinguistici, la squilibrata preponderanza del livello del significante su quello del significato.

Dicevo che questo testo richiama almeno due liriche del volume del '64. Il "capo, reclino" del verso dieci richiama un'immagine che più volte emerge in *Variazioni belliche* e che si può inserire nella lista dei debiti apertamente riconosciuti dalla Rosselli solo nel 1985 nei confronti dell'amatissimo Campana.[19] Menziono solo i versi rilevanti, tratti da "e cosa voleva quella folla dai miei sensi", ventiquattresima lirica della sezione "Poesie":

> [...] oh! lavatemi gli piedi, scostate
> le feroci accuse dal mio
> reclino capo, reclinate
> le vostre accuse dal mio
> reclino capo e scombinate ogni
> mia viltà (vv.5-9, VB 186)

È evidente la matrice cristologica dell'immagine del capo reclino[20], presente al Campana dei *Canti orfici*, e consapevolmente ripresa dalla Rosselli nel libro del '64, con una ossessione tale che consente di affermare l'*imitatio christi* una delle tracce iconiche di grande coesione del primo libro rosselliano.

L'autocitazione riemerge in maniera significativa nel ciclo "5 poesie per una poetica", rarefatta e allusiva. Nel terzo testo del ciclo, "Perché cercavo di essere chiara":

> [...] Per le notti che presero la lungaggine di
> un infarto rimai lussureggiante lussuria permanente. Per le
> notti birichine nell'incastro delle notti veramente non ho
> fine. Per le membra insaziabili per la bestia insensibile
> per le notti per lo sguardo, per l'occhio che nel frangente
> s'appese al vocabolario, corta ricetta di ricotta tu mi guardi
> e non mi vedi tu mi senti e mi disperi. (vv.2-8, SO 356)

In un libro che si caratterizza proprio per l'assenza e la dissoluzione del modulo a variazione così parossisticamente dissipato in *Variazioni belliche*, la presenza di questo testo in *Serie ospedaliera* assolve alla necessaria funzione di autocitazione stilistica – entro un mini-ciclo così segnato dalla riflessione sulla propria fisionomia stilistica e poetica – con la caratteristica ripresa dell'anafora sintattica. Ma a tale richiamo formale si aggiunge l'emersione di quelle "membra insaziabili" (cfr. v.212, LIB 146), di quella "bestia insensibile" (cfr. v.29, LIB 141) carnefici entrambe della "figliola del cuore devastato" (cfr. v.18, VB 204) de *La libellula* e di *Variazioni belliche*.

L'autocitazione che, a un tempo, e in maniera tanto efficacemente sintetica, richiama sia il panegirico del '58 che il libro del '64, riemerge nella diciassettesima lirica di *Serie ospedaliera*:

> la vita è un largo esperimento per alcuni, troppo
> vuota la terra il buco nelle sue ginocchia,
> trafiggere lance e persuasi aneddoti, ti semino
> mondo che cingi le braccia per l'alloro. Sebbene
> troppo largo il mistero dei tuoi occhi lugubri
> sebbene troppo falso il chiedere in ginocchio
> vorrei con un'ansia più viva ridirti: semina
> le piante nella mia anima (un tranello), che
> non posso più muovere le ginocchia pieghe. Troppo
> nel sole la vita che si spegne, troppo nell'ombra
> il gomitolo che portava alla capanna, un mare
> gonfio delle tue palpebre. (SO 361).

È la furia della *Libellula* che riecheggia nella sede incipitaria:

> e l'estetica non sarà più la nostra gioia noi
> irremo verso i venti con la coda fra le gambe
> in un largo esperimento. (vv.116-18, LIB 144)

Furia che si combina al gesto classico di *Variazioni belliche*, in cui si filtra, in maniera magistrale, "L'aube" di Rimbaud[21]:

> L'alba si presentò sbracciata e impudica; io
> la cinsi di alloro da poeta: ella si risvegliò
> lattante, latitante. (vv.1-3, VB 230)

La strategia autocitatoria "contiene" il progredire della sezione "Serie ospedaliera", continuando a colpire – nel suo malinconico attaccamento al passato irrecuperabile – il testo in cui la soggettività ribelle della *persona* rosselliana trovò la sua prima, dirompente configurazione lirica, *La libellula*. Per cui, la disseminazione dei frammenti del panegirico prosegue con apparentemente passiva ineluttabilità: nel seguente testo, ad esempio, la folgorazione del panegirico emerge e si impone allucinata:

> Ti vendo i miei fornelli, poi li sgraffi
> e ti siedi impreparato sulla scrivania
> se ti vendo il leggiero giogo della
> mia inferma mente, meno roba ho, più
> contenta sono. Disfatta dalla pioggia
> e dai dolori incommensurabile mestruazione
> senilità che s'avvicina, petrolifera
> immaginazione. (SO 391)

coniugandosi con il tentativo, labilissimo eppur presente, di decostruzione della fonte omografa (anche se si limita alla giacitura tipografica del verso):

> Se ti vendo
> il leggiero giogo della mia inferma mente tra
> le due tende degli impossibili cerchi che si
> sono stesi tra le nostre anime (vv.202-05, LIB 146)

La predilezione rosselliana per il riuso dei propri materiali, quando non eclatante, si misura sulle onde minine e quasi impercettibili delle strutture della lingua. Per cui, in un testo attraversato da una forte tensione poetologica, "Dialogo con i Poeti", non si faticherà a riconoscere l'impronta tenace di un testo anch'esso governato da medesime preoccupazioni programmatiche:

> Da poeta a poeta: in un linguaggio sterile, che
> s'appropria della benedizione e ne fa un piccolo
> gioco o gesto, rallentando nel passo del fiume
> per lasciar dire ogni onestà. Da poeta in poeta:
> simili ad uccellacci che rapiscono il vento
> che li porta e contribuiscono a migliorare la
> fame. (vv.1-7, SO 393)

È, infatti, la trama della lirica proemiale di *Variazioni belliche*, "Roberto, chiama la mamma", che traspare proprio nell'evocazione di quei versi interessati da una doppia strategia dichiarativa: sia esplicita dichiarazione di poetica (l'eloquente invenzione verbale) sia esibizione del gioco linguistico biograficamente motivato (l'audace intarsio plurilingue):

> posponi la tua convinta orazione per
> un *babelare* commosso; *car* le foglie secche e gialle rapiscono
> il vento che le batte. (vv.7-9, VB 163, corsivi miei)

La sostituzione lessicale di "foglie" con "poeti" induce a considerare con cautela le implicazioni di una interpretazione meccanicistica della ripresa autocitazionale. *Répétition avec différence*, l'autocitazione lascia lo spazio, a volte, a un disperato ribaltamento assiale delle premesse della giovinezza. Per cui, in *Serie ospedaliera*, la libertà allusa nei seguenti versi:

> Poter riposare nel tuo cuore, nel tuo fuoco
> a bracie spente, liberamente rinnegando
> la mia libertà. (vv.1-3, SO 396)

non può non rimandare al contiguo poemetto che, lo ricordiamo, pur recando come sottotitolo "Panegirico della libertà", esibisce il lemma "libertà" come pregnante ed evocativo *hapax legomenon*, e per giunta gravido del monito dantesco[22]:

> [...] quel che
> desideravo dire se n'è andato per la finestra,
> quel che tu eri era un altro battaglione che
> io non so più guerrare; dunque quale nuova libertà
> cerchi fra stancate parole? (vv.53-57, LIB 142)

La strategia autocitazionale allestita in *Serie ospedaliera* esibisce, è bene ricordarlo, inequivocabili similitudini con la fenomenologia dell'intertesto allografo. Fedele al paradigma di "testualità subita"[23] che parossisticamente si manifesta nel poemetto proemiale alla raccolta del

1969, i materiali della tradizione, preferibilmente nella loro sede di *incipit* e *explicit*, emergono nella composizione lirica rosselliana come detriti, frammenti che eliotianamente puntellano le rovine di una soggettività in perdita. Valga come testimonianza "Risposta", in cui si riprende l'*incipit* di *RVF* CXXVI:

> Rivoltàme nelle giungle dei sampietrini oppure chiare
> acque e fresche ombre, il mangiame dei nostri polli è abituale,
> tu non ridi se non ti sparano. Volli ritentare il pieno ne ricavai
> strette misure. (vv.10-13, SO 364)

E si veda anche "Tu non ricordi le mie dorate spiagge" in cui è il noto *explicit* del leopardiano "L'infinito" che affiora nella scrittura rosselliana:

> E poi vedi il cielo blu, colorandosi a tuo dispetto
> che sporge anch'esso, assistendoti, attendendoti
> mentre con la musa fai ricamo, altre piccole astuzie
> o il naufragare. Ed è dolce il naufragare in questo
> sonno così spiritato, ed è dolce il non pensare
> altro che la mania di vedere, toccare, sentire
> odorare il tuo riposo pieno. (vv.7-13, SO 406)

Concludo questo repertorio dell'autocitazione in *Serie ospedaliera*, non senza menzionare che – con il procedere della scrittura – l'autocitazione rosselliana non solo identifica gli intertesti nelle passate esperienze della *Libellula* e di *Variazioni belliche* ma anche si declina in modalità intratestuali, disseminando riferimenti a liriche appartenenti alla stessa sezione, a testimonianza di un progetto coesivo di grande coerenza. Tecnica già impiegata in *Variazioni belliche* e che sarà in uso in *Sleep*, anche in *Serie ospedaliera* la sede incipitaria consente strutture a richiamo variantistico che agiscono sulla progressione lirica, costruendo sia inequivocabili echi verbali sia illusionistici giochi speculari:

> Esiste molta gente, e non è tutta in me
> vana, o oleografica. ("a S.", vv.1-2, SO 379)

Esiste molta gente, e non è tutta
in me gaudio o superficie, ti pettini
mentre scavi le orbite dal loro
cielo. (vv.1-4, SO 418)

Ma la precisa e ossessiva ripresa lessicale lascia spazio anche a
sperimentazioni più robuste, in cui la ripresa verbale è duplicata anche sul
piano della struttura retorica del componimento. Infatti, la ritmata ripresa
anaforica dell'ultima stanza di "Tu non vivi tra queste piante che si
attorcigliano":

temo di fare con la mia presenza scempio
delle occasioni, ora che tu rinverdisci
l'orizzonte. Temo di apparire strana, confusa
a belare quest'incomprensione. Temo di stendere
viglie vuote sul tuo piede scarlatto. Non
ho altro sorso dalle tue arse labbra che
questo mio empio mistero, noia del giorno
spaccato in mille schegge. (vv.15-22, SO 427)

è avvertita nella scandita anafora sintattica che pure struttura il seguente
testo, insieme a una ripresa *verbatim* dell'*explicit* del vicino
componimento:

Attorno a questo corpo
stretto in mille schegge, io
corro vendemmiando, sibilando
come il vento d'estate, che
si nasconde; attorno a questo
vecchio corpo che si nasconde
stendo un velo di paludi sulle
coste dirupate, per scendere
poi, a patti. (vv.1-9, SO 429)

Dalle prove testuali sin qui esaminate, emerge come l'autocitazione,
nel sistema di *Serie ospedaliera*, espleti una funzione da una parte

sineddotica, in cui il recupero di materiali citazionali anche minimi risponde alla necessità di evocare – in un testo apertamente contrassegnato da *impasse* lirico – il passato di ribellione (*La libellula*) e di organizzata tensione lirica (*Variazioni belliche*). Inoltre, è bene sottolineare che spesso l'autocitazione di opere pregresse, nell'*oeuvre* rosselliana considerata nel suo complesso, predilige luoghi a loro volta interessati da tensione intertestuale. Tale predilezione, qualora si verifichi, produce un effetto di studiata *mise en abîme* delle strategie citazionali impiegate. D'altra parte, è ovvio che il ricorso a percorsi autocitazionali consenta l'irregimentazione del macrotesto rosselliano in una struttura testuale in cui il *prima* e il *dopo* sono fortemente presenti alla continua ridefinizione della propria identità lirica.

Vorrei concludere richiamando all'attenzione del lettore il destino della raccolta del 1969 nelle auto-antologie rosselliane. È noto infatti che la Rosselli, dopo il periodo di creatività lirica conclusosi con *Documento* nel 1976 (e interrotto solo con *Impromptu* [1981]), dedicò gran parte della sua attività editoriale alla pubblicazione degli inediti giovanili, alle edizioni di *Sleep* (le cui poesie furono composte entro il 1966)[24] e alla riedizione delle raccolte fino ad allora pubblicate. Se il recupero editoriale di *Variazioni belliche* e *Documento*[25] si definisce per incremento e aggiunta, l'esperienza di *Serie ospedaliera* è, invece, contraddistinta dalla sottrazione. Infatti, nel 1985, la Rosselli pubblica *La libellula*, raccolta in cui si antologizza *Serie ospedaliera*. Tale operazione editoriale si pone in "chiasmico" contrasto con la raccolta del 1969 in quanto la posizione egemone viene affidata al poemetto del 1958 (il cui titolo è promosso a segnale dell'intero volume), e la *Serie ospedaliera* viene ridotta, dagli ottantotto iniziali, a soli trentuno testi. Nella sezione antologizzata, il richiamo al poemetto proemiale viene in qualche modo enfatizzato, visto che l'eliminazione di testi consente di rafforzare la contiguità con l'intertesto: rimangono infatti "la vita è un largo esperimento per alcuni", "Ti vendo i fornelli e poi li sgraffi" come anche altre liriche interessate da un forte indice intertestuale ("Le tue acquerelle scomponevano la mia mente", "Tu non ricordi le mie dorate spiagge", "Attorno a questo mio corpo"). Nel 1987, con il volume *Antologia poetica*, la scelta di trentuno liriche viene oltremodo ridotta a soli venti testi: dell'edizione del 1985 sopravvivono solo sei liriche ma, significativamente, una volta introdotto

il criterio cronologico e scorporata *La libellula* dalla serie, si recuperano
testi che invece esibiscono legami di natura intratestuale come "Esiste
molta gente", "Tu non vivi" e "Attorno a questo mio corpo", pur
ribadendo la prassi citazionale di testi allografi con l'inclusione di
"Risposta" e "Dialogo con i Poeti" e inserendo un testo fondamentale per
la comprensione di *Serie ospedaliera* come "la vita è un largo
esperimento".

In maniera significativamente eloquente, quindi, il destino di *Serie
ospedaliera*, e il suo senso entro il macrotesto rosselliano, è da
rintracciarsi nella sofferta ottemperanza, ma ugualmente inseguita, a una
ineffabile "armonia chiusa":

> Mi costa molto meno fatica, vedere il tuo viso chiuso
> che allegramente impormi, regole chiuse, e ne derivo
> un'armonia chiusa, al tuo verbo, al tuo misticismo
> irrefrenabile pugno di polvere. (vv.1-4, SO 380)

Note

[1] Si vedano, oltre al volume *Primi scritti*, Milano, Guanda, 1980, in cui Amelia
Rosselli raccoglie gli esercizi poetici giovanili in inglese, francese e italiano, anche
le raccolte *Sonno – Sleep*, tr. di A. Porta, Roma, Rossi & Spera, 1981, e *Sleep.
Poesie in inglese*, tr. di E. Tandello, Milano, Garzanti, 1992.
[2] Tutte le citazioni sono tratte da A. ROSSELLI, *Le poesie*, a cura di E. Tandello,
Milano, Garzanti, 1997. In questo volume sono riproposte le seguenti raccolte, a
cui mi riferirò con la sigla indicata in parentesi seguita dal numero di pagina: *Primi
scritti*, *La libellula (Panegirico della libertà)* (LIB), *Variazioni belliche* (VB),
Serie ospedaliera (SO), *Documento*, *Impromptu*, e una selezione tratta da *Appunti
sparsi e persi*. Inoltre, si informa il lettore che laddove i testi lirici citati siano
anepigrafi si preferisce, per comodità, utilizzare come titolo il primo verso del
componimento.
[3] E. TANDELLO, "Introduzione" a *Amelia Rosselli*, a cura di D. Attanasio e E.
Tandello, numero speciale di *Galleria*, XLVIII, 1-2, 1997, 8.
[4] A. SNODGRASS, *Knowing Noise. The English Poems of Amelia Rosselli*, New
York & Berlin, Peter Lang, 2001. Il volume raccoglie saggi già altrove pubblicati.
[5] A. ROSSELLI, *Serie ospedaliera*, Milano, Il Saggiatore, 1969.
[6] P. P. PASOLINI, "Notizia su Amelia Rosselli", *Il Menabò*, 6, 1963, 63-66, ora in
A. ROSSELLI, *La libellula*, Milano, Studio Editoriale, 1985, pp.103-05.

⁷ Delle ventiquattro liriche presentate dal *Menabò* solo ventidue saranno integrate nell'edizione garzantiana del 1964 di *Variazioni belliche* (riprodotta nel volume antologico *Le poesie* del 1997). Le due liriche mancanti, "Per misavventura credesti" e "La gorgiera mi stinge", saranno incluse nella selezione della raccolta del 1964 per il volume *Antologia poetica*, a cura di G. Spagnoletti, Milano, Garzanti, 1987 (cfr. p.71 e p.73), e finalmente reintegrate nel libro poetico nella seguente edizione: A. ROSSELLI, *Variazioni belliche*, a cura di P. Perilli, Roma, Fondazione Piazzolla, 1995.

⁸ EAD., "Ventiquattro poesie", *Il Menabò*, 6, 1963, 41-62.

⁹ EAD., "La libellula", *Il Verri*, 8, 1963, 93-95.

¹⁰ F. CURI, "La giovane poesia", in *Ordine e disordine*, Milano, Feltrinelli, 1965, p.95.

¹¹ Ricordiamo che Amelia Rosselli così definirà, in conversazione con Renato Minore, la sua partecipazione ai convegni della neoavanguarda (Solanto, 3-8 ottobre 1963, e la riunione di La Spezia, 10-12 giugno 1966): "Stavo a sentire, tutto quel chiacchiericcio critico era un po' pesante. Scoprivano Pound, Joyce e tanti altri che io avevo letto mille volte, che io avevo scoperto tanti anni prima, per via della mia formazione non italiana": R. MINORE, "Il dolore in una stanza", *Il Messaggero*, 2 febbraio 1984. Mentre sollecitata da Giacinto Spagnoletti: "Mi invitarono a partecipare alle loro riunioni. [...] Ma mi preoccupai di non entrare in polemiche ufficiali o ufficiose. Mi interessavo a loro, ma anche ci pensavo su. Difatti una leggera presa in giro l'ho fatta in certe poesie allusive del mio volume *Primi scritti* [Cfr. la sezione "Palermo 63"]. L'unico poeta al quale mi sentii vicina, e che mi influenzò, fu Antonio Porta. I suoi primi libri mi piacevano, mi incuriosiva la sua astrazione elegante": G. SPAGNOLETTI, "Intervista ad Amelia Rosselli", in A. ROSSELLI, *Antologia poetica*, cit., p.159. Per una prima sistemazione dei rapporti tra Antonio Porta e Amelia Rosselli, si veda N. LORENZINI, "Amelia Rosselli e Antonio Porta: in margine a una recensione", in *Amelia Rosselli*, cit., pp.25-30, e si legga anche la polemica recensione della poetessa all'antologia *Poeti ispano-americani contemporanei*, a cura di A. Porta e M. Ravoni, Milano, Feltrinelli, 1970: A. ROSSELLI, "Poeti d'avanguardia ispano-americani", *L'Unità*, 27 giugno 1970.

¹² *Gruppo 63. La nuova letteratura*, a cura di N. Balestrini e A. Giuliani, Milano, Feltrinelli, 1964, pp.309-13.

¹³ G. SPAGNOLETTI, "Intervista ad Amelia Rosselli", cit., p.156.

¹⁴ *Ivi*, p.157.

¹⁵ *Ivi*.

¹⁶ S. GIOVANARDI, "Amelia Rosselli", in *Poeti italiani 1945-1995*, a cura di M. Cucchi e S. Giovanardi, Milano, Mondadori, 1996, p.458.

¹⁷ Cfr. vv.210-11, LIB, p.146.

[18] Di fatti, come già accennato, *Serie ospedaliera*, nella edizione curata per i tipi milanesi de Il Saggiatore nel 1969, si apre con il poemetto *La libellula*. Nel volume antologico *Le poesie* del 1997 viene invece, per esplicita decisione della curatrice E. Tandello, adottato il criterio cronologico che, una volta applicato, scorpora il poemetto del 1958 dalla sezione *Serie ospedaliera* che altrimenti lo avrebbe immediatamente seguito. Cfr. E. TANDELLO, "Nota alla presente edizione", in A. ROSSELLI, *Le poesie*, cit., p.xvi.

[19] Cfr. i vv.15-20 de *La Chimera* campaniana: "Regina de la melodia: / Ma per il vergine capo / Reclino, io poeta notturno / Vegliai le stelle vivide nei pelaghi del cielo, / Io per il tuo dolce mistero / Io per il tuo divenir taciturno": D. CAMPANA, *Canti orfici*, Milano, Rizzoli, 1985, 2001[4], p.105. La frequentazione rosselliana del verso di Campana è testimoniata dalle numerose citazioni, tratte alcune proprio dalla *Chimera*, che sostengono l'architettura anaforica del poemetto composto nel 1958. È importante sottolineare che nell'edizione del 1985, il poemetto-panegirico viene accompagnato dall'autoesegesi "Note alla "Libellula"" in cui alcuni intertesti (ma non tutti, significativamente per la fenomenologia del "sistema delle fonti" rosselliane) vengono svelati: Campana compare insieme a Montale, Scipione, Rimbaud e la stessa Rosselli. Cfr. A. ROSSELLI, "Note alla "Libellula"", in EAD., *La libellula*, Milano, Studio Editoriale, 1985, pp.31-35.

[20] Confermata, per altro, dalla stessa Rosselli nel documento autoesegetico commissionato da Pier Paolo Pasolini per la delucidazione di alcune liriche di *Variazioni belliche* e rimasto inedito fino al 1994, "Glossarietto esplicativo". Cfr. S. RITROVATO, "Il "Glossarietto esplicativo" di Amelia Rosselli per "Variazioni belliche"", *Profili letterari*, IV, 5, 1994, 101-07.

[21] I debiti con Rimbaud sono stati ampiamente discussi nel quarto capitolo della mia tesi di dottorato sulla poesia rosselliana, al quale rimando (Cfr. D. LA PENNA, *La promessa di un semplice linguaggio. Stile, fonti e il "libro di poesia" nell'opera trilingue di Amelia Rosselli*, PhD Thesis, University of Reading, 2002). Per una prima sistemazione dei rapporti intertestuali tra il macrotesto rosselliano e l'opera del francese, mi permetto di segnalare il mio "Tracce di un dialogo poetico. Amelia Rosselli e Arthur Rimbaud", *Trasparenze*, 9, 2000, 23-33. Non è da escludere il filtro della riscrittura, ad opera di D'Annunzio, della fonte rimbaudiana, come emerge dall'alcionica "Stabat Nuda Aestas". Si veda, a questo proposito, L. NERI, "Il simbolo e lo spazio: l'io poetico di Rimbaud e di D'Annunzio. Analisi e confronti tra "Aube" e "Stabat Nuda Aestas"", *Confronti letterari*, 8, 1991, 415-24.

[22] Si leggano i seguenti versi danteschi tratti da *Purgatorio*, I (vv.70-72): "Or ti piaccia gradir la sua venuta: / libertà va cercando, ch'è sì cara / come sa chi per lei vita rifiuta". Si ricordi che essi fanno parte della *oratio* che Virgilio rivolge a Catone, simbolo – nella cantica – della resistenza alla tirannide. Inoltre "stancate

parole" potrebbe riecheggiare i versi montaliani (vv.18-20) di "Potessi almeno costringere", lirica della sezione "Mediterraneo" in *Ossi di seppia*: "non ho che queste *frasi stancate* / che potranno anche rubarmi domani / gli studenti canaglie" (corsivo mio): E. MONTALE, *Tutte le poesie*, a cura di G. Zampa, Milano, Mondadori, 1984, p.60.

[23] Così E. TANDELLO, "Il testo innamorato, il testo posseduto: una riflessione sulla citazione", in *La parola ritrovata. Ultime tendenze della poesia italiana*, a cura di M. I. Gaeta e G. Sica, Venezia, Marsilio, 1995, p.203.

[24] Cfr. nota 1.

[25] Ricordo che *Appunti sparsi e persi*, Roma, Aelia Laelia, 1983, secondo esplicita dichiarazione dell'Autrice, raccoglie liriche non incluse nel progetto editoriale di *Documento*. Per quanto riguarda *Variazioni belliche* rimando alla nota 7.

Appendix

Two Contemporary Ligurian Poets

La vita in versi e altro: Intervista a Giovanni Giudici

*

A cura di John Butcher

Lei ha frequentato il liceo classico e poi si è laureato in Lettere classiche: spia di questa particolare formazione sono le molte frasi in latino sparse nei suoi versi. Mi domando, però, se la sua poesia abbia contratto un debito più profondo, più complesso con la letteratura greco-latina.

Mah, se fossi uno che ama la retorica, direi qualche cosa... A quei tempi le mie condizioni familiari erano molto disagiate: infatti, saltai l'ultimo anno di liceo. All'università, passato dalla facoltà di Medicina – dove mi ero iscritto per un atto di ubbidienza – alla facoltà di Lettere, mi impegnai a studiare in maniera diligente, conformemente ad un'educazione cattolica molto formalistica. Sì, feci tutti quegli esami biennali di letteratura greca e latina. Qualcosa mi sarà pure rimasto. Catullo e Virgilio sono i poeti che ho frequentato; ho letto Marziale ma non me lo ricordo più. Di Virgilio mi è rimasto quel verso "A Tenedo tacitae per amica silentia lunae". Ma, insomma, ero uno che voleva laurearsi presto (ma onestamente, leggendo tutto), non ero uno che divagava. L'esame più bello è stato archeologia greco-romana col professor Giglioli. Mi ricordo che all'interrogazione lui mi disse: "Non ti do la lode perché sei matricola"!

A proposito della sua prima raccolta, La vita in versi *(1965), si è parlato frequentemente di "neocrepuscolarismo": la tematica – spesso dimessa e quotidiana – e l'autoironia possono indurre il lettore a pensare a Gozzano e ad altri "crepuscolari". Scrive Fortini: "Giudici è l'unico che abbia avuto il coraggio di riprendere il discorso poetico, deliberatamente, dove*

Gozzano lo aveva lasciato".¹ Fin quanto si riconosce all'altezza della Vita in versi *nella definizione di "neocrepuscolare"?*

Gozzano è stato una delle mie letture giovanili e lo leggo tuttora. Nondimeno, non mi riconosco nella definizione di "neocrepuscolare". Mi sembra di aver avuto il coraggio di portare la lingua della prosa a dignità poetica e non è Gozzano questo. Io nutro una certa diffidenza verso il "poetico": se ad un certo punto si dovesse dire, non so, "l'automobile" io direi "l'automobile" (anche se non ho mai scritto una poesia con la parola "automobile"). Sono uno che in un contesto poetico non stenta ad azzardare delle parole non propriamente poetiche. Ecco la prima strofa di "Tanto giovane": "«Tanto giovane e tanto puttana»: / ciài la nomina e forse non è / colpa tua – è la maglia di lana / nera e stretta che sparla di te". Gozzano non avrebbe mai scritto la parola "puttana". Poi Gozzano aveva questa retorica delle "buone cose di pessimo gusto" che non esiste affatto in me. Semmai per questa mia diffidenza verso il cosiddetto "poetico" una forte lezione mi è venuta da Saba. Nel '45 o '46 ho comprato il *Canzoniere* del '45 per cinquecento lire che erano esattamente la somma – una somma enorme per me a quel tempo – che trattenevo dal mio stipendio mentre il resto davo alla famiglia paterna. (Nel 1953 Saba stesso ha messo la dedica su questo volume.) Comunque, alle mie origini c'era uno sguardo di Medusa puntato su di me e questo sguardo – di cui ero ben consapevole – era la poesia di Montale, una poesia non tanto in me quanto nel tempo. Sì, mi ero fatto una grande indigestione di Montale. È stato molto duro correggere questo mio montalismo.

Milano è una protagonista saliente della poesia della Vita in versi. *La sua Milano non rappresenta certo un'utopia: è una città dove "si ama di nascosto / o si lavora" ("Nel pomeriggio"), un luogo di "traffico" e delle "puzze del neo-capitale" ("Quindici stanze per un setter"), un posto dove la gallina campagnola cessa di fare uova ("L'assideramento"). Che peso ha avuto per la sua scrittura il trasferimento nel 1958 nel capoluogo lombardo, una città in pieno "boom" economico?*

Innanzitutto, è stato importante allontanarmi dal clima di Roma, che era anche il clima della famiglia paterna (che non sopportavo più). Io lavoravo all'USIS [United States Information Service]: ad un certo punto ho avuto un'idea, mi sono rivolto ad un amico che era segretario di Adriano Olivetti, e lui mi ha procurato un colloquio. Mi hanno chiamato ad andare ad Ivrea e quindi mi sono staccato da Roma; sono andato via nel '56. Poi sono andato a Torino e nel '58 sono arrivato a Milano: Milano è stata per me una conquista. Artisticamente, io venivo da un'esperienza piuttosto negativa. Avevo fatto il librettino *L'intelligenza col nemico* per Scheiwiller (1957). Non è che me ne vergogni ma certamente non l'avrei più scritto adesso, salvo la poesia d'apertura. *L'intelligenza col nemico* presenta un linguaggio totalmente dipendente da una certa aria del tempo, un linguaggio ancora "coloniale", nel senso che adoperavo le parole usate da altri. Poi sono venute delle poesie che hanno segnato una rottura. "Tanto giovane" potrebbe essere un emblema della mia trasformazione. Direi che "Anch'io" e "Tanto giovane" sono tra le mie prime poesie mature. E qui c'è stata un po' l'influenza di Fortini. Io debbo molto a Fortini, lui che era un uomo molto difficile sotto certi aspetti. Fortini, conosciuto nel '58 proprio a Milano, fu fondamentale per esorcizzare il mio montalismo, quello, diciamo, libresco. Ho imparato da lui e da Giacomo Noventa (che era più poeta di Fortini) a passare da un tipo di poesia allusiva ad un tipo di poesia più diretta, a non aver paura del sentimento ma anzi ad esplicitarlo (il sentimento si esplicita non soltanto nel contenuto della poesia, ma anche nelle scelte linguistiche, nelle scelte stilistiche). Inoltre, con Fortini ho preso una consapevolezza politica che mi era mancata. Noto qui che *L'educazione cattolica*, il volumetto uscito nel '63 sempre per Scheiwiller, nel quale ho cercato di capire alcune mie costanti psicologiche, lo scrissi a Milano in un'epoca di intensi colloqui con Fortini. Esso ha poi catalizzato *La vita in versi*, libro che direi molto compatto.

L'io della Vita in versi *è debole, cedevole e malinconico: "i miei sbagli sono molti" ("Il socialismo non è inevitabile"), "Ho l'età // in cui dovrei fare ciò che volevo / fare da grande e ancora non l'ho deciso" ("Con tutta semplicità"). Si tratta di un'invenzione psicologica? Viene da domandarsi fino a che punto il Giudici "personaggio" della* Vita in versi *rispecchi il Giudici, per così dire, "biografico". Particolarmente stimolanti da quest'ottica risultano gli ultimi versi di "Mimesi": "Ma di chi sono queste*

*parole che dico? / Già forse ho una mia smorfia abituale? / E niente più
da nascondere? / Solo me da imitare?"*.

Fatalmente, Giudici si presta ad essere personaggio di se stesso. Ricordo
che una volta mi disse una ragazza che aveva fatto una tesi su di me: "Si
figuri, diventare come un impiegato nella *Vita in versi*... Una cosa
orribile!". Io ho risposto: "Guardi, che là sono io e sono ancora vivo e sto
benissimo!". Non avevo mai pensato di travestirmi: l'io di "Una sera come
tante", ad esempio, è una proiezione di me. Non sono un furbacchione;
anzi, non credo di aver mai rinunciato del tutto alla mia ingenuità. No,
essenzialmente non è un personaggio che parla nella *Vita in versi*, sono io.
Quando dico io, sono io.

*Indubbiamente questioni ideologiche occupano uno spazio assai rilevante
nella* Vita in versi. *In "Come un errore" lei dichiara: "Anch'io come un
errore pago la verità: / amo due chiese che sono diverse / – e per l'una mi
condanna l'altra o estraneo / mi dimentica o mi soffre avverso". Va da sé
che le due "chiese" a cui si riferisce qui sono la chiesa cattolica e il
grande edificio del comunismo, le due prevalenti "fedi" – se così si può
dire – dell'Italia degli anni sessanta: due fedi che potevano sembrare a
molti antitetiche...*

Adesso dico una cosa un po' azzardata, un po' paradossale. Io sono
sostanzialmente sovietico (una parola che non vuol dire niente al giorno
d'oggi). Non sono decisamente contrario ad una disciplina non dico
politica ma civile e sono sinceramente ostile al mondo del capitalismo, una
realtà dove ognuno divora se stesso, tentando intanto di divorare gli altri.
(Ma nella Russia sovietica la gente si divorava ugualmente.) Non mi
definirei "catto-comunista". Io, infatti, non sono cattolico sebbene ho
avuto una formazione essenzialmente cattolica e credo di partecipare ad
alcune condizioni psicologiche dei letterati cattolici. Aggiungo che per me
l'essere cattolici non significa uno schieramento politico: l'essere cattolici
significa l'accettazione dei dogmi della chiesa e l'essere nella chiesa.

Nella Vita in versi *lei fa largo uso di strutture rimiche, benché non tutti i
suoi versi rimino. Nella sua poesia a che cosa serve la rima?*

La rima è per me soprattutto un elemento strutturale, un collante. Essa è anche espressiva, incide sui significati. Poi – questa è sempre l'ultima cosa – c'è l'aspetto mnemonico. Esiste un'altra considerazione. La gente normale dice: "Questa è una poesia dove non ci sono rime e allora non è una poesia". Dunque, la rima può servire anche a travestire la poesia da poesia. La rima è un'implicita resa di omaggio alla tradizione e la poesia vive anche per una tradizione.

Vero è che tra La vita in versi *e la successiva* Autobiologia *(1969) esiste una forte continuità: ma mi pare anche indubbio che da alcuni punti di vista le due raccolte divergono. Si osserva, ad esempio, in* Autobiologia *un aumento nell'impiego della* repetitio *ed un maggior gusto per lo sperimentalismo linguistico (stimolato forse dall'attività della neoavanguardia e di Zanzotto): in generale, si ha l'impressione che il discorso divenga – come dire? – più astratto, più cerebrale, più arduo da comprendere.*

In *Autobiologia* ci sono anche nuovi elementi tematici: c'è, ad esempio, la scoperta del tema della madre, tema che può anche essere erotico. *Autobiologia* è un libro anzitutto più compromesso, più esistenziale rispetto alla *Vita in versi*, basato su sentimenti meno ortodossi, con una maggiore spregiudicatezza a livello sentimentale. Può darsi che *Autobiologia* sia il libro di una stagione in cui, dopo *La vita in versi*, mi sentivo più autorizzato a cercare di rispondere a qualsiasi sollecitazione, qualsiasi argomento che in un modo o nell'altro mi toccasse. L'autore della *Vita in versi* è in fondo uno che scrive poesie malgrado se stesso, invece in *Autobiologia* si rovescia un po' l'usanza. Tengo a precisare che *La vita in versi* non è un libro concepito in modo unitario: non è che l'ho costruito, si è costruito da sé. Anche il titolo è venuto in modo piuttosto casuale. Avevo già fatto il contratto con la Mondadori e dovevo trovare un titolo. Discutevo con un mio amico, un narratore di non grande fortuna di nome Mario Picchi, ora morto, e lui ha detto: "Secondo me il titolo di questo volume dovrebbe essere *La vita* perché si parla della vita in generale". A quel punto mi sono ricordato di un libro dei tempi in cui ero al liceo di un certo Alberto Cavaliere, poi diventato deputato, che si intitolava *La chimica in versi*. E ho detto: "Passiamo alla *Vita in versi*". Quanto al titolo della mia seconda raccolta, siccome si parlava di me, di me come una specie di essere vivente, ho scelto *Autobiologia*.

In Autobiologia *lei inserisce una prosa, "Morti di fame", pubblicata per la prima volta nel 1966, nella quale asserisce di essere uno che deve sempre farsi perdonare qualcosa. Come mai ha voluto includere questo pezzo di prosa nella sua seconda raccolta di poesie?*

I "morti di fame" di questo racconto non sono esattamente persone che muoiono di fame; sono piuttosto dei "misérables", per dirla alla Hugo. Avevo scritto "Morti di fame" come testo a parte per la rivista *Quaderni piacentini* di Piergiorgio Bellocchio e Grazia Cherchi. Confesso di averlo inserito in *Autobiologia* un po' per fare numero ma comunque ci sta benissimo. Può darsi che sia stata proprio Grazia ad incoraggiarmi ad inserirlo. Ma già prima, nella *Vita in versi*, si era vista la mia vocazione per la narrazione: infatti, non avevo altra fonte di ispirazione, di motivazione per la poesia che raccontare qualcosa. Forse solo la mancanza di pazienza mi ha tenuto per lo più lontano dalla prosa.

La prima poesia di O beatrice – *la sua terza raccolta, pubblicata nel 1972 – s'intitola "Mi piacerebbe ma non vorrei essere un poeta tragico". Il breve testo conclude: "Non cerco la tragedia ma ne subisco la vocazione": può chiarire il significato di questa frase?*

O beatrice è stato un libro un po' voluto – c'era quella cosa di fare un volume ogni quattro anni, *La vita in versi* nel '65, *Autobiologia* nel '69... Ci sono incluse anche delle poesie belle ma debbo confessare che a mio giudizio *O beatrice* è un libro alquanto immaturo, non del tutto soddisfacente. (Le mie raccolte a cui sono più affezionato sono *La vita in versi* e *Salutz*, quest'ultima uscita nel 1986.) Quanto alla poesia "Mi piacerebbe ma non vorrei essere un poeta tragico", mi ricordo che la feci in ufficio per scherzare. Mi serviva una cosa breve per cominciare la mia nuova raccolta. Il testo non vuol dire niente: cercavo di divertirmi un po'. Che cosa sarebbe una vocazione alla tragedia? Immagino che sarebbe l'aver comportamenti che potrebbero portare ad esiti tragici. Ma comunque è tutto uno scherzo.

Maurizio Cucchi avverte in O beatrice *la manifestazione di una sua "vocazione, intimamente contrastata, a una dimensione "alta" della poesia".*[2]

È vero, c'è in *O beatrice* un registro tragico. Credo che sia sempre mancato un po' alla poesia moderna uno stile alto. C'è – come dire? – un'istanza retorica, un elevarsi del tono. Per esempio: "Corpo – io non ignoro / la tua pietà. / Io – che senza posa esploro / il tuo pensarti e pensare. / E al fondo dell'immenso mare / paragono il tuo fondo" ("Corpo"). Ma noto intanto che qualche pagina prima di questa poesia è dato leggere: "Voi come state – io / bene, non vedo l'ora di rivedervi. / Qui non è il manicomio ma dicono una casa di riposo / per i deboli di nervi. // È vero che non c'è il mare. / È vero che parlano diverso. / Forse è per questo che sono sempre melanconico. // Ma sta zitta, cara mamma, che quasi mi ci sono abituato. / Tutte le sere giochiamo a tombola. / Il giorno giochiamo sul prato" ("Asilo"). Questa poesia è abbastanza dimessa… Comunque, è vero che lo stile di *O beatrice* è più alto. Perché questo cambiamento? Può darsi che sia stata una scelta conscia: non si escluda che io abbia alterato il mio stile per liberarmi dalla *Vita in versi* e da *Autobiologia*, per fare qualcosa di diverso, di nuovo.

È stato suggerito più di una volta che la poesia eponima di O beatrice *debba qualcosa alla celebre "Litania" caproniana. Durante il processo di composizione di questo testo, lei aveva in mente Caproni? In generale, i versi di Caproni hanno avuto importanza per la sua scrittura?*

Quando ho scritto "O beatrice" non ero conscio di imitare "Litania". Comunque, Caproni è stato importante per me sia come amico sia come poeta. Nel *Seme del piangere* c'è questo recupero della figura della madre, anche come figura erotica. Anni dopo, nella mia poesia, c'è un simile recupero. Ma il Caproni che amo soprattutto non è quello del *Seme del piangere* bensì quello di "Stanze della funicolare". L'ultimo Caproni,

220   *La vita in versi* e altro

invece, il poeta del *Muro della terra* e oltre, mi convince di meno; si rifà
un po' troppo a se stesso.

                              Le Grazie (Portovenere), 3 luglio 2002

Note

Tutte le citazioni dalla poesia di Giudici in questa intervista sono tratte da G.
GIUDICI, *I versi della vita*, a cura di R. Zucco, Milano, Mondadori, 2000.

[1] F. FORTINI, *I poeti del Novecento*, Roma-Bari, Laterza, 1977, p.194.
[2] M. CUCCHI, "Giovanni Giudici", in *Poeti italiani del secondo Novecento: 1945-
1995*, a cura di M. Cucchi e S. Giovanardi, Milano, Mondadori, 1996, pp.475-78:
476.

Da *Laborintus* a *Postkarten*: Intervista ad Edoardo Sanguineti

*

A cura di John Butcher

E' notissimo il fatto che con Laborintus (1956) lei desiderava *trasformare l'avanguardia in un'arte da museo. In "Poesia informale?" ha scritto che questo fare dell'avanguardia un'arte da museo significava "gettare se stessi, subito, e a testa prima, nel labirinto del formalismo e dell'irrazionalismo, nella Palus Putredinis, precisamente, dell'anarchismo e dell'alienazione, con la speranza [...] di uscirne poi veramente, attraversato il tutto, con le mani sporche, ma con il fango, anche, lasciato davvero alle spalle".[1] Perché alle origini del suo percorso poetico era indispensabile per lei immergersi nel limo dell'avanguardia?*

Nella mia opinione la grande arte del Novecento era quella dell'avanguardia. Allora mi pareva giusto considerare quell'esperienza come una cosa che non si poteva accantonare. Si trattava anzi di attraversarla in qualche modo per vedere se era possibile poi raggiungere un territorio diverso. Il problema era di andare al di là dell'avanguardia, non tornando – come si era tornati fondamentalmente in Europa – ad una sorta di ordine restaurato ma mantenendo la spinta dell'avanguardia che a quei tempi e tuttora considero essenzialmente di tipo anarchico ed eversivo. Ero mosso fondamentalmente non da una previsione esatta del termine a cui era possibile giungere quanto proprio dal desiderio di rimotivare quelle cose che faceva l'avanguardia (la grande esperienza della modernità), riproporle in termini adeguati alla situazione storico-linguistico-culturale. Cosa poi sarebbe accaduto era quello che andavo cercando. Ma non avevo un progetto per così dire definito: il mio programma era essenzialmente di negazione, come in gran parte era tipico delle avanguardie che, anche quando prospettavano dei programmi, erano molto più orientate verso il rifiuto di certi modelli che non a delle proposte (quelle che possedevano avevano di solito un carattere vago).

La nozione di fare dell'avanguardia un'arte da museo sembra implicare l'idea di annientare la stessa avanguardia.

Quella frase riprende una celebre idea di Cézanne. Lui diceva che bisognava fare dell'impressionismo un'arte da museo: la mia è una specie di parodia di questa frase. Cézanne aveva tenuto conto dell'esperienza dell'impressionismo, voleva fare qualche cosa che non mettesse da parte quell'esperienza; desiderava farne in qualche modo un'arte nuova. La frase in me – come già in Cézanne – era ambivalente. Quello era un programma con cui partivo.

Dunque, associando l'avanguardia al fango lei non intendeva attribuirle esclusivamente un valore negativo?

Quel fango era molto legato all'idea della Palus Putredinis, forse l'immagine più rilevante in *Laborintus*. Si trattava di una nascita attraverso il fango. Nel labirinto melmoso che era la condizione storica che mi sembrava di sentire (soprattutto con l'avvento dell'età atomica) cercavo di nuotare e di sbarcare oltre, verso una posizione il più possibile razionale. Il fango è un'immagine ambigua. Come, del resto, l'immagine del labirinto: il labirinto è da un lato l'estremo luogo del perdersi, dello smarrirsi, dell'essere incarcerati, dall'altro è pur sempre una struttura architettonica. Insomma, esiste un doppio valore: la selva nella quale ci si perde (per dirla dantescamente) e, contemporaneamente, il modello d'ordine, la costruzione. Era quest'ambivalenza che cercavo di cogliere.

Si sa che il pensiero di Carl Jung e in particolare il trattato Psicologia e alchimia *ha avuto importanza per il suo* Laborintus. *Può delucidare in quale maniera si è giovato delle idee di Jung?*

Mi è capitato di dire qualche volta che usavo Jung come una specie di lessico. Queste grandi immagini che Jung pretende essere archetipi eterni, universali, venivano a raccogliere tutta una serie di figure che mobilitavano, cariche come sono di storia e di esperienza, una quantità di elementi culturali ed emozionali. Non condividevo la posizione teorica di Jung, non credevo negli archetipi, in una psiche così configurabile (in fondo Jung è un teorico religioso molto più che un analista, come poteva essere Freud). Jung mi era molto utile come un repertorio, una specie di dizionario dei grandi simboli che la storia aveva accumulato. Dopo si trattava di reinterpretarli. Era la possibilità di un orizzonte di comunicazione che poteva coinvolgere il lettore e nello stesso tempo mantenere una distanza da qualsiasi ingenuità di tipo naturalistico; non la realtà come si presenta candidamente ma come storicamente è stata elaborata.

Ci sono due "personaggi" principali in Laborintus: *lui e lei, Laszo e Ellie. Ellie è "l'amore tutto l'amore" (6), "mio alfabeto vegetale" (9), "questo linguaggio che partorisce" (10); la natura di Laszo è meno esplicitata. Mi può spiegare il significato e la funzione di questi due "personaggi" in* Laborintus?

Ciò che volevo rifiutare era una sorta di costruzione fondata sull'io, sul soggetto, sulle mie emozioni personali. Allora Laszo e Ellie (più nomi che personaggi) venivano in qualche modo ad indicare il principio maschile e il principio femminile: erano due polarità. E bisogna dire che una parte assai rilevante di *Laborintus* è incentrata sulla tematica erotica: non a caso il mio interesse per Freud e per la psicanalisi in generale era particolarmente forte a quell'epoca.

Ma Laszo e Ellie simboleggiano esclusivamente la mascolinità e la femminilità?

Io ho lasciato molta libertà nell'interpretazione del significato di questi personaggi-nomi e la lascio ancora oggi perché quello che mi importava era che fossero carichi di senso, che appunto funzionassero come archetipi. Dietro e all'interno di loro stava una quantità di possibili riferimenti che il lettore poteva poi, reinterpretando, leggere e vivere secondo la propria esperienza. Mi è cara l'idea che ogni testo è un test.

Anche quando il testo è molto trasparente, molto limpido nell'apparenza, in realtà ognuno lo legge a modo suo. Non è che Omero sia particolarmente enigmatico ma sta di fatto che le modalità in cui si legge Omero nell'epoca latina, nell'epoca medievale e nell'epoca moderna sono totalmente diverse. Qualunque testo è sottoposto alla lettura del suo fruitore. Con *Laborintus* si trattava di aprire punti di riferimento; la stessa carenza di sintassi, di organizzazione del discorso favoriva questo nuovo modo di fruire, un poco come nella pittura astratta ove c'è solo una suggestione o come nella musica atonale ove ognuno ricostruisce la struttura musicale sulla base dei propri orecchi, sulla base della propria capacità di percezione e della propria esperienza, sonora oltre che mentale. In generale, l'arte d'avanguardia è sempre stata un'arte che pretende deliberatamente molto da colui che l'interpreta. Credo che questo sia lo sbocco fatale della cultura dell'avanguardia. Io metto i baffi alla Gioconda. Cosa vuol dire? Vuol dire un'enorme quantità di cose che colui che guarda può pensare.

Il linguaggio di Laborintus *è un esempio di estremo plurilinguismo e perciò può far pensare al Pound dei* Cantos. *Particolarmente diffusi sono frammenti in latino; non tanto un latino classico quanto un latino che si direbbe medievale. Perché ha voluto introdurre nel suo testo questi frammenti?*

Dante era un importante punto di riferimento, quel Dante che tende a rimescolare fra di loro i linguaggi e i livelli di stile in maniera molto complessa: non è un caso che come studioso della letteratura italiana mi occupavo negli stessi anni del poeta fiorentino. Questo studio implicava una grande lettura di testi medievali in latino. Mi affascinava questa specie di lingua morta non lontanissima dall'italiano. Ci sono molte parole in *Laborintus* dove uno può decidere se si tratta di latino medievale o di italiano. Poi si rimescolano periodicamente nel testo altre lingue dal greco antico al francese e all'inglese. A me interessava combattere in qualche modo quel tipo di melodia, quel tipo di versificazione che ha sempre accompagnato fondamentalmente la nostra tradizione poetica. Il mio plurilinguismo era per gran parte orientato sull'idea di rompere questa sorta di "cantato" che era affidata alla lingua italiana. Anch'io ho costruito della musica ma è una musica atonale. Le differenze linguistiche e stilistiche e gli scarti sintattici servivano a costruire questa musicalità atonale. Insomma, si trattava dell'opposto del petrarchismo secondo il noto modello del monolinguismo.

Molte frasi in Laborintus *mi hanno intrigato ma ce n'è una in particolare, nell'undicesima sezione, che mi si è impressa nella memoria: "i fiammiferi con secchezza sotto i tuoi conigli sottrarre". Si tratta di un'immagine che è sorta pressoché direttamente dal suo inconscio?*

In quella zona di *Laborintus* ci sono quattro o cinque poesie che io chiamerei petrarchesche. Petrarchesche perché a differenza delle altre poesie che si possono definire dantesche non sono tanto fondate sopra scarti linguistici: in fondo là c'è una sintassi che funziona. Ma tutta questa serie di poesie, seppure non del tutto priva di senso, è proiettata verso un *nonsense.* Cercavo di ottenere che queste poesie fossero in qualche modo memorizzabili, emotivamente significative pur bloccando ogni possibilità di senso. Recentemente ero a Bologna con Niva Lorenzini e dovevo presentare i primi due film di Luis Buñuel: *Un Chien andalou* e *L'Âge d'or.* Sottolineavo che Buñuel e Dalí avevano detto che quando giravano e preparavano lo scenario del *Chien andalou* erano preoccupatissimi che le immagini che venivano succedendosi nel film non avessero tra loro nessun rapporto tipologico o simbolico che si potesse decifrare. Quel film esercitò su di me una notevole influenza ma ciò che mi interessava di dire a Bologna era questo: sembra la cosa più facile del mondo connettere fra di loro in montaggio degli elementi insensati. Invece, è difficilissimo. È difficilissimo perché si trova sempre a portata di mano una buona ragione per cui quell'immagine si connetta a quell'altra. Qualche volta sarà una ragione logica, un'altra volta simbolica... (Noi siamo animali molto inclini a dar coerenza, anche al colmo dell'incoerente.) Insomma, è molto più complicato fare del *nonsense* che fare del senso. Ecco un esempio molto chiaro. Buñuel e Dalí si basavano molto sull'immagine del sogno. Ora, tipicamente se io riferisco un sogno lo riferisco come un racconto anche quando ci sono delle cose insensate, strane rispetto alla vita diurna. Il fatto che io riesca a costruire un racconto è enorme; vuol dire che sto già mettendo insieme in qualche modo una logica del pezzo: noi non ne

possiamo fare a meno… Mentre scrivevo quel verso "i fiammiferi con
secchezza sotto i tuoi conigli sottrarre" cercavo proprio di invalidare ogni
possibilità di senso ma allo stesso tempo speravo – e forse ci sono riuscito
a giudicare da quanto lei mi dice – che l'immagine rimanesse nella
memoria in maniera forte.

Leggere Laborintus *è tortuoso, è un travaglio per il fruitore: Zanzotto, ad
esempio, si è lamentato di aver perso il sonno per la lettura della sua
poesia.[2] Quando scriveva* Laborintus *pensava ad un eventuale pubblico?
Se la risposta è sì, quali sentimenti voleva infondere in esso?*

Una volta ho raccontato che quando scrivevo *Laborintus* lo scrivevo per
quattro persone: una ragazza e tre amici che fra l'altro non erano letterati
(un farmacista, un medico e un filologo classico). Ero molto legato a
queste persone, ci confidavamo, uno raccontava all'altro i suoi pensieri.
Gli leggevo *Laborintus* man mano che lo scrivevo e loro rimasero molto
impressionati, ne erano entusiasti. Non è che comprendessero più di un
altro lettore, non è che con le confidenze o con il fatto che mi conoscevano
si orientassero meglio, però avevo lì una specie di controllo efficace di ciò
che facevo mentre speravo che questi quattro lettori diventassero di più. Io
credo che tutti coloro che scrivono hanno in mente un qualche lettore. Non
mi fidavo dei critici letterari poiché sapevo di fare cose che erano
completamente fuori da quello che un critico dell'epoca si aspettasse. Mi
rivolgevo ad un lettore colto ma non professionista il quale tramite le sue
esperienze cinematografiche, musicali, pittoriche avanzate sarebbe stato in
grado di cogliere le corrispondenze che io cercavo con la prassi delle
avanguardie. Immagino che alcuni ne siano rimasti profondamente
disturbati perché chi si aspettava una scrittura logica, coordinata… Ma
non a caso il mio primo libro è intitolato *Laborintus*: è veramente un
percorso dove ci si può smarrire. In fondo si trattava di una scrittura che
aveva molto fondamento sull'inconscio, sull'es proprio. Ecco quello che
mi interessava. Se questo riusciva, ne poteva nascere qualcosa che era
molto perturbante ma nello stesso tempo pieno di fascino in quanto
parlava elementarmente all'es. Non volevo comunicare qualcosa che fosse
immediatamente traducibile o organizzabile in termini razionali ma

qualcosa che scuotesse radicalmente non solo il soggetto razionale ma anche le zone inconscio-pulsionali.

È fuori dubbio, mi pare, che Laborintus *sporge anche una denuncia formidabile contro la realtà coeva.*

Il mio punto di partenza era l'idea di anarchia: *Laborintus* infatti è tutto anarchico. La protesta sta proprio nell'anarchia. Tutta l'arte d'avanguardia e in fondo tutta l'arte novecentesca è un'arte anarchica: non tanto in senso immediatamente politico quanto nel rifiuto dei modelli, dei principi. Io non ho fatto più riferimento a quelli che erano dei modelli assegnati. Se usavo dei modelli, cioè riferimenti, questi erano sfigurati, degradati, resi caotici. Quindi è un libro che nasceva effettivamente da una protesta molto forte. Quando Zanzotto affermò che questo libro era solo leggibile come un esempio di un esaurimento nervoso, io risposi che esso metteva in scena piuttosto un esaurimento storico, cioè una crisi della società dell'uomo moderno, del suo modo di pensare.

Mi sembra che ci sia una netta differenza tra Laborintus *e il successivo poemetto "Erotopaegnia" (1960), dove lei parla di sua moglie e del suo bambino. Rimane un forte elemento sperimentale, rimangono i versi lunghi, rimane il plurilinguismo (seppure, mentre il latino ritiene una presenza notevole, le altre lingue diradano) ma il testo diviene più facilmente comprensibile, appare più teso verso la comunicazione. Una poesia come quella della quarta sezione appare, se non a mille miglia da* Laborintus, *certamente ad una distanza considerevole. Per quale motivo alla fine degli anni cinquanta la sua poesia si fa più comunicativa?*

Laborintus si chiude sopra una disorganizzazione totale del senso: entra la punteggiatura ma diventa una punteggiatura così massiccia, così prepotente che non fa che spaccare gli elementi anziché aiutare a coordinarli e congiungerli. Con "Erotopaegnia" non dico che si ricomincia da capo però si dà un po' un'uscita dalla "Palus Putredinis"; vale a dire, tenendo conto dell'esperienza di *Laborintus*, continuando ad utilizzare dati inconsci o simili, si sbarca su un terreno dove il discorso è più fortemente comunicativo. Probabilmente questo sviluppo era anche una conseguenza del fatto che non scrivevo più per quattro persone che sentivo molto complici ma cercavo invece di allargare il discorso a persone che fossero in partenza meno solidali. Era anche legato a diverse cose che mi erano capitate: nel frattempo ero diventato padre, mi ero sposato; insomma, la mia vita era cambiata. Quegli elementi di tipo anarchico non mutavano ma tendevano ad orientarsi verso qualcosa di politicamente più trasparente al di là dell'anarchia. In fondo cresceva sempre di più l'influenza del materialismo storico; diventavo in qualche modo un comunista, un marxista. Questo a sua volta modificava la modalità della comunicazione linguistica: gli elementi costruttivi cominciavano a prendere il sopravvento. Poi in "Purgatorio de l'Inferno" tutto questo diventa chiaro; già il titolo, del resto, allude proprio a quest'idea di purificarsi da quella stagione infernale, labirintica e paludosa.

Può dire due parole sul curioso titolo "Erotopaegnia"?

È un titolo che deriva da un poeta latino, Levio, uno dei *neoteroi*: vuol dire "scherzi d'amore". Oggi, "Erotopaegnia" può sembrare un testo molto affabile, molto dolce ma vale la pena di ricordare che queste poesie suscitavano forti resistenze, anche molti anni dopo la loro pubblicazione. Mi rammento che una volta nel corso di un giro d'Italia feci una lettura di poesie in un teatro fiorentino (non saprei più dire esattamente quale) e ad un certo punto saltò fuori quel pezzo dove io mi rivolgo a mia moglie: "in te dormiva come un fibroma asciutto, come una magra tenia, un sogno" [4]. Una persona rimase scandalizzata di questi versi: "Come si fa a parlare del figlio come se fosse un cancro, un verme solitario?". A proposito di "Erotopaegnia", qualcuna ha sottolineato che il padre si atteggia in un modo nuovo, un modo in cui l'elemento di carnalità, di fisiologicità della gravidanza e del figlio è portato ad un limite che prima non si usava: nessun padre si rivolgeva alla moglie parlando del figlio che ora strilla, rutta, orina, eccetera. Una novità importante del testo è quella di esprimersi come padre e non come figlio: i poeti hanno sempre parlato da figli in qualche modo: al paragone è rarissima la poesia paterna. Così come i poeti hanno parlato di amore ma rarissimamente dell'amore coniugale.

In "Purgatorio de l'Inferno" (1964) la politica è forse la tematica centrale. Nella terza sezione si legge: "e scrivevamo W PCI, rabbiosamente, sui muri / (e io incidevo la scritta con una chiave)". Fausto Curi ha descritto "Purgatorio de l'Inferno" come "una sorta di breviario politico redatto, oltre che per i lettori, per i figli".[3] Che cos'è in nuce il messaggio politico di questo poemetto?

All'inizio ero più vicino all'anarchia. Poi ai tempi di "Erotopaegnia" c'era un avvio verso il comunismo. Quando parlo del comunismo non penso al socialismo reale perché considero che esso abbia di necessità contraddetto le posizioni del materialismo storico: l'idea del socialismo in un solo paese è antitetica. Secondo me, il socialismo non era possibile prima della globalizzazione, come qualsiasi tentativo realmente rivoluzionario nel senso del materialismo storico. La rivoluzione è una cosa che si prospetta a partire da oggi. Aggiungerei questo: anarchia e comunismo sono sempre stati percepiti – perché storicamente si sono configurati così – come due posizioni assolutamente opposte. In realtà io vedo nel comunismo un progetto realistico di anarchia. Per Bakunin e Marx la meta finale era dichiaratamente la stessa, cioè la libera espansione del soggetto. Esisteva una differenza radicale, però. Per Bakunin la cosa era ottenibile immediatamente e dipendeva dalla libertà del soggetto di affermarsi e quindi si trattava di procedere violentemente, anarchicamente; per Marx, invece, era il prodotto di un enorme lavoro storico che includeva tutti i lavoratori del mondo e quindi era un progetto realistico di classe. Ma l'obiettivo, ribadisco, era unico. Per me passare dall'anarchismo al comunismo era lo sviluppo di qualche cosa che era già radicata in me e cioè l'idea di un soggetto che si realizza armonicamente insieme agli altri e con l'aiuto degli altri; voglio dire, la mia libertà non finisce dove comincia quella degli altri ma comincia dove comincia anche quella degli altri. Il progetto utopicamente si presenta come anarchico, realisticamente si presenta come il comunismo. Insomma, approfondendo le cose, la pulsione anarchica cedeva il passo a questa posizione più realistica e quindi più esplicitamente politica. Il messaggio di "Purgatorio de l'Inferno", poi, è storicamente assai condizionato. Nell'ultima poesia [17] parlo della situazione cinese e dico che questo giustifica in qualche modo l'utopia, dico che il fango ci sta ormai alle spalle. A quei tempi potevo sperare che il comunismo di tipo cinese avesse una possibilità di sviluppo molto più esteso di quello che in seguito è avvenuto; non più il socialismo in un solo paese ma il socialismo allargato a quella che era allora la periferia del mondo e successivamente a tutto il mondo extra-europeo. Negli ultimi versi di questa poesia scrivo: "i bambini / che sognano (che parlano, sognando); (ma i bambini, li vedi, cosí inquieti); / (dormendo, i bambini); (sognando, adesso)". C'era una speranza che si offriva che io allora potevo condividere; quello che continuerò a scrivere nasce anche dalla prostrazione di questa circostanza storica.

Wirrwarr (1972), soprattutto il poemetto "Reisebilder" composto nell'estate e nell'autunno del 1971, inaugura la seconda stagione della poesia sanguinetiana, una fase diaristica che si concentra sul quotidiano, sui petits faits *con, però, sempre un notevole slancio sperimentalista: è un modo di scrivere che perdura attraverso gli anni settanta.*

"Reisebilder" presenta poesie scritte a Berlino, poesie in cui si evocano anche episodi precedenti che si sono svolti a Rotterdam (poco prima ero stato in Olanda). Esso è molto più politico di quello che sembri. "Reisebilder" infatti è un testo sulla guerra fredda, sulla situazione dell'intellettuale nell'età della guerra fredda, sull'Europa nel momento del conflitto tra capitalismo e socialismo reale. Berlino era una città divisa in due, ci vivevo insieme alla moglie e ai figli col pensiero "Chissà se riusciremo a rientrare!". Una situazione estremamente difficile... La città era situata al centro d'Europa che allora era il centro del mondo; Berlino era il luogo esplosivo, un po' come oggi potrebbe essere Gerusalemme. Con "Reisebilder" il plurilinguismo comincia a cambiare di significato perché emerge un tema che occuperà sempre più spazio, tema di cui prima non mi rendevo del tutto conto: la globalizzazione. C'è una poesia che di recente ho rivalutato, quella che comincia "sono più slavo di Tadeusz, se è vero che gli italiani sono slavi" [16], dove si legge: "oggi, fiuto nei tedeschi altrettanti spagnoli: gente buona per le corride, / per gli olè: e per la lotta dei galli – e per la Literaturwissenschaft". Quello che vedevo a Berlino era una crescente moltiplicazione di linguaggi, una babele di lingue, di culture. C'era gente di ogni parte che confluiva in quella città.

Per curiosità, come mai si trovava a Berlino all'inizio degli anni settanta?

C'erano delle borse di studio offerte dal senato di Berlino. (Allora – e forse tuttora – Berlino era governata da un senato della città.) Invitavano per un anno in quella vetrina dell'Occidente intellettuali di destra e di sinistra. Io non rimasi tutto l'anno perché avevo degli impegni universitari; comunque, ci passai nove mesi all'incirca, dalla primavera all'autunno. Era anche possibile portare la famiglia. Vivevamo nella Berlino occidentale ma come stranieri potevamo andare anche a Berlino est. Non avevo nessun compito particolare; ero invitato ad assistere ad incontri di intellettuali, a fare qualche conferenza e dibattito, a partecipare alla vita intellettuale. Trovarmi per quasi un anno in una città straniera era un'esperienza molto forte. E lì naturalmente la lingua tedesca prendeva molto rilievo: leggevo Goethe, Heine, Marx...

Nella decima sezione di "Reisebilder" lei accenna ad un questionario "con una dozzina di domande, quasi tutte / abbastanza assurde". Ha risposto alla domanda quale era il poeta che l'ha influenzato maggiormente con il nome di Baudelaire. Una battuta scherzosa o la verità?

Metà e metà. In realtà il nome di Baudelaire sta al posto di Walter Benjamin, colui che ha indicato Baudelaire come il poeta che apre davvero la via alla modernità. Baudelaire parla della prostituzione poetica, della perdita dell'aureola, afferma che il poeta non è più uno scrittore illuminato da ispirazione romantica ma uno che deve produrre testi concorrenziali con quelli di altri poeti. Baudelaire è il primo che si rende conto (con l'aiuto di Poe, beninteso) della genesi della folla moderna, della metropoli moderna, dell'avvento del mondo industriale, della nascita del poeta che produce, appunto, una merce efficace. Con una straordinaria consapevolezza Baudelaire e Manet sono i due uomini che rompono con la continuità, uno sul terreno della scrittura, l'altro delle arti figurative.

La sua poesia degli anni settanta è ricca di affermazioni metapoetiche. Desidero soffermarmi su due. Nella trentatreesima sezione di Postkarten

(1978) lei asserisce: "forse la poesia / è una forma di falloforia". Che cosa esattamente intendeva qui?

L'affermazione è giocosa. Se non sbaglio questa frase si trova in una poesia che riguarda Palazzeschi, uomo ossessionato dalle tematiche sessuali. Lui, com'è noto, era omosessuale e fra l'altro nell'idea della falloforia c'è un omaggio al suo gusto erotico. Però secondo me c'è qualcosa di vero in questa frase, c'è la nozione che l'arte quale modo di comunicazione simbolica si configura come una strategia per superare le censure. Io credo che Freud abbia individuato una cosa assolutamente essenziale con le sue idee sulla spinta libidica (che non è la spinta sessuale esclusivamente ma, in generale, il mondo delle passioni, dei desideri). L'uomo è un animale desiderante che deve affrontare grandi difficoltà, che soffre di quello che Freud chiamerebbe "il disagio della civiltà". Una delle molte funzioni dell'arte è quella di superare il disagio della civiltà: con l'arte si può dare voce a certe cose che altrimenti sarebbero in qualche modo interdette.

Sempre in Postkarten, *nella sessantaquattresima sezione, lei afferma: "uno scrive specialmente / perché un altro possa scrivere, ancora, poi dopo". Cosa voleva dire?*

Nello scrivere poesia è implicato il mantenere viva una tipologia di discorso che poi viene trasmessa agli altri. La poesia è diventata molto narcisistica, molto soggettiva, molto personalizzata. Qui volevo mettere in luce l'aspetto contrario, cioè che la poesia è anche fatta per mantenere viva la praticabilità della poesia (magari modificandola profondamente, addirittura sovvertendola). Si scrive con gli altri; non soltanto affinché gli altri leggano ma anche affinché gli altri possano scrivere. Il valore sociale della poesia in questo senso non è abbastanza considerato.

Genova, 9 luglio 2002

Note

Tutte le citazioni dalla poesia di Sanguineti in questa intervista sono tratte da E. SANGUINETI, *Segnalibro: Poesie 1951-1981*, Milano, Feltrinelli, 1982, 1989[2].

[1] E. SANGUINETI, "Poesia informale?", *il verri*, V, 3, giugno 1961, 190-94: 193.
[2] *Officina*, 11, novembre 1957, 458.
[3] F. CURI, *La poesia italiana nel Novecento*, Roma-Bari, Laterza, 1999, p.277.

Printed in the United Kingdom
by Lightning Source UK Ltd.
104767UKS00001B/11